Claudia Köller

Baum KRAFT

im Spiegel deiner Seele

Weisheitslehrer und Wegbegleiter der Natur

Schirner Verlag

Die Ratschläge in diesem Buch sind sorgfältig erwogen und geprüft. Sie bieten jedoch keinen Ersatz für kompetenten medizinischen Rat, sondern dienen der Begleitung und der Anregung der Selbstheilungskräfte. Alle Angaben in diesem Buch erfolgen daher ohne Gewährleistung oder Garantie seitens der Autorin oder des Verlages. Eine Haftung der Autorin bzw. des Verlages und seiner Beauftragten für Personen-, Sach- und Vermögensschäden ist ausgeschlossen.

Dieses Buch enthält Verweise zu Webseiten, auf deren Inhalte der Verlag keinen Einfluss hat. Für diese Inhalte wird seitens des Verlages keine Gewähr übernommen. Für die Inhalte der verlinkten Seiten ist stets der jeweilige Anbieter oder Betreiber der Seiten verantwortlich.

Wir verzichten auf das Einschweißen unserer Bücher – **UNSERER UMWELT ZULIEBE!**

ISBN 978-3-8434-1427-2

Claudia Köller:
Baumkraft im Spiegel deiner Seele
Weisheitslehrer und
Wegbegleiter der Natur

Umschlag: Simone Fleck, Schirner,
unter Verwendung von # 183046541
(© Jane Rix), # 469010777 (© Olga_C)
und # 149066183 (© Alex Illi),
www.shutterstock.com
Layout: Simone Fleck, Schirner
Lektorat: Bastian Rittinghaus, Schirner
Printed by: Ren Medien GmbH, Germany

www.schirner.com

1. Auflage Juni 2020

Inhalt

KAPITEL 4:

KAPITEL 5:

KAPITEL 6:

KAPITEL 7:

Vorwort

Die 70 in diesem Buch aufgeführten Baumkräfte laden dich zu einer Entdeckungsreise in neue Tiefe, Selbsterkenntnis und Verbundenheit ein. Alle Gaben, die du für die Verwirklichung deines Seelenpotenzials brauchst, liegen in dir. Als Mensch ist jeder von uns einzigartig in seinem Selbstausdruck und zugleich ein winziger Teil im großen Geflecht des Miteinanders. Du allein wählst frei deinen Weg, und doch fühlen wir auf dem Seelenweg früher oder später erleichtert, dass wir in unserem Wirken viele sind. Denn nichts existiert unabhängig von anderem.

Wir alle teilen eine Geschichte. Sie begann in den Ozeanen, stieg auf zu den Urwäldern und entwickelte das Menschsein im Ursprung indigener Urvölker. In der derzeitigen Krise, die durch den von Menschen verursachten Ökozid der Urwälder und den Kollaps des gesamten Naturkreislaufs unsere Erde bedroht, sind die größten Teile der Weltenlunge, der atmenden Urwälder unseres Planeten, bereits vom Menschen und seiner Maschinerie abgeholzt worden. So können lebenserschaffende Wasserpartikel kaum noch ins Innere der Kontinente vordringen, denn die einst riesigen Küstenwälder sind durch ihre Dezimierung nicht mehr in der Lage, die Feuchtigkeit weiterzuleiten. Obwohl der Klimawandel für jeden Menschen sichtbar und erfahrbar wird, werden Bäume und die Reste des Weltenwaldes weiter gefällt. Ausgerechnet die hingebungsvollsten Geschöpfe des Planeten, die sich nicht wehren können und seit Jahrmillionen im Dienst der Erde und ihrer Lebewesen stehen, sind die Opfer. Sie, die die wundervollen natürlichen Zyklusbewegungen von elementaren Naturkräften übernommen haben, damit für uns Menschen hier überhaupt erst Lebensraum entstehen konnte. Mit jedem Baum, den wir jetzt noch fällen, fällen wir unser Schicksal als Menschheit. In der derzeitigen hinzukommenden Krise durch die Corona-Pandemie sind nun unsere Lungen bedroht. Und die Lungen haben immer mit den Beziehungen und dem direkten Austausch des einen Atems zu tun, auch mit unseren Bindungen zu anderen Menschen. Von einem Tag auf den anderen sind wir auf uns zurückgeworfen und unmittelbar konfrontiert mit der Verletzlichkeit des Seins, des Sterbens weltweit. Unsere über viele Schritte der Digitalisierung erschaffene Isolation wird strukturell deutlicher. Werden wir die Zeit und unsere – vielleicht letzte – Chance als Menschheit nutzen?

Tatsache ist, dass wir unsere Welt anhalten müssen, damit Raum für Besinnung und Kollektivreflexion entsteht. In der Isolation bleibt die momentane Möglichkeit, sich von innen heraus zu vernetzen und Neues zu kreieren. In den Meditationen meiner Baumseminare habe ich immer größten Wert darauf gelegt, dass zunächst jeder bei sich ankommt, sich mit Mutter Erde bis zum

Erdkern verbindet und dann aus den Weiten des Universums und aus der Tiefe die Botschaft zu und in sich hereinruft, die nur für ihn bestimmt ist. Das ist eine effektive Methode aus der Traumatherapie, die den Einzelnen in die große Kraft der Verwurzelung im Körperbewusstsein bringt, damit er aus seinem Unterbewusstsein heraus sich und seine blockierten Energien zu erkennen und zu wandeln vermag. Das ist nun kollektiv und von jedem einzelnen Menschen weltweit gefragt! Wir haben, jeder für sich und alle gemeinsam, ein angesammeltes soziales und ökologisches Trauma im Raum dieser Welt und im Zwischenmenschlichen zu erlösen, um uns neu auszurichten und unsere Fokussierung sanft in Richtung Wertschätzung für Natur und Mitmenschen zu justieren. Dies erfordert sensible Führungskompetenz mit hundertprozentiger Aufmerksamkeit, um die Retraumatisierung zu verhindern! Demut, Mitgefühl und Selbstreflexion werden die Parameter der Erfolgschancen sein, damit jeder mit seinen einzigartigen Gaben den für ihn vorgesehenen Platz seiner Berufung in diesem Plan einnehmen kann. Das Bild des Imagoprozesses verdeutlicht dies: Die Raupe verpuppt sich und bildet Inseln völlig neuer Zellen aus, die zunächst isoliert heranwachsen. Dann, wenn sie ausgereift sind, beschwingt eine gemeinsame Energie wie ein Wärmefeld diese vielen neuen Felder, und das zuerst unerkennbare Gewebe des übergeordneten Organismus fügt sich zusammen. Als ein Wesen, ein zauberhafter, wunderbarer Schmetterling, durchbricht das neue Leben seinen zu eng gewordenen Kokon und – erhebt sich in eine neue elementare Ebene: die Luft! Das Kriechen ist vorbei, wo Schwingung sich in ein neues Element erhebt.

Mit diesem Buch möchte ich dich also einladen, seelisch in neuer Tiefe in den Spiegel und die Botschaften der Baumkräfte und der Natur einzutauchen. Vielleicht gelingt es dir, dich wiederzufinden und rückzuverbinden, zu erkunden, dich zu erinnern, warum du hierher auf die Erde gekommen bist und was deine Persönlichkeit zu dem großen Wandlungsprozess dieser intensiven Zeit des Bewusstseinsaufstiegs beitragen kann. Es gibt für uns alle einen übergeordneten Lebensbogen, einen roten (oder auch grünen oder blauen) Faden, der uns leitet und erst zu einem späteren Zeitpunkt der Reife rückblickend erkennen lässt, wie alles aufeinander aufbaute und jede Erfahrung gebraucht wurde, um den ganz individuellen Seelenweg auf dieser Erde zu gehen. Wie wach wir ihn gehen, obliegt unserer freien Wahl, ob wir unserem inneren Ruf und Klang folgen. Die Bäume erinnern uns daran, sobald wir uns ihrem stillen, weisen Wesen öffnen.

Claudia Köller im April 2020

Einleitung

Für mich sind die Bäume Bewusstseinshüter. Ihr Wissen offenbart sich uns jedoch erst in der Hingabe an sie, der Hingabe eines Hinhörens nach innen. In unser eigenes Inneres, wo wir den Zugang zu der leisen Stimme der Bäume erwecken können. Genauso wie die Wale und Delfine im Reich der Ozeane und Meere sind die Bäume unsere Bewusstseinserwecker und Zuflüsterer des Ursprungs und der Weisheit im Sein alles Lebendigen.

Dieses Buch ist entstanden aus dem Ruf der Bäume, dem ich immer wieder in meinem Inneren folgte – auf inneren und auf äußeren Reisen. Zu Bäumen und Hainen meiner Umgebung und zu welchen an entfernteren Orten, die sich wie Lichtkegel in mein Gedächtnis einprägten und mich riefen, wenn es für ein inneres Gespräch mit Botschaften für meinen weiteren Lebensweg an der Zeit war. So ein alter Baumstumpf der Thuja im Nationalpark »Golden Ears« in Kanada, ein Arbutusjüngling auf Saltspring Island in British Columbia, ein Wacholderwächter über dem Valle Gran Rey von La Gomera, ein Campherbaum auf der Isola Bella im Lago Maggiore, eine Libanonzeder und ein Ginkgo im Taunus, die Mammutbäume des Weinheimer Exotenweges … die Liste ist lang geworden. Sie alle gehören zu meinem Lebensweg. Sie haben mich gelehrt, entlang dem Weg das Umfeld mit neuer Sicht wahrzunehmen. Wenn ich heute eine Straße entlangfahre, nehme ich die Bäume zu ihren Seiten wahr und erkunde im inneren Gewahrsein manches Mal, was diese über den Ort verraten. Den Straßenkinderbäumen am Parkstreifenrand schicke ich meine Liebe und Anerkennung für ihren Dienst und ihre Hingabe daran, uns Menschen mit so wenig Lebensraum noch die Erinnerung an das Naturgewebe zu schenken. Als ehemaliges Stadtkind teile ich eine Lebenserfahrung mit ihnen.

Wie meine Lebensgeschichte begann

Als Kind hatte ich einen besonderen Bezug zu einer Buche. Sie stand vor meinem Fenster und ragte mit ihren Zweigen fast bis in mein Zimmer herein. In einer Region, die durch Kohleabbau von Zechen ausgehöhlt war, erkennt man den Wert der verwurzelten, beständigen Grünriesen anders und als Kind noch einmal in besonderer Verbundenheit. Meinen Wellensittich stellte ich in seinem Käfig im Sommer immer so nah es ging zur Buche hin, damit er zumindest mit den freien Vögeln kommunizieren konnte. Eines Tages brachte ihm die Buche einen Gefährten, einen entflogenen zweiten Wellensittich. Wie unendlich dankbar war ich »meiner« Buche! Mein Kinderherz war erhört worden – die beiden Vögel verbrachten von nun an einen guten Lebensabschnitt gemeinsam. Meine Buche gab mir Erinnerungen an den ersten Schnee, die grünen Sommer und die roten Herbste mit auf meinen

Lebensweg. Sie gab mir Struktur, Beständigkeit und eine Bewusstheit für die Jahreszeiten in einer Welt der nahezu schwarz verrußten Häuser und von stark befahrenen Straßen bleischweren Luft eines Zechenviertels im Ruhrgebiet. Ich dachte lange Zeit nicht so gern an diese Gegend, aber mit Freude an meine Buche. Als ich schon erwachsen und bereits als Heilpraktikerin tätig war, mussten meine Großeltern dort umziehen, und die Buche musste bei den Restaurierungsarbeiten für einen Parkplatz weichen. Niemand würde jemals ihren Wert so ermessen können, wie ich es tat. Doch dafür waren die Zechen nun stillgelegt, die Häuser bunt gestrichen, die Luft war dank bleifreien Benzins und ruhender Schlote so klar, dass die angebauten Balkone für die Bewohner auch eine wirklich angenehme Einladung aussprachen. Ich freute mich für das Viertel, und die Buche nahm ich mit – in meinem Herzen.

Wenn ich hier diese paar Zeilen über sie einfließen lasse, ist dies mein Dank an sie, weil sie es war, die meine Kindheit aufgehellt hat. Die mir Vertrauen geschenkt hat durch ihr Sein als Brücke zur ersehnten Natur, die immer mein Ruf in die Welt war. Sobald ich mein Abitur gemacht hatte, flog ich aus – im wahrsten Sinne hinaus in die Welt, um heimzukehren in die Vielfalt der Kulturen und um die Naturschönheiten dieser Erde kennenzulernen. Im Laufe von fast sieben Jahren als Flugbegleiterin im Fernflugsektor bei der Lufthansa durfte ich die Natur vieler Klimazonen erkunden und mit ihr die Menschen und Kulturen.

Als mir die Verantwortung der Mutterschaft zuteilwurde, entschied ich, Wurzeln zu schlagen und mich vom Umherfliegen zu verabschieden. Ich wählte, im schönen Taunus als meiner Wahlheimat zu bleiben. Über viele Jahre genoss ich, dass mein Sohn den Wald liebte und an vielen Tagen mehrere Stunden dort verbrachte bis in die Zeit der Pubertät. Denn ich weiß, dass der Geist der Bäume die verwurzelte Schule ist unter einem Dach von grünen Lichttransformatoren, die den Sonnenschein so verstoffwechseln, dass lichte Kräfte sich in der Erde in einem – für den Menschen – unfassbar komplexen Netzwerk verankern, das zu unseren Füßen pulsiert. Ein guter, erweiterter Raum, in dem Kindern Wurzeln und Flügel wachsen können!

In meiner Selbstständigkeit als Heilpraktikerin lernte ich die Heilkräfte der Pflanzen in ihren unterschiedlichsten Formen kennen: in der Bachblütentherapie, dann in der Phytotherapie und der Spagyrik, in der Kraft der ätherischen Düfte und schließlich als Homöopathin in der Vielfalt der potenzierten Arzneien. Meine Herzensverbundenheit mit dieser Schwingungsmedizin ließ mich 2003 während einer Aufstellung mit Kolleginnen eine besondere Erfahrung machen: Ich stand für die Seele der Asche eines uralten Sequoiabaumes. Die Erfahrung war so überwältigend und ich war so »aufgelöst«, dass ich am nächsten Tag dem Rat einer schamanischen Freundin folgte, zu meiner Beruhigung einen lebendigen Sequoiabaum aufzusuchen und ihn zu umarmen, da das meiner inneren Kraft entsprach und

ich mich nur so wieder an meine Lebendigkeit erinnern konnte. Und so war es. Ich erlebte erstmalig, wie meine Seele durch diesen Giganten hindurchwandelte, während mein Körper um den riesigen Stamm herumlief. Ich war unendlich dankbar. Ein Teil meiner Seele, ein aus anderen Zeiten traumatisierter, noch unerlöster Teil, war in Resonanz mit der Asche des Sequoias gegangen, doch meine Seele selbst hatte unverletzt von diesem Trauma überlebt, war hier – ganz und heil. Das war mein erster Ruf in die Welt der Baumkraft.

Jahre später sollte ich eine weitere Erfahrung machen: Mit einem Umbruch in meiner Praxis, einer Erweiterung meines Wirkungskreises, begann ich 2006, mich im Feld von transgenerationellen Traumata und den Auswirkungen von Kriegsgeschichte zu befassen. Als ich in meiner Praxis mehr als 50 Prozent Traumapatienten hatte und zusätzlich im familiären Kreis gleichzeitig mehrere mir nahe Bezugspersonen verabschieden musste, kam ich mit tiefer kollektiver Erschöpfung und meinen eigenen Grenzen in Kontakt. In dieser Situation rief mich wieder eine alte Buche am Waldrand unserer Kleinstadt! Sie zeigte mir im Spiegel ihrer großen Wurzeln, dass ich mit der homöopathischen Essenzherstellung, in der Fachsprache mit »Verreibungen«, beginnen sollte – und zwar von Bäumen. Diese Buche war der erste Baum, dem ich mich in Form der Essenzherstellung von Bäumen widmete. Es war der Beginn eines neuen Lebensabschnittes dank einer alten Freundschaft, eine zweite Rettung in einer Lebenslage der Erschöpfung, die mir Erdung und Wiederanbindung an mein Höheres Selbst schenkte.

Mittlerweile habe ich über 14 Jahre hinweg mehr als 90 Essenzen von Bäumen hergestellt. Nach der Buche folgten Eiche, Ahorn, Eibe und Fichte. Die ersten Verreibungen machte ich zu zweit oder in Kleingruppen von bis zu vier Frauen. Im Mai 2008, allein während der Essenzgewinnung des wilden Buchsbaumes, erschienen mir zwei riesige Engel in einem Licht und einer Präsenz, die ich nie zuvor erlebt hatte! Es waren der Erzengel Haniel und der Erzengel Chamael, die mich fragten, ob ich bereit wäre, eine Aufgabe anzunehmen: zur Stärkung der weiblichen Kraft im Menschsein. Ich muss zugeben, dass ich bei aller Erhellung und Bewegtheit des Momentes dennoch für einen Augenblick überrascht war, warum denn ich hier angesprochen war, denn mein Hauptwirkungsfeld war doch die ganzheitliche Kinderheilkunde. Wahrscheinlich wollte mein Verstand etwas Kontrolle behalten. Meinem Herzen jedoch fiel es leicht, zuzustimmen – es kannte wohl schon seinen Weg. Noch am selben Tag wurde mir vermittelt, wie die Umsetzung dieser Vision geschehen sollte, und bereits eine Woche später saßen wir mit 22 Frauen zusammen in einer Runde von Heilpraktikerinnen, Homöopathinnen, Apothekerinnen und naturheilkundlich engagierten Laien.

Unsere Vision war ein 13-Monde-Projekt, bei dem jeweils von Neumond bis Neumond eine Runde der Frauen, die sich zu der Baumart des Monats hingezogen fühlten, die Baumessenzen möglichst unter freiem Himmel durch homöopathische Verreibung herstellten. Die erste Verreibung war der Linde gewidmet, und zwei Wochen später fuhren wir zu siebt nach Chartres, dem französischen Wallfahrtsort am uralten europäischen Kraftort nahe Paris, wo der Erdmeridian Europas unter der riesigen Kathedrale pulsiert. Weitere sieben Frauen verrieben im gleichen Zeitraum eine 1000-jährige Linde im Taunus. In einer solchen Erfahrungsrunde wird die Wirkung von vielen gespiegelt. Die zusammentragende Dokumentation bildet die Kraft des Baumes ab, die natürlich erweitert werden kann in der ureigenen Kommunikation jedes weiteren Menschens in seiner individuellen Beziehung zu diesem Baumwesen. In der Regel bildet die kollektive Schnittmenge repräsentativ die Baumbotschaften ab. Das gilt auch für Gruppenerfahrungen, die sich dem Baum auf andere Weise als der der Homöopathie annähern. Auch die Wesenszüge aus Mythologie und Geschichtserzählung zeigen sich, denn die Baumwesen sind, ähnlich wie die Archetypen nach C. G. Jung, in der Tiefensprache unseres kollektiven Unbewussten verankert.

Das Bewusstsein der Bäume

Natürlich werden sich einige Leser*innen die Frage stellen, wie ein Baum ein Bewusstsein haben kann. Ich muss es bereits an dieser Stelle sagen: Es bleibt bei jedem Einzelnen, diese Frage zu beantworten. Wir wissen mittlerweile zumindest, dass die Bäume miteinander und mit ihrem Umfeld auf ihre Art kommunizieren. Ich selbst kann sagen, dass ich der Weisheit der Bäume unendlich dankbar bin und mich natürlich in meinem Herzen zutiefst mit ihnen verbunden fühle. Mit der Herstellung der homöopathischen Essenzen gelingt uns eine Aufschlüsselung der jeweiligen Botschaft über den Weg mehrerer Stunden der Kommunikation mit dem Baumwesen. In Stufen, die uns von persönlichen Ebenen zur Kollektivebene führen, verläuft der Prozess zum Seinsspiegel im Menschsein. Auf das Verfahren der fachlichen Herstellungsweise werde ich in diesem Buch nicht tiefer eingehen.

Das Wesentliche vermittelt sich durch die Bäume selbst, die Formen der Annäherung sind, wie gesagt, vielfältig. Die

Zuwendung und positive Aufmerksamkeit für den Baum eröffnen den Raum. Und das ist der Schatz, den wir insbesondere in dieser Wandlungszeit des Menschseins so dringlich ersehnen! Wir stehen vor einem Bewusstseinssprung, den wir als Menschen nur gemeinsam nehmen können. Durch die Ausbeutung unserer Erde sind wir aufgerufen, zu unserem Ursprung des Seins und unserer in allem verbundenen Einheit mit der Natur umzukehren! Wenn wir die Schönheit, die Hingabe und die Liebe dieses Planeten erhalten wollen, brauchen wir eine Erinnerung an das Wesentliche und das Lebendige in der Allverbundenheit. Durch die existenzielle Gefahr ist unser kollektiver Instinkt erwacht. Wir brauchen das Aufschwingen zu einer höheren, erdverbundenen Sicht, und diese finden wir bei den Bäumen!

Den Wäldern der Erde verdanken wir unser Leben und den Aufbau unserer Zivilisation – in der Geschichte und in der Gegenwart. Es ist an der Zeit, unsere Wertschätzung für sie zum Ausdruck zu bringen, indem wir eine neue Basis des Gebens und Nehmens schaffen. Die Zeit, in der wir uns nur bedienen, ist vorbei, wenn wir im Menschsein weitergehen wollen. Die Baumkraft erinnert uns an die vernachlässigten und ressourcenstarken Seinsanteile unserer Seele. Nur mit der Seinspräsenz werden wir eine Bewusstseinsveränderung auch hinsichtlich gleichwertig geführter Mann-Frau-Beziehungen erleben. Die Bäume helfen uns, Raum in unsere Sichtweisen zu bringen, denn wir sind nicht die Muster, die uns die Medien vorgaukeln – wir sind Seelen in Herzensverbundenheit, die alle eine eigene Inkarnationsseele einbringen und gleichzeitig eine kollektiv gespeicherte Geschichte dieser Erde teilen. Ziel ist unser gemeinsamer Bewusstseinsaufstieg in der Vielfalt des Selbstausdrucks – als spirituelle Wesen in einem physischen Körper. Wir brauchen die Stille und die Pausen für Wahrnehmung und Berührung, um uns daran immer wieder zu erinnern und die immerwährende Jetztzeit lichtvoll in uns aufzunehmen. Die Bäume sind unsere Transformationshelfer und unsere »stehenden Brüder und Schwestern«, wie sie die indigenen Völker Nordamerikas seit jeher nennen.

Wir können jederzeit mit ihnen und für sie unsere Haltung und Aufrichtigkeit im Innen und im Außen neu wählen.

Kapitel 1:

Bäume – Bewusstseins-säulen und Urverbindung zwischen Oben und Unten

Vertikales Leben zwischen den Himmelsweiten und den Erdentiefen

Bäume leben zwischen den Weiten des Himmels und den Tiefen der Erde. Wenn wir aus der Ferne von einem höher gelegenen Ort auf sie schauen, können wir mit meditativem Blick sehen, wie sie den Raum unserer Sicht aufspannen und aufrecht, in die Vertikale, ausrichten. Standfest und beständig stehen sie da und setzen gewissermaßen Bezugspunkte in unseren Lebensraum und schenken Mensch und Tier bewusst oder unbewusst Orientierung und Richtung.

Mit diesem Buch möchte ich dich einladen, dich in diesem Raum auf die Botschaft der Baumkräfte als eines durch sie geschenkten Spiegels tief auf die eigene Seele einzulassen.

Wenn wir uns zu den Baumwurzeln setzen, können wir uns mit dem weitläufig verflochtenen, lebendigen Gewebe der Erde verbinden. Hier gelingt es leicht und direkt, uns mit unseren eigenen Wurzeln zu verbinden und den Alltagslärm von uns abfließen zu lassen. Das unfassbar große Vernetzungssystem zwischen Bäumen, Pilzen und Pflanzenwelt wird heute von der Fachwelt der Baumforschung als riesiges, unterirdisches »Wood Wide Web« bezeichnet. Unzählige Informationen werden hier gespeichert, ausgetauscht, ausgewertet, abgestimmt und weitergegeben. Alles im natürlichen Gewebe der Erde kommuniziert miteinander. Dies alles liegt uns bei einem Waldbesuch oder in einem größeren Park zu Füßen.

Hingegen wachsen die Kronen der Bäume in den Himmel strebend nach oben. In warmen Regionen spenden sie Menschen dadurch wertvollen Schatten. Gleichzeitig filtern sie die Umgebungsluft von Mikropartikeln und reichern sie mit dem für Mensch und Tier lebenswichtigen Sauerstoff an. Unseren

Augen schenken sie mit dem lichttransformativen Grün ihrer Blätter wohltuende Entspannung und ein Lichtspektrum, das uns während der vielen Stunden in Zimmerbeleuchtung und in digitalen Sehfeldern fehlt. Mit der Fotosynthese wandeln ihre Blätter das für all unsere Lebensprozesse wichtige Tageslicht in Stofflichkeit um. Die hieraus entstehende photonenreiche Nahrung findet sich in ihren Blattknospen, Blüten und Früchten und dient Mensch und Tier seit jeher als hochwertigste Nahrungsquelle.

Nehmen wir dieses uns sonst meist Unbewusste noch einmal mit in unseren meditativen Blick von höherer Perspektive auf eine freie Baumlandschaft: Können wir durch die Bäume als vertikale Pfeiler den Raum und seine Weite nicht viel greifbarer und direkter erfassen?

Die Maori, die Ureinwohner Neuseelands, nennen ihren Kauri-Baumriesen »Tane Mahuta« – »den großen Gott und Vater des Waldes«, denn nach ihrem Mythos war es seine Kraft, die vermochte, Himmel und Erde so aus ihrer Verdichtung auseinanderzubewegen, dass der Raum für neues Leben und andere Wesen, für uns Menschen und Tiere, geschaffen war!

Auch im Sonnentanz der Lakota-Indianer und im Verständnis anderer indigener Völker wird der Baum als Repräsentant der Erdachse gesehen und so auch symbolisch in ihren Ritualen wie dem Sonnentanz in das Zentrum der Zeremonie gestellt.

Grundsätzlich symbolisieren die Bäume mit ihrer Langlebigkeit den Zeitaspekt – ihre räumliche Ausdehnung ist der Geschwindigkeit unserer Sicht vorenthalten. Im Zeitraffer könnten wir jedoch Baumfamilien über die Generationen und Jahrhunderte hinweg in ihren Wanderungen Gebirge überqueren und Länder durchwandern sehen.*

Wenn man den einzelnen Baum in Ruhe lässt, bleibt er in stoischer Beständigkeit unbeeindruckt von Äonen der gesellschaftlichen Geschichte bei sich, in der Entfaltung seiner naturgegebenen Anlage. An ihm mögen sich alle möglichen Szenarien und Entwicklungen im Umfeld entlangbewegen – er steht aufrecht im Feld, unbeirrt als eine Säule naturgegebener Architektur der Landschaft.

Wen wundert es da, dass er uns so viel Ruhe in unserem Alltag schenken kann? Allein ein Besuch während der Mittagspause eines hektischen Arbeitstages bestätigt dies immer wieder. Nicht umsonst nimmt in den letzten Jahren der Trend zum »Waldbaden« zu. Bei der zunehmenden Erschöpfung, die unser westliches Gesellschaftssystem hervorbringt, ist es eine – für viele Menschen sogar die einzige – mögliche Zuflucht aus immer zunehmenden Anforderungen und sich steigernden Termindichten. Ein Baum, der nichts von uns erwartet, still ist und doch lebt, Schatten spendet und doch Licht regeneriert, der unsere Luft reinigt und hochwertig anreichert – bei ihm darf man einfach sein, kann sich entspannt anlehnen und in sich ausdehnen. Bei ihm wird man »einfach so« energe-

---

* Vgl. Petra Höfer & Freddie Röchenhaus: Terra X: Unsere Wälder – Die Sprache der Bäume (Dokufilm). ZDF/Studio Hamburg Enterprises 2017.

tisch aufgeschwungen. Die Begegnung mit dem Baum stärkt uns in sämtlichen körperlichen Regenerationsfaktoren und beruhigt zugleich unseren Verstand.

In einer bewussten, seelenverbundenen Baumbegegnung geschieht noch etwas anderes: Der Baum scheint auf uns zu reagieren. Etwas aus diesem Zusammentreffen erwacht in uns: Es sind die Zuwendung und das bewusste Erkennen des Lebendigen in uns selbst und im Gegenüber des Baumes. Wir sehen es nicht, doch wir fühlen es. Es ist ein wahrer Schatz in diesen Zeiten, denn meist sehen wir etwas, aber wir fühlen es nicht. Wir können stundenlang fernsehen, unsere Bildschirme betrachten, und wir empfinden nichts oder nur aufgrund einer reaktiven Animation im Verstand. Das meiste jedenfalls sehen wir nicht im Herzen und fühlen wir nicht im Bauch. Wenn wir dem Baum wirklich begegnen, werden Herz und Bauch angesprochen. Nach der Archetypenlehre C. G. Jungs ist dies leicht verständlich: In dieser tiefen Verbindung mit dem Baum liegt ein Archetypus, der bereits unserer Kinderseele Orientierung und Halt schenkte. Etwas in unserer Seele wird menschheitsgeschichtlich angesprochen. Der Baum war schon vor uns da – und er wird, wenn wir ihn lassen, auch noch nach uns da sein. Er schenkt uns Orientierung und Jetztbewusstsein auf einer dem Menschsein übergeordneten Zeitachse.

Ein weiterer Grund für das Phänomen empfundener Verbundenheit und Ganzheit unserer Seele während der Baumbegegnung mag zudem in Folgendem liegen: Der Baum ist in sich, wie wir selbst auch, belebt von zwei essenziellen Energiesystemen. Seine Energieströme fließen:

› **von oben nach unten** über die äußeren Leitbahnen in seinem Stamm,
› **von unten nach oben** in seinen inneren Leitbahnen.

In spiritueller Hinsicht fließen auch in uns Menschen die Energien in beide Richtungen: für unser inneres spirituelles und seelisches Wachstum durch die Chakras, aber auch in den Meridianen als Yin- und Yang-Kräfte der asiatischen Erfahrungsmedizin der Akupunktur. Sie sind messbar durch ihr elektromagnetisches Potenzial und für viele Menschen als Chi-Energiefluss tastbar.

› **Von oben nach unten** erden sich aus dem Geist des Feinstofflichen neue Erkenntnisse, und aus ihnen nehmen Entfaltungen im Weiteren verkörperte Formen an. Die Energie fließt also von höheren Sphären zur Manifestation ins Sichtbare.
› **Von unten nach oben** steigt die Kundalini-Energie, im Taoismus als Chong Mai, im Yoga als Sushamna Nadi bekannt. Dabei kann die Energie über den Körper hinaus bis in die höheren Sphären des Universums wahrgenommen werden. Dies geschieht ebenso in Meditationen und Bewusstseinsversenkungen: Die Energie wächst nach oben hinaus und erlöst sich aus dem Mentalen und Persönlichen zur Wahrnehmung kollektiver und übergeordneter geistiger Zusammenhänge.

Die Präsenz eines alten oder großen Baumes mit seinem kräftigen Stamm kann in uns in einem Moment der Aufmerksamkeit und Stille das Bewusstsein für die Vertikale aufschwingen und damit unser Selbst in der Achse unserer eigenen Aufrichtung und Versenkung fühlbarer und innerlich hör- oder spürbarer werden lassen.

Die Bäume stehen in der Welt wie Kanäle der feinen Lichtinformationen, die sie in die Sprache der Materie und der organischen Stoffe übersetzen. Sie erinnern uns so an das Einheitsbewusstsein des Universums. Verbinden die Bäume diese Qualität nun unbewusst mit unseren eigenen Energieströmen und der Anbindung an den feinstofflichen Lebensfluss? Klingt im Wesen des Baumes unsere himmelwärts strebende Ausrichtung auf das Höhere Selbst, auf die Weite der Leichtigkeit und den Bewusstseinsaufstieg an? Könnte es genauso sein, dass unser Tieferes Selbst in den Räumen der Verbundenheit mit den eigenen Wurzeln menschlicher Erfahrungsspuren auf dieser Erde im All-eins-Sein liegt?

In alten Kulturen werden beide Richtungen zur Bewusstseinserweiterung genutzt: Meditationen am Baum, wie uns die Erleuchtung Siddharthas zum Buddha unter dem heiligen indischen Bodhi erzählt, und schamanische Reisen, bei denen während der Trance über das Wurzelgeflecht eines Baumes in die Unterwelt und unsere inneren unterbewussten Welten abgestiegen wird, um dort sich selbst und das Leben zu erkennen.

Zudem erleichtern und erinnern uns die Baumkräfte an die Rückanbindung an die Elemente der vier Himmelsrichtungen und an den Äther. In der Gegenwart des Baumes nehmen wir diese viel deutlicher wahr und fühlen uns als Lebewesen als Teil davon, belebt nur durch diese Urstoffe einer gemeinsamen Erde. Mit unserer derzeitigen Übergewichtung des Mentalen produzieren wir unsere Gefühle oft aus unaufhörlichen Gedanken, die uns dann als Emotionen in unserem Unbewussten zusätzlich beherrschen. Die stille Präsenz eines Baumes vermag auch uns wieder in der Gegenwart ankommen zu lassen. Die feine, permanente Transpiration der Blätter, die für den fortlaufenden aufsteigenden Fluss der inneren Wassersäule in den Leitbahnen des Baumes sorgt, hat eine weitere entspannende Wirkung auf uns. In diesem Zusammenhang fasziniert zudem ein unsichtbares Phänomen: Jenseits der Logik und bisher auch noch jenseits vollständig klarer wissenschaftlicher Erklärung gelingt es dem Baum im Frühjahr, aus den Tiefen der Erde sein Wasser über die Wassersäule entgegen der Schwerkraft nach oben bis in seine abgelegensten Kronenspitzen hinaufzubewegen. Zumindest im Frühling, beim Sprießen der ersten Blattknospen, gibt es ja noch keine Blätter, sodass dies nicht durch den Unterdruck der Transpiration geschehen kann, was ansonsten als Erklärung für die permanent aufsteigende Wassersäule gilt. Dürfen wir da allzu sehr überrascht sein, dass Bäume hervorragende Unterstützer dabei sind, unsere Emotionen vom verwurzelten Feld des Eingebundenseins in die Ebenen des Geistes zu bewegen?

Es bleibt uns, im Hinblick auf die Bäume und ihren Effekt auf unsere Seele und unser Menschsein weiter Fragen zu stellen. Beziehungen zu Bäumen sind individuell und speisen sich aus den Erfahrungen, die wir in den Begegnungen mit Baumfreunden machen. Wie die Schwingungsmedizin sind wir auf das Sammeln von Erfahrungswerten, und zwar subjektiven, angewiesen. Wir können kein Gefühl und keinen Gedanken im Inneren der Zelle nachweisen, aber vielleicht doch die Reaktionen unseres Wohlbefindens auf unsere Gedanken und Gefühle in einer Begegnung bis ins Innere fühlen. Es handelt sich hier um eine seelische, geistig-individuelle Seelensprache und um einen Spiegel in unserem Inneren durch eine Begegnung zweier Wesen. Gebündelt mögen sich aus vielen Erfahrungen dann über lange Zeiträume vielleicht Archetypen und Mythologien in der Kollektivseele und im morphologischen Feld erweitern. Meiner Ansicht nach bleiben sie jedoch immer wandelbar im Gang der Zeit und doch gleichzeitig auf den Ursprung der Weltenseele bezogen.

Wenn wir uns in Augenhöhe des aufrechten Baumstammes befinden, kommen wir mit einer Kraft von Lebendigkeit in Kontakt und können auch in uns Aufrichtung, Halt und Standfestigkeit empfangen. In dieser Verbundenheit und in der öffnenden, kommunikativen Haltung mit dem Baum als Gegenüber werden wir ruhig und erkennen das Prinzip des Seins in der Stille des Jetzt – in ihm und in uns. Die Bäume repräsentieren im Gewebe der Natur seit jeher die Große Mutter und die Kraft der gebärenden Erde. Ihr Wirken ist das der vollkommenen Hingabe, denn sie nehmen bedingungslos das Leben an. Scheinbar bewegungslos und unveränderbar stehen sie an ihrem festen Platz im Gewebe, den die Schöpfung mit dem Aufgehen ihrer Saat für sie vorgesehen hat. Jeder Baum ist einzigartig und zugleich ein Teil des Ganzen. Beides vermittelt er uns in seinem Ausdruck und in seinem Eindruck auf uns. Seine Existenz beruht auf purem Vertrauen auf dieses Eingebettetsein in den großen Verbund des All-eins-Seins. Bis auf Dornen und einige giftige Bestandteile zur Fressfeinde-Abwehr mancher Baumarten hat der Baum keine ihm zur Verfügung stehenden Verteidigungsmechanismen. Er steht im Dienst der großen Naturzusammenhänge und der ernährenden Pflege seiner Umgebung. Der Urwald hat uns als Menschen überhaupt eine Basis geschaffen, auf diesem Planeten Lebensraum zu finden. Der Baum nimmt ganz und gar die Aufgabe an, seine ureigene Anlage in seine individuelle Gestalt erwachsen zu lassen und gleichzeitig seinen Dienst an den Lebenszyklen des großen Ganzen einzubringen. Kann diese schlichte Klarheit der Lebensbestimmung und des Lebensplanes uns vielleicht an uns selbst in unserem wesentlichen Sein und den Selbstwert des Seins erinnern? Schon Hermann Hesse sagte, dass, wer gelernt hat, einem Baum zuzuhören, nichts mehr weiter begehrt, als sein ureigenes Sein zum Ausdruck zu bringen.

WISSENSWERTES

MITTLER ZWISCHEN OBEN UND UNTEN, HIMMEL UND ERDE

Der Stamm eines Baumes wächst jedes Jahr um einen Jahresring. Dabei entsteht unter der Borke neues Holz, dessen nach innen liegende Zellen ein hartes Gewebe bilden. Durch dieses zieht der Baum das Wasser in dem sogenannten Xylem von unten nach oben auf ca. einen Meter Höhe. Danach wird es aufgrund seiner hohen Bindungsfestigkeit in einem stabilen Fluss nach oben gesogen, was möglich ist, weil die Blätter permanent Feuchtigkeit an die umliegende Luft abgeben und so der Vakuumdruck aufrechterhalten bleibt. Der gesamte Kreislauf basiert also auf dem Wasserelement, wie es die Essenz allen Lebens ist. Aus den festeren Kambiumzellen wird der nächste Jahresring im Stamm: Im Frühjahr wächst er schnell, im Spätsommer zum Herbst hin langsamer, und das Holz sieht dann dunkler aus. Daher haben wir durch das Hell und Dunkel die Möglichkeit, am Holzstamm abzulesen, wie gut die Wasser- und Nährstoffversorgung in einem Jahr für den Baum war. Der Teil der neuen Zellen, der nach außen geht, bleibt weicher und transportiert die Zuckernährstoffe von oben nach unten. Die durch die Fotosynthese gewonnene Nahrung aus den Blättern mit ihren chlorophyllhaltigen Chloroplastenzellen wird als Krafttrunk zu den Wurzeln hinuntertransportiert, wo diese ihn nutzen, teilweise als »Handelsware« mit ihren Pilzkooperationspartnern tauschen und die Überschüsse als Reserven für schlechtere Zeiten speichern.

Wurzeln des Lebens – innere und äußere Verwurzelung im Menschsein

Der Urwald beherbergt alle Generationen gleichzeitig: junge Bäume ebenso wie die alten Urbäume und Mutterbäume. Daher ist er organisch widerstands- und überlebensfähig. Er hat seine natürlichen Bewegungen von Kommen und Gehen. Die Zukunft legt er in seine Sprösslinge, die von den Mutterbäumen über besonders nährende Leitbahnen des Geflechtes versorgt werden. Das nährende und erdende Prinzip des Erdelementes wird nicht nur in der Traditionellen Chinesischen Medizin dem Muttersein zugeordnet. Auch hier gibt es interessante, bisher noch nicht allgemeingültige Erkenntnisse aus dem »Wood Wide Web« des Erdgeflechtes: Die kanadische Forscherin Diana Beresford-Kroeger schreibt, dass man feststellte, dass Mutterbäumen vom natürlichen Geflecht des Waldes höchster Schutz entgegengebracht wird.*
Der Baumbestand des Umfeldes stellt ihnen vermehrt Karbonmoleküle zur Verfügung, die in die Atmosphäre ausgeschüttet werden. Die Bäume ziehen so für den Mutterbaum die guten Käfer an, indem sie unterirdisch das Karbon über die Pilzgeflechte als Kommunikationsbrücke zueinanderfließen lassen. Die Sprösslinge werden sozusagen zweifach mitversorgt, denn der Mutterbaum versorgt seine Kinder ebenfalls mit einem eigenen Medizinkit ähnlich wie beim Stillen des menschlichen Säuglings. Mutterbäume erkennt man daran, dass sie oft die größten und robustesten Bäume des Waldes sind. Die Forstwirtschaft sollte ihnen Respekt zollen, denn sie tragen das Wissen von Überlebenserfahrung in sich, das für die Zukunft von essenzieller Bedeutung ist. Wir müssten im Grunde ihre Saaten zur Wiederaufforstung und Wiederbelebung der Wälder nutzen.
Das Holzgut abgestorbener Baumstümpfe nährt den Waldboden und das gesamte Geflecht, indem Kleinstlebewesen es verstoffwechseln und so neuen Humus ausbilden. Das Kronendach des Waldes ist von den Bäumen so ausgerichtet, dass es im Sommer die Feuchtigkeit des gesamten Waldstückes beibehalten kann. Wenn wir den Wald ausdünnen, mischen wir uns als Menschen in etwas ein, was wir nicht erfassen. Wenn wir mit schweren Maschinen den Waldboden auf Jahre hin unfruchtbar machen, weil das Gewicht die Erdschichten so komprimiert, dass sämtliche Kleinstlebewesen ihre Existenz und den Lebensraum einbüßen, verlieren wir den wertvollen letzten Humusboden für einen organischen Kreislauf der Lebensprozesse und damit die Lebendigkeit unserer Erde.**

* Vgl. Diana Beresford-Kroeger: The Global Forest. Viking Adult, New York 2010.

** Vgl. Julia Dordel & Guido Tölke: Intelligente Bäume (Dokufilm mit Peter Wohlleben). Dorcon Film, Pattensen 2017.

Wenn wir uns zudem klarmachen, dass unsere Lebenspräsenz als Menschen ca. 10 Prozent der Daseinsspanne der ersten Wälder ausmacht, dürften wir begreifen, dass wir freundlicherweise von Mutter Erde den Raum zwischen ihnen zum Besiedeln geschenkt bekommen haben.

Ich kann es nicht oft genug erwähnen: Als lebensessenzspendende Photonenquellen und hochwertige Lebensmittel- und Sauerstofflieferanten, die zusätzlich das elektromagnetische Feld der Erde aufspannen, uns das Grundwasser klären und erhalten, uns das Inland mit Wasser befeuchten, die Staubpartikel aus der Luft filtern und uns mit unzähligen Früchten und Nährstoffen, Heilmitteln und Materialien versorgen, dazu noch zauberhaft blühen und uns den Frühling ins Haus duften, uns das Licht auf die Erde transformieren und das Holz für die Feuer zur Verfügung stellen (was überhaupt erst unsere Zivilisation ermöglicht hat), unsere Lungen stärken und gegen Keime resistent machen, haben die Bäume wohl unsere Demut und Ehrerbietung verdient, mit denen wir auf sie und den durch sie bereiteten Lebensraum voller Dankbarkeit und Liebe schauen.

In anderen Worten: Es ist höchste Zeit, dass wir erkennen, dass die Bäume unsere Urverbindung zu diesem Planeten bilden – zusammen mit dem Ökosystem der Meere und der Atmosphäre! Unsere innere Verwurzelung drückt sich im liebevollen Umgang mit der Umwelt aus. Wie wollen wir also uns selbst eine innere Anbindung erhalten, wenn wir uns selbst der regenerativen Erholungsräume und der lebendigen Natur entreißen? Auch wir Menschen schaffen in Mehrgenerationenlebensgemeinschaften ein ausgewogeneres Lebensfeld mit Integration und Verständnis für umfassende Perspektiven im Menschsein, jeder trägt mit seinem Lebensalter zur Lebendigkeit und Resilienz des Gesamten bei. Wenn wir hingegen mit den Alltagsaugen eines Menschen im 21. Jahrhundert schauen, finden wir – in der heutigen Verdichtung der digitalen Informationen und den vielen Verpflichtungen – gerade noch Zeit für die Wertschätzung einer Aussicht auf eine Grünfläche in der Arbeitspause. Der Blick auf den Straßenbaum aus unserem Bürofenster oder eine Allee auf der Bundesstraße unseres Nachhauseweges, die uns den Feierabend anschwingt, mag uns dennoch zumindest eine Zuversicht entlocken. Der Wert des Baumes kehrt nicht selten erst dann in unser Bewusstsein ein, wenn er fehlt. So ging das

Umweltschutzengagement interessanterweise auch schon im vorletzten Jahrhundert von den Baumliebhabern unter den Städtern aus, die den Erholungswert der Grünflächen und der Waldstille unentbehrlich empfanden. Daher begann man um 1890 mit der Aufforstung der Fichtenwälder, die allerdings nur eine einseitige und nicht sehr resiliente Variante eines echten Waldes sein können. Doch das Pflanzen neuer Bäume ist immer ein Akt der Wertschätzung hinsichtlich unserer Erde sowie Zukunftsperspektive und Hoffnung der nächsten Generationen – ein Schritt in Richtung einer Balance von Geben und Nehmen in der Beziehung zu unserem Planeten. Mit jedem Baum, den wir pflanzen, richten wir von Herzen einen Dank an Mutter Erde!

Das unterirdische Pilzgeflecht – kooperative Symbiose im »Wood Wide Web«

Das in der Erde liegende, unermesslich weite Baum-Pflanzen-Pilz-Geflecht zählt unzählige Lebewesen. »In einer Handvoll Waldboden stecken mehr Lebewesen, als es Menschen auf der Erde gibt«, schreibt Peter Wohlleben.* Pilze und ihre Heilkräfte werden in der Essenzlehre (z. B. in der holistischen Lichttherapie nach Andreas Korte oder auch in der phytotherapeutischen Pilzheilkunde der TCM) als wirkungsvolle Unterstützung im Verdauungssystem eingesetzt – kein Wunder, denn sie spiegeln das Unsichtbare des Unterbewusstseins des Körpers einer Erde-Wasser-Welt. In der Signatur von oberirdisch wachsenden Pilzen erkennen wir dies ebenfalls: Ihre Öffnung, nahezu ohrenähnlich, liegt nach unten ausgerichtet zur Erde hin. Sie vermitteln zwischen der inneren und der äußeren Seite der feuchten Erdoberfläche. Sie sind insbesondere im Bereich von Stoffwechselprozessen tätig und so hinsichtlich des Menschen heiltherapeutisch besonders effektiv in der Verdauung einzusetzen. Hinsichtlich des Bodens sind sie essenziell für die Lebendigkeit des Waldes und das Innenleben unserer Erde. Wenn wir uns an den Wurzeln eines Baumes niederlassen, werden wir durch den Kontakt unmittelbar in der Gegenwart ankommen, denn hier vermag uns das Echo des Baumes aufzuschwingen, unseren eigenen Körper wahrzunehmen. Indem wir uns auf die Gegenwart des Jetzt und das Bewusstsein, ein Teil dieses All-eins-Seins eines größeren Gefüges zu sein, einlassen, werden wir auch wieder verantwortlich für dieses Land. Ein indianisches Sprichwort sagt: »Kümmere

* Vgl. Peter Wohlleben: Das geheime Leben der Bäume. Ludwig, München 2016.

dich um das Land, dann versorgt es dich auch in schwierigen Zeiten.«

Die feinen Geflechte der Wurzelenden jedenfalls erinnern uns in ihrer Signatur an die Endungen von Nervenzellen und -geflechten in unserem menschlichen Körper. Auch die Hologramme von Blättern und Baumstämmen zeigen oft einen Baum im Baum und zudem sehr beeindruckende Ähnlichkeit zwischen Baumstrukturen und menschlichen anatomischen Arteriolen- und Kapillargeflechten. Wie bereits erwähnt, zerstören die großen »Harvester« die feinen Pilzgeflechte und das gemeinsame Gewebe der Erdschichten dauerhaft. Nach dem Einsatz dieser Holzfällmaschinen kann kein Leben mehr entstehen. Es bleiben Löcher der Leere in unserem Gewebe – unfruchtbare Brachflächen.
In gesunden Systemen lassen sich auch die Tiere von den Schwingungen des Untergrundes leiten: Elefanten orientieren sich am Infrasound des Bodens, sie fühlen ihn über kilometerweite Entfernung. Tiere nehmen einen herannahenden Tsunami mit genügend Vorlauf zur Flucht wahr. Welche Signale vom Erdgeflecht unterirdisch weitergeleitet werden, könnten wir über unsere Fußsohlen empfinden, hätten wir den Sinn dafür nicht mit Beginn der Zivilisation abgeschotte(r)t. Was führt Menschenwege zusammen und bewirkt Synchronizität? Eine Freundin schrieb mir einmal in einer Situation äußerst außergewöhnlicher Synchronizität: »Vertraue einfach dem unendlichen Unbewussten deiner Füße, und atme.« Ihrem Rat folgte eine weitere unfassbare Synchronizität und das Zusammenfließen von Wegen wie mit telepathischem Radar und von Tieferem geleitetem Spürinstinkt der Füße. Noch wissen wir nicht sehr viel darüber, wie sich unsere eigenen Wege nach dem Resonanzprinzip formen. Jedenfalls scheint es ein »Gehirn im Boden« zu geben, wie Mykologen es nennen, und vielleicht steht dieses Gehirn ja mit dem Gehirn des Oben, der Krone und darüber hinaus den Gestirnen in Verbindung? Es gilt weiter, Fragen zu stellen und vom großen Werk des Waldes zu lernen, bevor wir ihn abgeholzt haben.

WISSENSWERTES

DAS WURZELWERK DES BAUMES – VERBUNDENHEIT IM WEITEN GEFLECHT DES NATÜRLICHEN GEWEBES

Die erste Bewegung der Wurzel des keimenden Samens ist in den meisten Fällen zum Mittelpunkt der Erde gerichtet.[*] Die Bäume haben je nach Baumart Pfahlwurzeln oder Flachwurzeln oder eine Mischform aus beiden mit dem schönen Namen Herzwurzelsystem. Durch die eingegangenen Symbiosen mit den Pilzen, die immense Reichweiten und Dimensionen eines für uns nur schwer vorstellbaren Kommunikationsnetzwerkes darstellen, ist es auch den Bäumen möglich, über Kilometer hinweg mit anderen Bäumen zu kommunizieren. Pilze umschließen die Wurzelspitzen der Bäume und anderer Pflanzen mit einer Art Vlies und formen so das größte unsichtbare Nährstoffsystem der Welt. Mit langen Zellfäden, den Hyphen, transportieren sie Nährstoffe in dem riesigen Netzwerk, Myzel genannt. Dieses Myzel kann sich über mehrere Hektar ausbreiten, das größte bekannte Myzel bedeckt eine Fläche von 2400 Hektar Wald in Oregon und wird auf 2200 Jahre geschätzt.[**] Die Pilze versorgen die Bäume mit großen Mengen von Wasser und Nährstoffen wie Nitrat und Phosphor und erhalten dafür im Gegenzug von den Bäumen Zucker oder Kohlehydratverbindungen, die die Pilze selbst nicht produzieren können. Auch in den Hyphen fließen die Nährstoffe in beide Richtungen. Durch den Pilzmantel wird die Wurzeloberfläche des Baumes sehr stark vergrößert.

---

* Vgl. Fred Hageneder: Der Geist der Bäume. Neue Erde, Saarbrücken 1998.

** Vgl. Fred Hageneder: Happy Planet. Neue Erde, Saarbrücken 2019.

Mit ihren Wurzelspitzen prüfen die Bäume ständig den Wasserstand und weitere Versorgungslagen ihres Umfeldes. Es besteht eine permanente Kommunikation bezüglich benötigter lebenserhaltender Nährstoffe und des Wasserbedarfs. Zudem hilft der Pilz dem Baum mit einer Produktion von Hormonen und wehrt Krankheitserreger und manchmal sogar Wurzelerkrankungen ab, indem er für die Schädlinge giftige Stoffe ausscheidet. Pilze sind bisweilen in der Lage, Bäume der gleichen Art oder auch verschiedener Arten miteinander zu vernetzen. Durch die Symbiose kann die Wirtspflanze Baum nicht nur mehr Nährstoffe aufnehmen, sie steigert auch ihre Fotosyntheseleistung. Aus diesen Gründen kann das Wachstum des Baumes erheblich gesteigert werden, was dann wiederum auch dem Pilz zugutekommt.

Man weiß zudem inzwischen, dass Bäume eine Sozialkompetenz zeigen.* So gleichen sie Stärken und Schwächen untereinander aus, sie synchronisieren sich und unterstützen ihre Artgenossen an schlechteren Standorten oder nach Verletzungen und Einbrüchen. Und sie helfen sich über das Wurzelwerk bedingungslos untereinander, sofern sie über dieses unterirdische Netzwerk die Basis dafür geschaffen haben. Baumfreundschaften helfen manchmal sogar abgestorbenen Freunden, weiterzuleben.

* Vgl. Peter Wohlleben: Das geheime Leben der Bäume. Ludwig, München 2016.

Lungen der Erde – die Beziehungsqualität aus Luft und Duft

Das Wort »Inspiration« bedeutet »Einatmung«. Es kann uns daran erinnern, dass alle an der Luft lebenden Wesen sowie die großen Säuger der Ozeane den einen Atem gemeinsam haben. (»Atman« kommt aus dem Sanskrit und bedeutet ursprünglich »Lebenshauch«, »Atem« und ist ein Begriff der indischen Philosophie für »Seele« und »unzerstörbare, ewige Essenz des Geistes«.)

Lungenerkrankungen werden in der ganzheitlichen Medizin genauso wie Hautkrankheiten immer auf einen ursprünglich zugrunde liegenden Beziehungskonflikt geprüft. Bewusst zusammen zu atmen, bringt hingegen eine gesunde Chance völlig neuer Erfahrungen ins Feld der Verbundenheit und somit Beziehungsqualität. Dies ist auch erfahrbar für Behandelnde und Behandelte in einer Watsu-Sitzung, also bei einer Shiatsu-Massage im Wasser, wenn sich beide vor dem Abtauchen gemeinsam in einen Atemrhythmus einschwingen. Es öffnet sich ein qualitativ hochwertiger Raum der Synchronisation.

Wenn wir den wunderbaren Seelenraum eines Waldes betreten, können wir uns ähnlich durch bewusstes Atmen mit ihm verbinden, bevor wir ihn durch das Tor der Eingangsbäume betreten. Der Wald spiegelt uns etwas Archaisches: ein gesundes System der Verbundenheit – eine Einladung auch in den Spiegel unserer inneren Natur. Jeder Schritt kann uns tiefer in dieses große Feld der Erdverbundenheit hineinführen. Hier, wo alles miteinander verwoben ist, alles miteinander in Ursprünglichkeit kommuniziert, ist auf älteste Weise alles still, instinktiv perfekt abgestimmt im verbundenen Austausch gleicher und ungleicher Artgenossen. Was alle verbindet, ist die Lebendigkeit und, wie die indigenen Völker es benennen, dass alles inspiriert ist vom Großen Geist und dem natürlichen Gewebe der Mutter Erde.

Das Grün in all seinen Nuancen bringt unserer Sicht Entspannung. So empfinden wir ein Eingebettetsein in der Einheit, was unser Gemüt sich ins eigene Herz hinein ausdehnen lässt. Damit entsteht wieder ein Gewahrsein dafür, selbst Mittler zwischen Himmel und Erde zu sein – ganz individuell in unserer Einmaligkeit und doch in dem einen Atem und der Seelenentfaltung im Ganzen. Waldluft und ihr Duft helfen uns, in vielerlei Hinsicht zu uns zurückzufinden. Gerüche erden bekanntermaßen jemanden, der ein Trauma oder einen Schock erlebt hat, und bringen ihn zurück in den Körper. Wir brauchen den Raum zwischen den Gedanken und die klare, sauerstoffreiche Luft der Weite des Himmels zusammen mit der erdenden Kraft der Baumwurzeln – sie machen den Kopf frei. Wenn wir in Kontakt mit der Heilkraft im Geist der Bäume kommen, gelingt es besser, Echtheit und wahre Substanz vom Substanzlosen der endlosen Gedankenkreise zu unterscheiden.

WISSENSWERTES

SAUERSTOFF UND IMMUNSYSTEM

Wir alle wissen, dass wir mit den Bäumen sozusagen eine globale Symbiose des Atems eingegangen sind: Was wir zum Leben benötigen, wird von den Bäumen geklärt und aufgewertet. Unsere Luft erhält durch die Fotosynthese der Bäume ihren für uns so wertvollen Sauerstoff, der uns als Bestandteil aller Stoffwechselprozesse in Verbindung mit dem Hämoglobin Vitalität verspricht und gesund erhält. Dieses Geschenk der Sauerstoffbereitstellung durch die Bäume und vor allem durch die großen Wälder läuft permanent im stillen Hintergrund ab. Durch die zirkulierenden Luftbewegungen sind glücklicherweise auch die Städte noch weitgehend mitversorgt. Und so können wir uns freuen, dass sogar die antiviralen und antibakteriellen Terpene, die von den Bäumen mit in die Umgebungsluft abgegeben werden und durch Winde in den stillen Massenbewegungen verteilt zu uns finden, unsere Abwehrkräfte stärken – jedenfalls so lange noch, wie es denn noch großflächige Wälder um unsere Metropolen herum gibt.

Einige Städte in Mexiko, Peru, Kolumbien und der Türkei müssen nun schon auf künstliche Technologie, Fotosynthesesäulen, zurückgreifen. Einer dieser Gigant-Sauerstoffproduzenten bringt so viel Sauerstoff hervor wie 268 Bäume. Ein trauriges Entwicklungsszenario. Denn was der Baum leistet, kann keine Technologie der Welt auch nur ansatzweise ersetzen. Hier sind nur noch Verstandes- und Überlebensstrategien einer mentalen Technologiewelt am Werk, die nichts von der Allverbundenheit der Natur nachzuahmen vermag. Leben und Funktionalität trennt eben ein himmelweiter Unterschied.

»Shinrin Yoku« bedeutet, aus dem Japanischen übersetzt, etwa »Einatmen des Waldduftes, der Waldatmosphäre« und ist vielen mittlerweile durch die zunehmende Attraktivität des »Waldbadens« bekannt. In Japan ist die Heilkraft der Bäume vom staatlichen Gesundheitswesen anerkannt und wird in Universitäten erforscht und in Kliniken bereits zur Therapie eingesetzt. Das Geheimnis hinter der Heilkraft wurde vielfach wissenschaftlich untersucht, was zu der Erkenntnis führte, dass die Terpene, die Duftstoffe, die der Baum über seine Blätter und seine Borke oder Rinde an die Umgebung abgibt, ein auch für das menschliche Immunsystem wichtiges Aktivierungssignal darstellen. Die Terpene werden in unzähligen Blattdrüsen mit feinen Härchen gebildet, den Trichoma.

Das ätherische Öl der Lorbeergewächse, zu denen auch der Campher gehört, und das ätherische Öl der Piniengewächse wie Kiefer und Zirbe und der Zypressengewächse wie Thuja und Mittelmeerzypresse, aber auch die bekannten Myrten mit ihren Klarheit schaffenden desinfizierenden Heilkräften sind besonders bekannt als Helfer bei Atemwegsinfekten.

Der österreichische Biologe, Pflanzenwissenschaftler und mehrfache Buchautor Clemens G. Arvay fasst in seinem Buch die Auswertungen von Blutuntersuchungen nach einem längeren Waldaufenthalt zusammen:*

› Die Anzahl der natürlichen Killerzellen des Immunsystems ist deutlich angestiegen.
› Die natürlichen Killerzellen sind nicht nur mehr geworden, sondern auch aktiver. Diese erhöhte Aktivität der Killerzellen hält noch viele Tage an: nach einem 2- bis 3-tägigen Aufenthalt im Wald etwa 30 Tage!
› Das Niveau der Anti-Krebs-Proteine, mit denen das Immunsystem Krebs vorbeugt oder im Falle einer Krebserkrankung den Tumor bekämpft, ist ebenfalls deutlich gestiegen.

Nach seinen Aussagen treten die Terpene der Bäume in solcher Weise in Interaktion, dass auch unser Immunsystem sie entschlüsseln kann. Sie sind die für uns unsichtbaren Duftstoffe, mit denen Bäume untereinander kommunizieren. Es gibt Hunderte von verschiedenen »Silben« und ca. 2000 entdeckte »Baumwörter« der verschlüsselten Sprache dieser Kohlenstoffverbindungen. Sie sprechen interessanterweise unser ältestes Organ an, das Riechorgan, auch wenn anscheinend nicht alle Duftstoffe von uns bewusst wahrgenommen und gerochen, geschweige denn differenziert werden können. Die Bäume kommunizieren mit diesen Duftstoff-Vokabeln, um sich gegenseitig z. B. vor Fressfeinden zu warnen. Sie schicken sich also Warnsignale bei Schädlingsattacken, können wiederum aber auch Tiere und Insekten über andere Duftstoffe anlocken, die z. B. ihrer Fortpflanzung oder der Heilung ihres verletzten Baumstammes helfen.

* Vgl. Clemens G. Arvay: Der Biophilia-Effekt. edition a, Wien 2015.

Lichttransformatoren und Informationskanäle der feinstofflichen Ebene

Die Kelten nannten die Bäume liebevoll ihre »Kinder des Lichtes«. Sie konnten damals zwar noch nicht die Fotosynthese erklären, waren aber durch ihre tiefe Verbundenheit zur Natur, durch die Vorbereitung, die sie durch die Druiden, die »Eichenkundigen«, erhalten hatten, bewusst im Umgang mit den Wesens- und Wissensschätzen der Bäume. Heute noch können wir im keltischen Jahreskreis der Bäume dieses Wissen nachvollziehen.

WISSENSWERTES

BIOPHOTONEN, DIE WERTVOLLE LICHTNAHRUNG

Im wahrsten Sinne findet die Sonne durch die Bäume hindurch zu uns ins Stoffliche: In ihrer Fotosynthese wandeln die Bäume das Sonnenlicht in den Blättern zu Zucker und Sauerstoff um, also in Energie und lebenserhaltende Atemluft. Diese Umwandlung findet mithilfe der chlorophyllhaltigen Chloroplasten-Zellen der Blätter statt. Die Fotosynthese ist also ein Prozess zur Erzeugung von energiereichen Biomolekülen aus energieärmeren Stoffen mithilfe der lichtabsorbierenden Farbstoffe, von Lichtenergie in chemische Energie. Diese wird dann zum Aufbau energiereicher organischer Verbindungen (primär Kohlehydrate) aus energiearmen anorganischen Stoffen (Kohlenstoffdioxid und Wasser) verwendet. Da die energiereichen organischen Stoffe zu Bestandteilen des Lebewesens werden, bezeichnet man deren Synthese als Assimilation. Wir Menschen nehmen mit den Früchten oder auch mit den Blättern diese materialisierte Lichtenergie in Form der Kohlestoffverbindungen und des Chlorophylls auf. Lichtenergie ist Schwingung. Die Schwingung der vom Baum produzierten Kohlestoffverbindungen enthält einen hohen Biophotonenanteil – also einen Lichtwellenanteil, der bei Verzehr von frischen Pflanzenbestandteilen direkt in unseren Stoffwechsel einfließt, und zwar bis in jede Zelle unseres Organismus. Dieses natürliche dichte Biophotonenfeld besitzt einen hohen Ordnungsgrad und kann andere Strukturen in unserem Organismus korrigierend beeinflussen und ihm Informationen vermitteln. Jeder Baum, jede Pflanze vermittelt ihre ureigene Heilschwingung. Fred Hageneder schreibt, dass Absorptionsexperimente gezeigt haben, dass Biophotonenstrahlung nahezu verlustlos durch Tausende lebendige Zellen wandern kann.* Die Zellen können zudem Licht speichern und es zu einem späteren Zeitpunkt entlassen – in veränderter Frequenz! Das Geheimnis liegt in der DNS. Hier bilden diese Strukturen lichtaktiver Moleküle das Netzwerk, das das Licht des Körpers trägt.

Wir sind auf diese Lichtnahrung angewiesen. Je lichtreicher die Nahrung ist, desto vitaler laufen gesunde Prozesse in unseren Zellen ab. In Genesungs- und Regenerationszeiten brauchen wir daher besonders diese direkte Lichtnahrung in Form von Smoothies oder Frischkräutersäften, von frischem Grün direkt gepresst. Sie sind heutzutage Bestandteil einer jeden guten Therapie geworden. Kein Wunder: Die Farben Rot und Grün stehen für die beiden Elixierfarben allen Lebens auf der Erde. Rot sind viele eisenhaltige Beeren und Früchte. In unserem Körper ist das Blut zusammen mit den Hormonen das richtungsweisende Vitalitätsmittel für alle körperlichen Prozesse. Wir finden das Rot im Eisen, das in unserem Blut als Hämoglobin der roten Blutkörperchen dafür sorgt, dass alle Bereiche des Körpers mit ausreichend Sauerstoff versorgt werden. Das Grün des Chlorophylls finden wir in der Pflanzenwelt mit seinem Magnesium als zentralem Bestandteil. Grün und Rot sind also in der Tiefe die Lichtträgerfarben, die das Leben voranbringen auf dem gesamten Planeten!

Im Frühjahr, bei Nadelbäumen das ganze Jahr über, sitzen in den jungen Trieben und den Blattknospen die treibenden Kräfte, und diese sind voller hormonähnlicher Lichtsubstanzen. Diese belebende Qualität macht sich die Gemmotherapie (Phytotherapie mit jungen, stark teilungsfähigen Bestandteilen der Pflanzen, insbesondere der Knospen und Triebspitzen) zur Kräftigung oder für Umkehrprozesse bei Erkrankungen zunutze. Deren Biophotonenanteil trägt die Information des (wieder) erwachenden Lebens in seiner vermittelten Botschaft und Dynamik.

* Vgl. Fred Hageneder: Der Geist der Bäume. Neue Erde, Saarbrücken 1998.

Diese gemeinsamen und zutiefst wundersamen Prozesse müssten uns als denkende Wesen täglich demütig auf das Gesamtwerk der Schöpfung schauen lassen. Wir sind alle über das Licht in unseren Zellen verbunden, die DNS ist individuell und doch nicht unabhängig von allem, was ist. Dieses Licht bildet ein riesiges Biophotonennetzwerk des Lebens auf diesem Planeten und darüber hinaus. Wie kann es sein, dass die Menschheit sich weiterhin über die Natur erhebt und sich folglich als isoliert und unversorgt empfindet?

Der Stammälteste – Hüter der Erinnerung für die Menschheit

Die zeitliche Dimension einer Baumriesen-Lebenszeitspanne bleibt für uns Menschen unerreichbar und mystisch. Der weltälteste Baum steht derzeit in Schweden: Diese von der Wissenschaft auf 9500 Jahre alt geschätzte Fichte trägt den Namen »Alt Tjikko«.* Mit 3500 bis 4000 Jahren befindet sich der älteste, wundervoll knorrige Olivenbaum auf der griechischen Insel Kreta.** In den kanadischen Wäldern des Golden-Ears-Parks bei Maple Ridge in British Columbia bin ich auf lebendige Baumriesenstümpfe gestoßen, bei denen ich 1 Jahr Anlauf brauchte, um eine meditative Innenreise in ihren Baumstumpf anzunehmen. Alte Baumwesen vermitteln uns Ehrfurcht vor den zeitlichen Dimensionen. Unter ihrer Krone stehen wir im Angesicht einer Naturschöpfung, die sich tief in die Matrix eines Ortes und der Erde eingelassen hat. Jenseits aller gesellschaftlichen Entwicklungen hat sie beständig immer den gleichen Klang ihres Ausdruckes der Seinskraft vermittelt.

Leider existieren heute nur noch 5 Prozent dieser Ursprungswälder. Kalifornien hat die Küstenwälder abgeholzt und durch massive Waldbrände verloren. Heute leidet es an einem eklatanten Wassermangel. Die Küstenwälder sorgen für die Weiterleitung der Luftfeuchtigkeit und Wolken ins Landesinnere – ohne sie ist dieser lebenswichtige Wasserweg unterbrochen. In Zeiten der Trockenheit können Bäume über aufsteigende Duftstoffe gen Himmel den Regen »rufen«, aber auch das geschieht ohne die Wälder nun nicht mehr.***

Die überlebenden alten Baum-Stammeshüter des Wissens vom Sein, der Lebenskraft und der Fortführung von

---

* Vgl. Peter Wohlleben: Das geheime Leben der Bäume. Ludwig, München 2016.

** Ein Foto von ihm findest du auf S. 163.

*** Vgl. Luc Jacquet: Das Geheimnis der Bäume (Französische Filmdoku mit Francis Halles Aufzeichnungen eines Lebens im Regenwald). Weltkino, Leipzig 2014.

WISSENSWERTES

JAHRESRINGE UND STAMM

Wie bereits angesprochen, verlaufen im Herzstück des Baumes, in seinem Stamm, die Kommunikationsbahnen von oben nach unten und von unten nach oben. Diese beiden divergenten Zulieferungsstraßen nennt man wissenschaftlich Phloem und Xylem. In der Mitte von beiden finden wir einen Mittelstreifen, das Kambium. Dieser Mittelstreifen besitzt die besondere Fähigkeit, zu beiden Seiten unterschiedliche Zellen zu bilden: zur aufsteigenden Seite des Xylems mit seinem Wassertransport Xylemzellen und zur Seite des absteigenden Zuckersafttransportsystems des Phloems Phloemzellen. Das Phloem ist die sogenannte Bastschicht unter der Rinde mit einem Röhrensystem für den Abwärtstransport des Zuckersaftes aus der Krone. Das Xylem mit seinen von den Wurzeln aufsteigenden Rohrleitungen für Wasser und hormonähnliche Stoffe liegt nach innen zum Stammholz hin. Die Xylemzellen leben ein Jahr lang, dann verholzen sie. Das innere Kernholz des Stammes ist im Grunde abgestorbenes Holz. Ein Baum kann auch bei starker Aushöhlung des Innenstammes gut weiterleben, sofern er seine durch den Stamm gesicherte Statik halten kann oder mit Stützgerüsten stabilisiert wird.

Geschichten spiegeln uns Entschiedenheit und Resilienz. Sie zeigen uns mit ihrer gewachsenen Form Individualität und Charakter, aber auch, dass nichts unabhängig von anderem existiert und dass ihre Lebensader im natürlichen Gewebe von Mutter Erde genährt wird. Wenn wir für ein Kind einen Geburtsbaum pflanzen, wird er womöglich das Kind und den daraus werdenden Erwachsenen überleben. Dann wird aus dem Baum ein Familienbaum. In Papua-Neuguinea gebären die Mütter bei einigen Urvölkern ihre Kinder unter einem Baum, von dem sie sich zur Geburt ihres Nachkömmlings gerufen fühlen. Dieser Baum bleibt ein Leben lang Bezugspunkt des unter ihm geborenen Menschen, und wenn dieser eines Tages stirbt, wird er unter ihm begraben.

Lieber Baum des Lebens

In Ehrfurcht vor deinen Zeitdimensionen
bestaune ich deine Krone.
In ihr fließt ein des wahren Himmels Licht,
und dies schenkt sich mit so klarer Sicht
dem, der in seinem Herzen wohne.

Die Sinfonie in der Weite und ihre Universumsklänge
sammeln sich in deinen Jahresringen als weise Stammesgesänge.
Sie schwingen in deinem Wurzelgeflecht tiefer ins Erdreich,
als menschliche Worte es jemals könnten benennen,
und öffnen den Raum, in dem wir in wahrhaftigem Herzenshören
das Lebensgewebe unserer eigenen göttlichen Natur wiedererkennen.

Kapitel 2:

Wandlung und Potenzialentfaltung im Kreis der Baumkräfte

Die Elemente im Jahreszyklus

In den gemäßigten Breiten dieser Erde erleben wir alljährlich den Zyklus der vier Jahreszeiten. Dieser sich täglich wandelnde Rhythmus aus Sonnenstrahldauer und -einfallswinkel bestimmt auf unserer Erde je nach geografischer Lage die Ausprägung der Jahresbilder. Zum höchsten Sonnenstand genießen wir den Tag mit dem längsten Lichteinfluss – die Sommersonnenwende ist am 20., 21. oder 22. Juni, den kürzesten Tag erleben wir am 21. oder 22. Dezember. Diese Wandlungswelle des Lichtes verdeutlicht uns täglich unser Eingebundensein in ein größeres Gefüge im Zusammenschwingen mit den Gestirnen und den Weiten unseres Sonnensystems und unseres Universums.

Mit den vier Jahreszeiten erfahren wir also einen rhythmischen Wandel in unserem Lebensfluss. Zugleich zeigt sich darin aber auch Beständigkeit: Nach jedem Winter kommt der Frühling – diese Gewissheit vermittelt uns in der Tiefe Sicherheit durch ein Fortbestehen der übergeordneten Lebensabläufe: Leben und Tod, öffnendes Verströmen und Rückzug der Essenz. Der Jahreszeitenzyklus schenkt uns, wie ein lang gezogener Atemrhythmus, Orientierung und ist auch eine Einladung, uns die Flexibilität und Anpassungsfähigkeit an die wechselnden Lebensbedingungen für unsere Resilienz anzueignen und zu erhalten. Die Klimakrise erschüttert uns auch deshalb so, weil plötzlich in diesem sonst so verlässlichen Rhythmus Störungen und schlagartige Veränderungen auftauchen, was uns zeigt, dass der Mensch in natürliche Prozesse zu stark eingegriffen hat und immer weiter eine massive Dysbalance riskiert. Dies verdeutlicht auch das Fichtensterben im letzten Jahr.

Winter

Doch bleiben wir zunächst bei dem naturgegebenen Spiegelprozess des gesunden Geschehens: Im Winter können die Laubbäume die Transpiration in ihren Zweigspitzen nicht fortführen, denn diese würden in der Kälte erfrieren. So werfen sie ihr Laub ab, ziehen sich in den Winterschlaf zurück und richten ihre Energie nach innen. Die Zweigspitzen der Nadelbäume sind durch ihre Beschaffenheit und die ätherischen Öle auch in tiefsten Temperaturen geschützt und können sogar wochenlang von Schnee und Eis bedeckt überleben. Sie schenken uns so ein Bild der Ruhe, des inneren Friedens und symbolischer Überlebensfähigkeit.

Für uns bedeutet der Winter ebenfalls einen Rückzug nach innen. Die Tage werden kürzer, und das Sonnenlicht entsagt uns eine ausreichende Vitamin-D-Versorgung. Auch wir brauchen in der Regel etwas mehr Schlaf wegen der wenigen Lichtstunden und sind angehalten, durch Stunden der Geborgenheit und Wärme unsere Stimmung aus uns selbst heraus und im Miteinander zu erhellen.

Kulturelle und religiöse Ritualfeste wie Advent, Weihnachten, Lichtmess erhellen diese »Durststrecke« und wollen uns daran erinnern, dass uns das innere Licht der Liebe und der Herzensverbundenheit in dunklen Zeiten nährt. Und natürlich erinnern sie auch daran, dass das Licht zurück in die Welt findet. So laden uns die Rauhnächte ein, mit dem Abschließen von Zyklen im Jahresübergang den Neubeginn zu erleichtern. Wir ersehnen neue Ressourcen und wiedererwachenden Aktionsgeist, denn aufgebrauchte Vitamin-D-Speicher machen für viele, die über den Winter nicht in den Süden reisen konnten, den Endspurt zäh.

Frühling

Jährlich Anfang März erheben wir uns in freudiger Gespanntheit auf den neuen Frühling. Ist es so weit? Täglich schauen wir auf die Baumzweigspitzen in der Hoffnung, dass ihr frisches Grün nun bald durchbricht. Auch in uns selbst fühlen wir die Säfte der Freude und der Lebenslust aufsteigen. Daher ist der Frühling auch so günstig für Pionierentwicklungen und Durchbrüche. Astrologisch sagt man, dass das Sternkreiszeichen des Widders einen impulsiven, zielgerichteten Menschen zeigt, der aus sich selbst heraus etwas hervorbringt und dazu keine Ideen von seiner Umgebung benötigt. Diese sehr ausgeprägte Auftriebskraft können wir im Baum auch in dem Phänomen des aufsteigenden ersten Wassers erkennen, das sich ohne den Vakuumsog der Blattverdunstung nach oben stemmen muss und kann, als hätte es alle seine Kräfte

über den Winter gesammelt für diesen Moment der Neuerscheinung.
Wenn dann endlich die ersten Blätter sprießen und sich dem Sonnenlicht zuwenden, öffnen sich viele Menschen für kreative Projekte und das Erwachen ihrer Lebenslust. Durch das Licht sind auch unsere Stoffwechselprozesse und Säfte angeregt, der Vitamin-D-Spiegel kann jetzt wieder natürlich aufgetankt werden. In der Blütenpracht des Monats Mai eröffnet sich der Aufbruch zu Festen und Aktivitäten im Außen, geprägt von Baumblüten, die in der milden Mailuft tanzen. Mit den japanischen Volksfesten des Hanami zu Ehren der Kirschblüte tanzt eine Liebeswelle in Rosa-Weiß durch die Nation, die ein ganzes Volk mit magischem, feinsinnigem Genusszauber beseelt.

Sommer

Der Sommer ist gezeichnet von dem Reifen der Früchte, für uns Menschen von Aktivitäten im Freien, alljährlichen Sommer- und Musikfestivals. Die Wärme und das Licht feiern und tanzen durch die Sonnenmonate. Die Farben und Formen der Früchte an den Bäumen halten, was ihre Blüten im Frühjahr versprochen hatten – sofern die fleißigen Bienen von uns weiter dankbar mit Insektenhäusern und blumigen Feldstreifen bedacht bleiben.
Der Spätsommer findet seinen Ausklang mit der Ernte und der Dankbarkeit gegenüber den Bäumen, Pflanzen und der Erde für alle hervorgebrachten Früchte. Wir erleben Dankbarkeit zudem für die Begegnungen und Erlebnisse unter freiem Himmel, für die Erinnerungen, die wir nun in unserem Lebensschatz mitnehmen. Die eigenen Aktivitäten, die Reisen, die geschafften Entwicklungen und neuen Räumen stehen zur Ernte bereit und wollen nach innen genommen werden.

Herbst

Derweil lässt unser Baum los. Er entscheidet auch in diesem Jahr wieder anhand eines Abgleichs mit ihm innewohnenden Erfahrungswerten, wann er seine eigene Ernte an durch die Fotosynthese gewonnenen Zuckerstoffen einfährt – in die Speicher seines Wurzelwerkes. Die Blätter färben sich rot, weil das Chlorophyll nicht weiter mit Wasser versorgt wird. Die feinen Spitzen der Wurzeln ziehen sich ebenfalls aus den Stoffwechselprozessen zurück und sterben ab. Unser Baum zeigt nun seine nackte Struktur. Sein Geäst trägt nur noch vereinzelte Spuren des Jahres mit einzelnen braunen Blättern. Er steht ansonsten nüchtern in Wind und Herbststurm.
Der Herbst weht uns nun das trockene Laub zu und erinnert auch uns daran, Strukturen des Wesentlichen zu erkennen. Haben wir das Licht der Sommerfülle genutzt? Es ist ein wenig wie eine Lebensmitte-Auswertung, sozusagen die Midlife-Crisis des einzelnen Jahres in der Bilanz der Erlebnisse und der aus ihnen aufgebauten Ressourcen. Jetzt gilt es, die Wärmequellen des Sommers so zu integrieren, dass wir gut durch den Winter kommen: die Essenz dieser Sommerfülle in den Alltag einzuflechten

und dem Wesentlichen aus der erlebten Fülle einen sicheren Platz im Gefüge des Lebensweges zuzuteilen. In der bodenständigen Lebensmittelversorgung geht es um das Einmachen der Früchte, das Trocknen der Kräuter, die Zusammenstellung für Tees und das Bereitlegen von ausreichend Holz.

Das winterliche Geäst mag uns zuweilen ernüchtern, doch diese Ernüchterung ist ja bekanntlich eine gute Basis einer geerdeten, realen Spiritualität. Die Begrenzung der Vorräte auf die Gegebenheiten lässt uns haushalten und planen. Heutzutage können wir durch unseren Welthandel fast zu jeder Jahreszeit auf das gleiche Angebot von Waren zurückgreifen, wodurch wir uns im Grunde immer in einer Komfortzone aufhalten, die nicht den natürlichen Prozessen entspricht und ihren Preis für die Umwelt zugunsten unseres Wohlstandes hat. Die Kehrseite davon sind ein Verlust von Resilienz und der Flexibilität, mit Mangel und Schwankungen umzugehen. Die Winterzeit hat in natürlichen Lebensbedingungen die Essenz ausgebildet: die Zähigkeit und die Tiefe im Prozess der Einkehr.

Im Winter finden wir in Essenz und Stille. Wenn wir die aus der Besinnung destillierten Werte ins Frühjahr einbringen, können unsere Vorhaben und Jahresanliegen gut gedeihen. Der Frühling ist die Pflanzzeit. Wir können neu wählen, was der Garten erblühen lassen möge, und uns freuen, die Stauden und Baumblätter in ihrem Wiederauftauchen begrüßen zu dürfen. Körperlich können wir Entfaltungsprozesse ab Anfang April zusammen mit den Kräften des Sprießens in der Natur auch in uns selbst mit einem Darmaufbau stärken. Denn auch der Nährboden unseres Verdauungstraktes freut sich, wenn wir gute Darmkulturen säen, und wählt sich dann gemäß seines natürlichen Umsetzungsbedarfs dazu die Saaten aus, die er in Abstimmung mit unserem Gemüt angehen lassen möchte.

Lebenszyklen und Wandlungsphasen im Menschsein

Auch in der Betrachtung eines großen Lebensbogens und der Spanne eines ganzen Menschenlebens von der Geburt bis zum Tod finden wir in der Natur und im Bild des Baumes die Verständnis hervorbringende Symbolik. Der Baum steht mit den Elementen in ausgewogener Verbundenheit: Feuer, Erde, Luft, Wasser – im Asiatischen sind es noch Holz und statt der Luft das Metall oder der Äther – bilden die Grundkomponenten eines jeden lebendigen Wandels. In Bezug auf die Lebens-Wandlungsphasen begleiten uns die Rituale des Baumpflanzens: Wir stellen ein Geburtsbäumchen für den neuen Erdenmenschen auf. Zur Hochzeit pflanzen wir einen Baum für das Glück und die Fruchtbarkeit des Paares und ihr Hineinwachsen in einen neuen Familienbund. Wir pflanzen Bäume zur Gründung von Unternehmen und zum Hausbau. Und für den Frieden nach dem Tod wünschen sich immer mehr Menschen, zu den Wurzeln eines Baumes in einem Friedwald bestattet zu werden.

Die Freundschaft zum Baum durchzieht also unser gesamtes Leben. Und der Baum lebt, wenn wir ihn lassen, zeitlich und räumlich über uns hinaus.

Dazu möchte ich einen kleinen Exkurs zum Wortstamm des Begriffs und der Symbolik des »Stammbaumes« wagen, wie ich ihn im erweiterten Zusammenhang des Familienfeldes symbolisch wahrnehme. Wenn ich das Wort Stammbaum in Bezug auf den gesamten Wuchs des Baumes betrachte, sehe ich allerdings nicht nur den Stamm, sondern auch das Geäst. Hierbei empfinde ich die Jüngsten als die, die am nächsten zum Licht und dem neuen Bewusstsein schwingen und sprießen. Die Älteren haben hingegen schon dicke Wurzeln im Gewebe und dicke Äste zum Himmel hin ausgebildet, die diese jungen Äste und neuen Triebe tragen. Wir müssen den Kindern zunächst gefestigte Erdung bieten, denn sie stehen zwar dem Zeitgeist und einer höheren Schwingung des Bewusstseins näher, aber sie haben noch keine Erfahrung in der Welt gesammelt. Die Kinder bringen dafür die Kreativität ins gereifte Sein ihrer Eltern und Großeltern und schenken diesen damit die Chance, einst erlebte Einengung und Unterdrückung durch frühere, autoritäre Erziehungsmaßnahmen aufzulösen. Denn Gehorsam und Anpassung bringen beim Kind weder Sicherheitsempfinden noch körperlich gefühlte Erdung, sondern nur mentales Strategieverhalten hervor. Diese Konzepte schieben sich substanzlos zwischen Sonnenlicht und Baumkrone, was nicht lebens- und somit nicht kreativitätsförderlich ist. Die Vermittlung von Struktur, Würde und authentischer Standhaftigkeit stärkt hingegen die innere Verwurzelung. Sich zu erfreuen am Sprießen der Baumzweige, ist wie die Freude an der Kreativität eines Kindes, die aus seiner natürlichen Anlage erwächst. Manchmal kann also das »Aus-der-Sonne-Gehen«, das Heraushalten aus dem Entfaltungspotenzial, Wunder wirken. Und für die Eltern und andere Wachstumsbegleitende ist es eine wunderbare Übung, ihr Vertrauen auszubauen und in es hineinzureifen.

WISSENSWERTES

WANDLUNGSPHASEN NACH DEN ASIATISCHEN WEISHEITSLEHREN

HOLZ: Kindheit – Lebendigkeit, Kraft und Ausdehnung in alle Richtungen, Entspannung, Spiel, Inspiration
Der Baum mit seinem lebendigen Holz, seiner permanenten Transpiration und seinem Grün wirkt entspannend auf unser Herzchakra.

FEUER: Jugend – Identitätsfindung, Wachstum nach oben, Freude, Tanzen, Vitalität
Das Feuer kommt mit dem Holz und dem zündenden Funken. Liebe und Leidenschaft entfachen sich in der Jugend, das Gemeinschaftsleben orientiert sich am Urfeuer, dem Lebensfunken der Verbundenheit, der Spiritualität, der Liebe und des Herzens.

ERDE: Lebensübergänge – Ernährung, Fürsorge, Lebensaufbau, Praktisches, Handwerk, Singen
Die Erde wird von den Wurzeln genährt, und sie nährt wiederum die Wurzeln. Was wir als Menschen praktisch umsetzen, zeigt, wie geerdet und realistisch wir die Welt erfahren. Verbundenheit mit der Natur und im harmonischen Miteinander drücken sich in unserer Lebensqualität aus.

METALL: älteres Erwachsensein – Auswertung und Grenzen, Loslassen, Klarheit, Wissen
Das Metall, die Mineralien, das Ätherische und die Luft beschreiben das Unsichtbare, das Klärende: Der Baum schenkt unsichtbare Botenstoffe, Terpene, gegen Bakterien und zur Stärkung der Abwehrkräfte. Er klärt das Wasser mit seinen Wurzeln und bringt unseren Lungen Klarheit, Atemluft und Inspiration. Und er lehrt uns das Loslassen und den Rückzug, wenn der Lichtaspekt im Herbst nicht mehr ausreicht. Die Kräfte des Lebensherbstes sind spürbar begrenzter, wir müssen haushalten: werten aus, wägen ab und wählen, was die Lebensprozesse effizient und zielführend werden lässt.

WASSER: Alter – Tiefe und Weisheit leben, mit dem Fluss gehen, Essenz
Im Wasserelement wird die verbleibende Energie durch Langsamkeit geschont, das Leben zur Essenz verdichtet und dem Sein im Innen Tiefe geschenkt. Die Ausrichtung und die Energie gehen in die Wurzel, auf den inneren Fluss zurück. Weisheit durch Lebenserfahrung, zunehmende Milde und Gelassenheit gehen einher mit dem Wissen, dass nun weniger mehr ist. Die Weisheit der Bäume liegt im Gewebe der Erde und steht über das Myzel, das Pilzgeflecht, mit dem Wasser in Verbindung, wo alle Informationen des Einsseins, des größeren Ganzen gespeichert sind. Der Mensch bereitet sich in seiner letzten Lebensphase ebenfalls auf die Rückkehr ins Einssein vor. Seine Seele hat die erfahrenen Lebenserkenntnisse verdichtet in seinem Lichtkörper und gibt die körperlichen Erfahrungen mit seinem Leib in die Erde zurück.

Erdung, Stabilität und Halt in Wachstums- und Wandlungszeiten

Das Bild eines Baumes ist ein tief verankertes Motiv in der Kultur- und Religionsgeschichte sowie der Mythologie: Die menschliche Psyche kennt den Archetypus des Baumes als Welten- oder Lebensbaum, als Baum der Erkenntnis in der Bibel, als Yggdrasil in der germanischen Mythologie, als Yaxche-Baum der Maya, als Eiche des Zeus und der Druiden, als Bodhibaum der Erleuchtung im Buddhismus …

Wenn ich mir die Sammlung der mir übertragenen gemalten Kunstwerke der vielen kleinen Patienten in mehr als 18 Jahren ganzheitlicher Kinderheilkundepraxis anschaue, finde ich den Baum glücklicherweise hier sehr oft neben einem Haus – oft mit dem Regenbogen und der Sonne kombiniert. Manchmal gibt es statt des Baumes auch eine Wiese mit Blumen. Das Fortbestehen dieses Ausdrucks der Kinderseele in Bezugnahme auf einen Baum wünsche ich mir für die folgenden Generationen, denn er symbolisiert die Anbindung zwischen Himmel und Erde. Damit verspricht er eine gute Grundlage für die Flügel und die Wurzeln, die ein heranreifendes Kind für seine Entwicklung braucht.

Ich kann gar nicht genug betonen, welch großen Gewinn der Kontakt zur Natur für die Kinder bedeutet. Gerade in diesen unruhigen Zeiten der Ungewissheit mit allen ökologischen Notständen und Klimawandelauswirkungen einerseits und andererseits durch den rasanten Technologiefortschritt und die Digitalisierung der modernen Welt brauchen die Kinder den Ausgleich in der freien Natur mehr denn je. Angesichts der vielen Stunden, die ihre Blicke auf den Bildschirm diverser digitaler Geräte gebannt sind, brauchen sie mehr Vitamin D, Erdung und Möglichkeiten der Körperwahrnehmung als in früheren Zeiten. Der Bedarf an Vitamin D3 kann kombiniert mit dem Vitamin K2 zwar mittlerweile durch gute Produkte aus der Nahrungsmittelergänzung gedeckt werden, diese Substitutionen können aber niemals das Spielen und die Bewegung in der Sonne ersetzen. Erdung wird am besten über Balancieren, Klettern oder sinnliche Erfahrungen in den Elementen, im Wald oder im Wasser erzielt. Motorik und Koordination erlernt das Kind ganzheitlich dadurch, dass es mit seinen Händen aus Erde und Sand und Steinen etwas erbaut, Hände und Füße sich beim Klettern auf Bäumen üben. Durch häufiges Barfußlaufen auf Waldwegen und Wiesen stärken sich zudem die Sinne und die Immunkraft. Das Erfühlen der Wurzeln auf Barfußpfaden oder im Sommer überall in der Natur, besonders im Wald, ist für Groß und Klein höchst empfehlenswert während eines intensiven Entwicklungsprozesses. Glücklicherweise wird dieses Erfahrungsfeld durch immer mehr ent-

stehende Waldkindergärten und Waldschulen ausgeweitet.
Zudem ermöglichen die Naturerfahrungen gerade in einer Zeit, in der die Eltern häufig getrennt sind, stabilisierende Verbundenheit. Sie bieten guten Halt und einen positiven Anker in der Seele des Kindes und schenken diesem zumindest einen Ausgleich und die naturgegebene Erfahrung der inneren Verwurzelung! Wenn ein eigener Garten vorhanden ist, empfehle ich Eltern immer, insbesondere während der Pubertät ihrer Kinder diese einen Baum auswählen und dort selbst pflanzen zu lassen. In der Zeit zwischen einsetzender Geschlechtsreife und dem ersten intimen Kontakt ist dies ein wunderbares Medium der Heranreifung von Verantwortung, Fürsorglichkeit und der Erfahrung von Wachstum durch die Beziehung mit einem anderen Lebewesen. Natürlich wird dies oft schon mit einem Haustier erprobt; die Pflanzen bieten aber auf anderer Ebene des Seins eine zusätzliche Möglichkeit. Es ist auch eine gute Idee, die Kinder Blumen auswählen zu lassen und so herauszufinden, was ihnen ganz persönlich besonders gefällt: Welche Farbe, welche Blütenform, welcher Duft sind es, die im eigenen Garten gedeihen sollen?
Manche Familien berichten, dass sie mit ihren Kindern immer wieder zu denselben Bäumen gehen, diese also in allen Jahreszeiten aufsuchen. Solche Begegnungen tragen zur Etablierung eines Gefühls für Kontinuität bei und sind damit ein wichtiger Baustein in der Begleitung des kindlichen Entwicklungsweges.
Als mein Kartenset »Baumkraft auf dem Seelenweg« 2019 in der Erstauflage erschien, kam ein 8-jähriger Junge zu meinem Messevortrag. Er wollte sich anhören, was ich über die Baumwesen erzählte, und kam zum zweiten Vortrag sogar ganz allein, denn die Bäume waren für ihn seine Verbündeten. Er vertraute mir an, dass er sie reden hörte. Er verstand sie, und sie boten ihm zudem die Möglichkeit und den Raum, einerseits die Themen, die ihn seelisch beschäftigten, auf sie projizieren zu können und andererseits sich selbst durch den Kontakt mit ihnen in seinem Inneren zu erfahren.
Bei älteren Kindern stelle ich leider immer häufiger fest, dass sie an Ängsten, Depressionen und Zwängen leiden. Wenn wir unsere Systeme und Medientrends in den nächsten Jahren nicht wandeln, dürfte dies weiter zunehmen. Glücklicherweise gibt es aber auch viele junge Eltern, die sich im wertschätzenden Miteinander auf den Weg zu alternativen Lebensweisen und ganzheitlichen Lebensgemeinschaften mit nachhaltigen Anliegen aufmachen. In der therapeutischen Begleitung bieten sich in solchen Fällen Erlebnisse zur Heilung der sinnlichen Elementeerfahrung direkt in der Natur an. Sie schenken dem Kind statt mental-geistiger Übersteuerung durch Bildschirme und Frontalunterricht zur Abwechslung neue, direkte Naturerlebnisse, die die Gewichtung von Körperlichkeit, Sinnen und Raum stärken.
Jede Abholzung unseres Weltenwaldes, jedes Fällen eines Gartenbaumes ohne

einfühlsame und klare Familienabsprache wird von den Kindern als traumatisierender Verrat erlebt. Dies hat sich vielfach in den Erzählungen von Erwachsenen auf Seminaren gezeigt, die erst in der Mitte ihres Lebens mit solch einer Erfahrung aus ihrer Kindheit Frieden schließen können. Eine Frau erzählte mir in einem meiner Workshops nach einer inneren Reise, dass sie soeben ihren Kindheitsbaum getroffen habe. Sie konnte sich dabei an jeden einzelnen Ast erinnern, auf dem sie in Kindheitstagen unzählige Male empor in die Krone gestiegen war. Der Schock, dass dieser Baum eines Tages unangekündigt von ihren Eltern gefällt worden war, saß tief und schmerzhaft in ihrer Seele. Nun war sie zum Zeitpunkt der inneren Reise über 30 Jahre alt. Als der Baum ihr in der Tiefenimagination erschien, bat er sie, ihren Eltern zu verzeihen. Er sei alt gewesen und hätte einige Jahre schon keine Früchte mehr getragen. Die junge Frau war zutiefst von diesem Heilungsprozess und der Wiederverbindung mit ihrem Verbündeten berührt und bewegt. Und sie konnte Frieden mit ihren Eltern schließen.

Wunden heilen – der Baum als Seelenfreund beim Wiederfinden der Balance

Wenn Menschen ein Trauma erleben oder mit Verletzungen ihrer Kindheit in Berührung kommen und diese aufarbeiten, gelangen oft eingefrorene Anteile der Seele an die Oberfläche. In diesen Zeiten, in denen sie Gefahr laufen, sich emotional zurückzuziehen, werden Bäume und der Weg durch den Wald oft ein Heilpfad für die Seele. Die Bewegung durch das Grün resoniert mit Entspannung und ausdehnendem Raumempfinden. Grün ist die Schwingungsfrequenz unseres Herzchakras, auf das es eine öffnende Wirkung hat. Der weiche Erdboden und seine in Kooperation mit dem Wurzelgeflecht pulsierende Verbundenheitsschwingung lassen einen Menschen, der emotional den Boden unter den Füßen verloren hat, wieder Fuß fassen. Schritt für Schritt, vielleicht nur langsam, bieten der Wald und die Natur eine gute Voraussetzung für die Regeneration durch die Kontaktaufnahme mit einem sicheren, gesunden System. Die Atmung, die bei einem Trauma verflacht, wird zur Tiefe angeregt. Das Wiedererlangen des inneren Gleichgewichts kann durch das Gehen auf kleinen erdigen Waldpfaden oder durch das Balancieren auf liegenden Baumstämmen unterstützt werden. Und die Begegnung mit der Baumkraft vermittelt Durchhalte- und Anpassungsvermögen in den unterschiedlichsten Wetterlagen des Lebens: Ein Baum steht aufrecht in Sturm und Eis, jedenfalls in der Mehrheit der Fälle. Der Baumwuchs passt sich den Windrichtungen an, ähnlich, wie unser Knochensystem gemäß der Hauptbelastung die Knochenstruktur verdichtet. In

den Kletterwäldern sieht man immer häufiger therapeutische Ansätze: Traumatisierte Jugendliche werden hier auf den Höhen der Baumwipfelpfade eingeladen, ihre Balance und Mitte wiederzufinden. Dabei kann der Verstand nicht mehr die Oberhand behalten, und die Instinkte übernehmen. Ein bewältigter Balanceakt bringt Selbstvertrauen und ein Gefühl davon zurück, Herausforderungen bewältigen zu können und daraus gestärkt hervorzugehen. Die Gehirnhälften gleichen sich aus, und der wiedergefundene Halt wird körperlich neu verankert. Wenn wir also in stürmischen Zeiten einen Baum aufsuchen und umarmen oder uns zu seinen Wurzeln niederlassen, finden wir eine Qualität der Standhaftigkeit in seinem Spiegel. Wenn wir traurig sind oder einen Verlust erlitten haben, spendet der Platz unter dem Kronendach eines alten Baumes fürsorglichen Schutz und Zuflucht – denn er hat schon vieles erlebt und überstanden. Vielleicht vermag der Baum uns daran zu erinnern, dass wir in unserer Anlage der Seele immer alles zur Verfügung haben, um eine Krise zu bewältigen.

In früheren Zeiten schenkten die Bäume und insbesondere die heiligen Haine Räume, wo der Gemeindekreis zusammenfand und musizierte, tanzte oder auch zu Gespräch und Beratung zusammentraf.

Wie ich in der Einleitung erwähnte, stelle ich seit mehr als 11 Jahren Essenzen in homöopathischen Verreibungen von den Baumkräften her. In unserer Runde, meist bestehend aus einer kleinen Gruppe, sammeln wir uns im Kreis um den Baum. Gemeinsame Präsenz und Kommunikation mit dem Baum ist es, was uns den direkten Kontakt mit der Kraft, der Geschichte und dem gesamten morphogenetischen Feld dieser Baumart ermöglicht. So entsteht aus der Zusammenkunft die Öffnung für alle Prozesse, die während der mehrstündigen Verreibung in Stufen über mehrere Tage oder manchmal auch Wochen geschehen.

Die Eichenessenz stellten wir damals mit 4 Frauen unter widrigsten Wetterverhältnissen her: Von auftauchendem Gewitter bis zu hellstem Sonnenschein durften wir alle Erfahrungen durchleben und wurden in unserer Entschlusskraft und Ausdauer geprüft. Gestärkt blieben wir mit der Eiche zusammen standhaft und fühlten uns verbunden durch unser Durchhaltevermögen, aber auch inspiriert von dem mütterlichen Schutz dieses Baumes. Als zum Ende der Runde 2 Kinder bei ihrem Waldausflug auf uns zukamen und fragten: »Seid ihr Indianer?«, war uns allen in der Gruppe klar, wie tief der Archetypus Baum in unseren Menschenseelen wirkte und wie viel Gemeinschaft er im kollektiven Unterbewusstsein wie auch im kollektiven Bewusstsein mit sich trug.

Baum-Kraftplätze

Das grüne Goetheanum auf dem Lichtberg im Taunus

Ein besonderes Arboretum wird vom anthroposophischen Verein »Natur und Kultur« in Weilrod auf dem Lichtberg gepflegt und dient im Sommer als wunderbare Kulturstätte für Theater und Konzerte unter freiem Himmel. Auf diesem offenen Plateau im Taunus wurde das erste Goetheanum, ein Gebäude Rudolf Steiners im Schweizer Dornach, als grünes Naturwerk maßgerecht nachgebaut. 2 Baumkreise überlappen einander im Goldenen Schnitt. Die Bäume sind so gewählt, dass sie stellvertretend für die sieben wichtigsten heimischen Arten stehen. Nach althergebrachter Weisheit sind sie verbunden mit den 7 Tagen der Woche und den 7 zugehörigen Planeten. Der Name Goetheanum leitet sich von

Johann Wolfgang von Goethe ab, der ein ebenso bedeutender Naturforscher wie Dichter war, besonders auf den Gebieten der Pflanzenmetamorphose und der Farbenlehre. Seine unvoreingenommene Art des Anschauens und Denkens ist Grundlage für die Forschungsarbeit am Goetheanum, und in diesem Geist ist auch das Arboretum entstanden.
Vor dem grünen Goetheanum auf dem Lichtberg finden sich zudem ein öffentlich zugängliches Chartres-Labyrinth sowie ein bepflanztes keltisches Labyrinth.*

Magischer Kreis des Riesenmammutbaumes in Heidelberg

Die schönen Arboreten der Stadt Heidelberg liegen hoch über der Schlossregion. In einem der drei, dem nordamerikanischen Arboretum, trifft man unerwartet auf einen Waldblick, der einen eher in die Größen nordwestlicher Übersee-Urwälder mitnimmt: Sequoiariesen säumen die Waldwege. Um den größten der Bäume findet sich ein magischer Kreis. Der Ort öffnet das Bewusstsein der Besucher wahrhaftig in die Weite anderer Dimensionen. Der Umfang dieses größten Mammutbaum-Bruders kann von 8 Kindern mit ausgestreckten Armen ummessen werden, was schon sehr eindrücklich ist – für die Kinder ebenso wie für andere Betrachter. Der in

---

* www.gruenes-goetheanum-lichtberg.de

größerem Durchmesser gelegte Baumstammkreis verdeutlicht den Umfang des derzeit größten Sequoia der Welt: Der General-Sherman-Tree ist wohl der riesigste lebende Riesenmammutbaum und steht mit einem geschätzten Alter zwischen 1900 und 2500 Jahren im Giant Forest des Sequoia-Nationalparks in Kalifornien. Hier könnte nur eine ganze Schulklasse von 30 Kindern den Kreis schließen! Ein unglaublich einprägendes Erlebnis nicht nur für Kinder, diese Ehrfurcht vor den langlebigen Geschöpfen zu erleben! Dies wird auch durch künstlerische Gestaltungen betont, z. B. einen Totempfahl mit einen Weißkopfseeadlertisch, die die Verbindung zu den indianischen Ureinwohnern Amerikas ehrt und zum Nachsinnen über ihre Kraft einlädt.*

Klangvoller Baumkreis »Am Himmel« in Wien

In Wien gibt es seit 1999 einen besonderen Platz, der seinem Namen alle Ehre macht: »Am Himmel« – Klangraum im Lebensbaumkreis. Dieser Ort ist ein grünes Plateau, umgeben von Wäldern mit Blick auf die österreichische Hauptstadt und mit den Vorzügen eines Erholungsgebietes – still und andächtig. Hier findet man die Bäume im keltischen Baumkreis gepflanzt und mit einer Besonderheit kombiniert: In 40 künstlerisch designten Tonsäulen sind Lautsprecher und Näherungssensoren eingebaut. Sobald sich Besucher einer Stele nähern, ertönt die Stimme des weltberühmten Schauspielers Klaus Maria Brandauer und berichtet Wissenswertes rund um die jeweilige Baumart sowie die ihr – ähnlich wie einem Sternzeichen – zugeschriebenen Eigenschaften. Brandauer hat schon beim Setzen der Lebensbäume ein Baumgedicht gesprochen nach den Texten von Günther Nenning. Heute kann man hier zu angekündigten Zeiten auch die Darbietung von klassischen und modernen Konzerten an seinem Geburtsbaum genießen und Seele und Gemüt von Baum und Klang erheben lassen. Eine wunderbare Oase der Besinnung!**

* www.heidelberg.de/naturundlandschaft

** www.himmel.at

Vision und Einladung im 13-Monde-Baumkreis

In 2012 empfing ich während der Essenzherstellung eines wilden Buchsbaumes im Wald eine Vision: Die Art und die lichtvolle Kraft der Vision sowie die Klarheit der Botschaft, die lautete: »zur Stärkung der weiblichen Kraft im Menschsein«, führten dazu, leicht und direkt von Herzen Ja zu ihr zu sagen. Mit meiner Zustimmung nahm alles seine Wege: In den nächsten Tagen meldeten sich 22 Frauen auf meine Mailanfrage hin – von erfahrenen Homöopathinnen und Apothekerinnen bis hin zu herzensverbundenen Naturheilkundeinteressierten. Wir starteten in einer Gruppe von 14 Frauen mit der Baumrunde zur Essenzherstellung der Linde, 7 von uns in Reinborn in Deutschland an der 1000-jährigen Linde und 7 weitere in Chartres in Frankreich auf einer spontan initiierten Heilreise.

Im 13. Mond, unter der Kraft der Platane, empfing eine von uns die Ankündigung eines Gesundheitskongresses der 13 indigenen Großmütter in Karlsruhe. Diese 13 indianischen Führungsfrauen hatten 2008 einen Council zur Erdheilung begründet, einen Großmutterkreis also, der sich jedes Jahr in einem anderen Land für die Heilung unserer Erde einsetzt. Am letzten Tag des 3-tägigen Kongresses mit durchgängig brennendem zeremoniellen Feuer vor der Stadthalle durften Fotos gemacht werden – unter der Platane, unserem 13. Baum! Der Abschluss – oder auch Beginn – unserer Baumkraftheilarbeit rundete sich nach 13 Mondphasen nun im 14. Mond ab mit der Überreichung der Heilkraftessenzen an diese 13 Großmütter, die unser Geschenk von Herzen annahmen und so vielleicht unseren Wunsch erhörten, dass eine jede von ihnen nun eine Baumkraft mit sich in ihr Land trug.

Poesie im Klang der magischen Baum-Sieben

Vernetzt im Erdreich spricht ein Wurzelgeflecht

Menschenaugen folgen deinen geschlängelten Wegen nur für kurze Weil,
da tauchst du in braune Erdenweite, nur unseren Füßen zuteil,
lässt dich vom webenden Myzelfreund mit feinem Faden weiß umgarnen,
er ist voll Boten, die mit Feuchte nähren und vor Fressfeinden warnen.
Der Puls der Großen Mutter schwingt sanft durch dich an uns heran.
Lebenspfadfindend sind wir dem fließenden Quell auf der Spur,
denn dir lauschend, empfangen wir natürliche Verbundenheit noch pur.

Rinden, die Innen und Außen verbinden

So viel Lebensstoff fließt auf und ab in euren musterreichen Wänden,
schauen große Augen und Gesichter aus euren Säulenständen.
Mit Rillen, Klüften, Borken rau oder einer Haut ganz glatt und fein,
manche mit Schuppen und Pergamentstreifen sich häutend im Wandelhain.
Wenn wir euch berühren mit unseren Menschenhänden,
ist es manchmal, als wenn wir uns Puls an Puls befänden,
spürbar im Einklang von Oben und Unten, dem fließenden Hinwenden.

Freiheit im Geäst

Verwurzelt und hinaufgetragen strebst du verzweigt dem Licht entgegen,
dem Lauf deiner Wege mag der Sommer eine höhere Ordnung hegen.
Da erhaschst du Lücken zum Licht, schließt die Löcher im Waldesdach,
doch im Herbst stehst du nackt in der Struktur deines Zweigen-Vielfach.
Die Stufen, die auch wir in uns zu erklimmen haben,
möchten wir an vielen Stellen gern ins Hellblau des Himmels ragen,
sollten wie du frei und willig nach innerem Wesen des Bauplanes fragen.

Blätterraunen im Jahresklang

In eurer ureigenen Form seid ihr Empfänger für das Sonnenlicht,
Stamm und Geäst tragen euch auf höchste erhabene Weitensicht.
Von Planeten mal rundlich, elliptisch oder gezackt in Klangform gesetzt,
sprecht ihr in Duftsprache mit euren Geschwistern unsichtbar vernetzt.
Und drängt herbstkalter Wind euch zum Raunen in Goldrot bis Braun,
lehrt ihr, dass alles Leben einmal verweht und wir uns ins Loslassen trauen,
gewiss der Frühjahrskinder, die grünes Dach neu über unsere Köpfe bauen.

Blütenreigen an den Zweigen

Sternendolden, tiefe Tunnel, Glockentreiben – bunt, harmonisch gekrönt –,
so wird unser Leben im Frühjahr von eurer prächtigen Vielfalt verwöhnt.
Auch im Wald bringt ihr leuchtenden Segen entlang der erwachenden Wege:
Fruchtbares Gold entspringt dem göttlichen Nadel- und Laubgehege.
Düfte, so lieblich, dass sie unseren Herzen liebende Sanftmut einhauchen,
ein Grund für die Kleinen der Lüfte, ihren Rüssel in Kraftstaub zu tauchen.
Ewig gewiss, dass wir euren Zauber zum Bewusstseinsaufstieg brauchen.

Mit Ringen und Stammesklängen des Innen

Mit jedem Jahresring ehelichst du deinen inneren Kern,
im Wachstum rücken Oben und Unten sich gleich und doch weiter fern.
Die Strahlen des Himmels speicherst du zu festem Sein,
lässt Dichte und Halt immer tiefer in deine Wesensmitte ein.
Wenn wir dir begegnen in beidseitiger Aufrichtigkeit,
liegen unsere Herzen voneinander gar nicht weit,
denn in unser beider Kern ehrt Göttliches auf Erden die Verbundenheit.

Fruchtbar sein bis in den Keim

In strahlender Farbenpracht leuchtend mit sonnengespeichertem Saft –
hierhin hat es die Reifung eurer guten, fruchtbaren Kraft jetzt geschafft.
Jede Einzelne von euch will in sich das Leben weiterführen
und mit segnendem Sonnenlicht in sich die nährende Erde berühren.
Wenn wir durch eure Gaben erntend so viel Fülle pflücken,
wollen wir in Dank verbunden uns zu Mutter Erde bücken,
denn sie trägt euch, uns und das Leben seit Anbeginn auf ihrem Rücken.

Kapitel 3:

Der Baum als Wegbegleiter auf dem Lebenspfad

Zurück zur Natur, zum Wesen des Seins

Dem Baum wohnt die wunderbare Qualität inne, im Austausch mit den Elementen und ihrer Transformation zu stehen und sich zugleich in einer Zeitdimension zu bewegen, die sich unserem menschlichen Blick entzieht. Dadurch haben wir den Eindruck, ein Baum sei still, obgleich er seinen lebendigen Platz im Raum einnimmt. Womöglich ist es gerade das, was uns dabei hilft, selbst zu entschleunigen, innezuhalten und einfach, so wie er, zu sein.

Im Sein ist das innere, tiefere Wesen allen Lebens für uns unfassbar – es lässt sich nicht wie die physiologischen oder äußeren Merkmale beschreiben. Es lässt sich aus dem Seinsempfinden schon gar nicht *über* Bäume schreiben. Denn sobald wir den Baum erkennen als einen Weggefährten in unserer Selbstfindung, wechseln wir die Ebene in eine seelische Allverbundenheit: Aus dem Einlassen auf die Einheit mit dem Baumwesen kommend, können wir die erlebten Erfahrungen und Beziehungsqualitäten mit inneren Augen und im Spiegel auf uns wahrnehmen. Seelischer Bezug ist immer subjektiv und im Herzen empfunden.

Wir alle haben darin unseren ureigenen Zugang, der in der Beziehung mit einem bestimmten Baum oder einer Baumart aufschwingt. In den folgenden

Kapiteln finden sich die gesammelten Essenzen der Wesenszüge weitergegebener Erfahrungen vieler Menschen mit den Bäumen, sowohl aus alten Zeiten der Mythologie als auch aus heutiger Zeit, aus vielen Büchern verschiedener Kulturen und Zeiten von Baumfreunden und Natur- und Heilkundigen, aus unterschiedlichen Baumkreisen der homöopathischen Verreibungsrunden, der Essenzherstellung, aus den inneren Gesprächen mit den Bäumen im Anschluss an diese Runden und einiges an Beobachtungen im damit zusammenhängenden Lebensfluss und Resonanzgeschehen. Die Essenzen entstehen in einem stillen, inneren Gespräch zwischen Menschen und Bäumen – in der Kommunikation und Einheit der tieferen Allverbundenheit. Dieses Gespräch geht mit jeder menschlichen Zuwendung an die Bäume weiter, und es lässt uns fortwährend in unserem Bewusstsein und der Weisheit unseres Seins wachsen.

Die Gabe, mit anderen Bereichen des Seins zu sprechen, mit Bäumen, Tieren, Engeln, Elfen, obliegt Ebenen des Bewusstseins, die nicht auf den Verstand begrenzt sind.

Erinnerung an unser Wesen im erweiterten Aura-Bewusstsein

Aus meiner Sicht brauchen wir notwendigerweise einen weltenseelischen Bewusstseinssprung, echte – nicht an Strategie und Zweck orientierte – Loyalität zu unserem gemeinsamen Prozess als spirituelle Wesen im Dienst für einen freien Planeten Erde und unser würdevolles und anmutiges Sein im verbundenen, gleichwertigen Menschsein.

Mit anderen Worten: Wir brauchen einen Quantensprung, der in jedem Einzelnen beginnt und sich von hier zu einer Evolution und dann zu einem Paradigmenwechsel im Kollektiv und Menschsein entwickeln kann. Dieser kann sich nur erheben, wenn wir uns jenseits der Identifizierung mit unserem Verstand und über den Intellekt hinausgehend zur Erkenntnis hinbewegen, dass wahre und nachhaltige Handlung dem Sein entspringt. Die Bäume erinnern uns an unsere Seinsebene und bestärken genau diese in uns!

In Offenheit gegenüber dem Einfließen höherer, bewusstseinsverdichteter Frequenzen jenseits der Worte werden dann neue Menschseins- und Liebeserfahrungen möglich. Es geschieht die gefühlte Wiederanbindung an den Ursprung allen Seins, die Quelle, Gott, universelle Liebe, Präsenz, wie immer wir es nennen mögen. Die Bewusstwerdung entspringt unserem offenen Gewahrsein in der Anbindung an das All-eins-Sein, nicht den vorgefassten Konzepten unseres Verstandes. Daher ist sie zunächst nicht in Worte oder Formen zu fassen und manifestiert sich nach und nach.

An dieser Stelle möchte ich eine vielleicht noch gewagte These mitteilen, die mir 2 nordamerikanische Bäume zutrugen, der Sequoia gigantesca und der Trompetenbaum Catalpa: Wir wählen, ob wir mit unserem Ich-bin-Bewusstsein in der polaren Dualität verweilen oder ob wir nach durchlebter und integrierter Geschichte als Menschen unsere Bezugspunkte jenseits der Polarität in feinstoffliche Spiritualität setzen. Wir brauchen ein Umdenken und ein neues Verständnis von der Materie als Schwingung. Genauso wie die spirituellen Lehrer Gregg Braden, Joe Dispenza und Bruce Lipton immer wieder betonen, sind wir nicht unsere Gene. Unsere DNS wird über die genetischen Einflüsse hinaus von »epigenetischen« Signalen aus dem Feld, dem Raum um uns herum und Gedanken- und Glaubenskonzepten in unserem Geist aktiviert und beeinflusst – daraus resultiert dann die Zellentstehung. Dies bedeutet: Wir brauchen gesunde Systeme im Umfeld, die die wesentlichen Werte unserer Authentizität bestärken.

Dies lässt sich in Bezug auf die Erkenntnis durch die beiden Bäume so verstehen, dass wir geistig den Raum des Seins auf einen erweiterten Radius auszudehnen haben: In der Betrachtung der Quantenphysik sind wir nicht Form und Teilchen, sondern Schwingung und Welle, die sich über die Aura verbinden. In der Aura laufen also elektromagnetisches Feld, ätherischer Körper und Astralkörper zusammen. Auch unser Planet besitzt solch ein geistiges Feld als Erdenaura. Daher sollte man meiner Ansicht nach eher von Toren als von Polen sprechen. Diese Tore werden von der Energie und der Bewusstheit der Menschen bestimmt. Mit bewussten Visualisierungen durch uns alle, die wir in unserer Spiritualität und Verbundenheit mit der inneren und äußeren Natur gefestigt sind, können wir die feinstofflichen Tore des Planeten stärken. Dadurch finden wir auch den inneren Zugang zum Erdkern und können uns mit dem ihm innewohnenden Ursprungspotenzial verbinden. In dieser Aura, die die Erde umhüllt, spiegelt sich das kollektive Bewusstsein als Gegenwartsbewusstseins wider. Es ist für alle Menschen eine Einladung, einander in Liebe zu begegnen.

Hinsichtlich unseres individuellen Feldes zeigt es sich ähnlich: Über unser 8. Chakra – etwa 15 bis 20 Zentimeter oberhalb unseres Scheitelchakras – empfangen wir unser Selbst, unser Sein in Zeitlosigkeit oder, vielleicht besser gesagt: im ewigen Moment des Jetzt. Das 8. Chakra erreicht uns von oberhalb und auch über einen Zugang zwischen Herz und Hals, das Tor der Freude und des großen Ichs: Hier liegt die Thymusdrüse, in der die Individualisierung des Selbst in dieser Inkarnation als Persönlichkeit geschieht. Das 8. Chakra steht also immer in Verbindung mit der feinstofflichen, empfänglichen Frequenz der Thymusdrüse, die zusammen mit der höheren Seelenfrequenz entscheidet, was im Körper mit unserer Seele kongruent schwingt. Die Aufgabe der Thymusdrüse ist es, Fremdinformation zu erkennen und für unsere seelische Immunität zu sorgen, indem sie die spezifischen Abwehrzellen ausbildet.

Das andere uns prägende und tragende Verbindungstor des Seins liegt in der Tiefe, etwa 25 bis 30 Zentimeter unter unseren Füßen – es ragt also ins Gewebe der Allverbundenheit der Erde. Es wird im Aura-Soma* »Erdstern« genannt, der unseren Weg vorzeichnet für die Aufgaben, die wir hier auf der Erde vollbringen wollen: Hier aktiviert sich unsere Seelenbestimmung als menschlicher Beitrag, als ureigener Weg und als Lebensaufgabe zum Erdendasein.

In der Essenzherstellung der Fichte erhielt unsere Gruppe die Botschaft, auf energetischer Ebene rosa Fußabdrücke auf der Erde zu hinterlassen. Rosa aktiviert den Erdstern und kommuniziert mit dem Rot unseres Basischakras. Rosa als einziges Licht, das wir nicht im Regenbogen finden, das für Selbstliebe, Selbstannahme und die Hingabe ans Menschsein steht, setzt also die Wegbeschreitung unserer Lebensaufgabe in Gang. Deshalb heißt es in so vielen Weisheitslehren: »Gehe mit deinem ganzen Herzen, oder lasse es sein.«

* Vgl. Darsho Marlies Willing: Aura-Soma – Der Weg des Herzens. Aquamarin, Grafing 1999.

WISSENSWERTES

ENTWICKLUNGSSTADIEN DER BLÜTEN UND DES BEWUSSTSEINS

Die israelische Biologin und Homöopathin Michal Yakir studierte die Evolution der Pflanzenbotanik.* Sie verdeutlicht, wie Pflanzen immer komplexere Blütenformen und Fortpflanzungsorgane ausbilden. Die Strukturen werden in ihrer Evolution immer spezifischer und differenzierter. Sie erklärt anhand eines von dem Pädagogen Erik H. Erikson bekannten Modells der Entwicklungsphasen, dass die pflanzlichen und homöopathischen Heilkräfte sich in den Stadien der menschlichen Entwicklung vom Fötus bis zum Erwachsenen spiegeln. Aufgrund eines Steckenbleibens in einem unerlösten Konflikt einer bestimmten Stufe erkrankt der Mensch. Diese Aussage beinhaltet die interessante Beobachtung, dass die Evolution der Pflanzen mit dem zunehmenden Bewusstsein der Menschen einherzugehen scheint! Es tauchen immer differenziertere Wesensstrukturen auf.
Dies bestätigt wiederum das Wissen der indigenen Bevölkerung, die die Heilkraft einer Pflanze immer im Bezug zum direkten Umfeld verstehen und wissen, dass wir für alle Erkrankungen und Zustände Antworten in der Natur finden können. Unser Bewusstsein bedingt und prägt also die Botanik! Oder lädt sie uns ein, ihrer Weiterentwicklung zu folgen?

---

* Vgl. Michal Yakir: Die wundersame Ordnung der Pflanzen. Narayana, Kandern 2019.

Wie finde ich »meinen« Baum?

Es gibt viele Wege, »seinen« Baum und auch die mit einem in größter Resonanz stehende Baumart zu finden. So entdecken wir ihn vielleicht in unserer Lebensgeschichte, in der Erinnerung an die Kindheitswege, das Familienhaus und den Familiengarten, den Schulweg oder einen nahegelegenen Park. Manche Menschen erinnern sich bis ins hohe Alter an ihren »Kletterbaum« und sein Geäst. Oder sie riechen noch das Waldstück, das sie zum Treffpunkt der jugendlichen Abenteuererkundungen auserkoren hatten.

In meinen Seminaren durfte ich von vielen berührenden Lebensgeschichten hören und die Tränen der Erinnerung mit den Menschen teilen, wenn sie durch ein Gedicht, eine Geschichte in ihrem tiefsten Inneren die Erinnerung an die besondere Verbindung zu einem Baum wiederfanden. Meine mittlerweile über 85 Jahre alte, kanadische Freundin konnte den Duft des Weißdorns ihres Schulweges der alten, deutschen Heimat riechen, als ich ihr mein Gedicht zum Weißdorn vorlas.

Genauso kann in unseren nächtlichen Träumen aus den Tiefen des kollektiven Unterbewusstseins ein Baum erscheinen und zu uns sprechen. Das ist dann ein deutliches Zeichen einer Freundschaftsanfrage und eine Einladung, sich mit seiner Kraft zu verbinden.

Den Baum sinnlich entdecken

Auch die 5 uns bekannten Sinne können uns zu unserem Baum führen und uns auf ihn aufmerksam machen.

Geruch

Manchmal taucht der Duft eines Baumes immer wieder unvermittelt auf. Wir kennen den Geruch vielleicht von ätherischen Ölen oder dem vorausgegangenen Schnuppern an intensiv duftendem Blütenzauber. Ob Zitrusbäume, Magnolie, Frangipani (dessen Duft sich allerdings stärker nach Abfallen der Blüte entfaltet), Linde oder Holunder, Buchsbaum und Weißdorn oder die frischen, herberen Terpenendüfte der Kiefern-, Fichten-, Eukalyptus- und Zypressenwälder, die Süße der Zeder oder die feine Frische des Lorbeers: Wenn wir diese Düfte bereits erlebt haben, ist es gut möglich, dass sie uns in einem besonderen Moment an anderem Ort in die Erinnerung steigen. Dann ist es interessant, zu schauen, welche Botschaft uns der Baum in genau diesem Augenblick vermittelt. Die Botschaften in den folgenden Kapiteln bieten sich an, wenn der Baum selbst nicht aufgesucht werden kann. Das ätherische Öl in einer Duftlampe kann uns die Schwingung und Baumkraft gut nahebringen.

Geschmack

Ein weiterer Sinn der Verbindungsaufnahme ist unser Geschmackssinn beim Verzehr der Blüten und häufiger noch der Früchte. Wenn wir uns über eine auffällig lange Periode immer wieder zu dem Geschmack der Mango oder der Kaki hingezogen fühlen, ist es sicher interessant, sich auch die Botschaft der Baumkraft zu vergegenwärtigen. Natürlich kann die ernährungsphysiologische Zusammensetzung der Frucht gerade in unserem Stoffwechsel gebraucht werden, doch diese Qualität ist ja nicht unabhängig vom Wesen des Baumes.

Gehör

Ähnlich verhält es sich mit dem Hören und Empfinden z. B. von Pappelrauschen. Für den einen kann das zittrige Rascheln der Espe oder der Pappel unheimlich wirken, für einen anderen ist es eine Einladung an Abenteuergeist und Freiheit mit einem Ruf in die Ferne. Beziehungen können sich im Laufe des Lebens natürlich auch ändern. Pappeln spiegeln beispielsweise gern ihr Umfeld und erscheinen manchmal gruselig und übermächtig, in anderer Gegend jedoch frei und freundlich.

Gefühl

Auch das taktile Fühlen kann uns auf tieferer Ebene berühren. Beispielsweise kommt uns die runde Form einer Orange oder eines harmonischen Apfels in einem Lebensmoment des enttäuschten Gemütes mit ihrer sonnigen Aufhellung und wandelnden Kraft in Erinnerung. Das Ertasten der Form eines Baumbestandteiles kann uns mit unserer eigenen Präsenz und somit mit der Erfahrung der Stille und des Jetzt-Momentes verbinden.

Gesicht

Das Sehen ist meist schon etwas fortgeschritten im Beobachten von Details in Bezug auf das Auffinden unseres Baumes: So kann es verknüpft sein mit archaischen Mustern und Symbolkräften. Der Granatapfel hat beispielsweise eine Blüte in Form des Davidsternes, die Kaki in Form eines Doppeldorjes (eines tibetischen Symbols des Erleuchtungs- und Klärungsvermögens), das Ginkgoblatt oder auch das Linden- und das Catalpablatt erinnern uns an das Herz und die Herzensverbindung zum Ursprung. Bei einer Filmaufnahme aus der Luft auf eine Walschule im Pazifik staunte ich über die Entdeckung, dass Orcas alle die Form eines Ginkgoblattes auf ihrem Rücken tragen. Die Wale verbinden uns wie die Linde und der Ginkgo mit dem Ursprung des Seins in der Einheit und sind, genauso wie die Bäume der Erde, die Wissenshüter der Geschichte.

Dem inneren Ruf der intuitiven Sinne folgen

Eine weitere Möglichkeit, unseren Seelenbaum zu rufen, findet sich im Weg der inneren Reise. Sich in Tiefenentspannung zu begeben und in die inneren Räume der Imagination abzutauchen, fällt manchen Menschen leichter als anderen. Dieses Buch sowie das zugehörige Kartenset «Baumkraft auf dem Seelenweg« eignen sich gut dafür, sich für längere Zeit oder während eines bestimmten Lebensprozesses mit einem Baum zu verbinden. Die Einstimmung auf S. 71 erleichtert die Klarheit in der Resonanz.

Wenn wir uns zu manchem Zeitpunkt haltlos fühlen und nicht in der Lage, zu meditieren, ist es eher ratsam, die eigene Präsenz zunächst physisch am Baum zu stärken! Vertraue dabei auf die Kraft deines Unbewussten, lasse dich intuitiv zu einem Baum führen, der dich in diesem Moment gut erden kann.

Die Beobachtung von Außen- und Innenlandschaft ermöglicht eine Erweiterung unseres Gespürs für Präsenz und Seelenprozesse. Wir können dabei mit weitem Blick auf das Ganze schauen oder ins Detail der vielen Perspektiven übergehen. Pendeln zwischen offenem Gewahrsein und fokussiertem Wahrnehmen bildet dabei die Spannung im Resonanzfeld. Eine emotional rezeptive Offenheit wie die eines staunenden Kindes ermöglicht uns die größten Erkenntnisse. Das Bestaunen und Bewundern der Dimensionen allen Lebens sind der Einstieg in die tiefe Erfahrung des Einsseins und des Lauschens auf das Wesentliche.

Empfehlenswert sind Workshops mit meditativen Reisen oder Baumseminare für alle, die noch tiefer einsteigen möchten in ihre innere Wandlung und Potenzialentfaltung, denn in liebevoller Begleitung und einem Kreis von Gleichgesinnten in offener Natur ist es oft leichter, sich für die Botschaften der auftauchenden Baumwesen und ihren Spiegel in sich selbst zu öffnen.

Vielleicht gibt es einen 7. Sinn, der uns von hier zur Synchronizität führt. In seinem Öko-Roman »Wurzeln des Lebens«* beschreibt der amerikanische Bestsellerautor Richard Powers die Lebensgeschichten von mehreren Protagonisten, die vom Leben zusammengeführt und verflochten werden als Aktivisten in den kalifornischen Mammutbaumwäldern – alle von ihnen haben in entscheidenden Momenten einen das Leben prägenden Kontakt mit den Bäumen erfahren. Auch Diana Beresford-Kroeger prophezeit in ihrem Buch »The Global Forest«,** dass zur Zeit des großen Waldsterbens und des Sterbens der großen kanadischen Zuckerahornbäume die neuen Menschengenerationen sich auf telepathische Weise zusammenfinden werden, um unser Leben zu erhalten.

Insofern geht es nicht immer unbedingt um den einen Baum unseres Wesens, sondern manchmal vielleicht um ganze Waldgebiete wie die Sequoiawälder Kaliforniens, die Kauriwälder Neuseelands, die Urwälder der Tropen, die Korkeichen- und Maronenhaine der Mittelmeerregion, die Lorbeerregenwälder der Kanaren, die großen Schwarztannen- und Fichtenbestände des Elsass und des Schwarzwaldes … Der Klimawandel wird uns in den nächsten Jahren unweigerlich dazu anhalten, unseren Standpunkt für das Ökosystem zu definieren, sofern unsere Instinkte für das Überleben auf diesem Planeten noch nicht ganz eingefroren sind. Wenn wir uns auf das Gewebe der Natur einlassen, bleiben wir mit der inneren Anbindung als Ausgangspunkt mit offenen Fragen empfänglich für das, was das Leben uns als Wegweiser zukommen lässt. Lernen wir, zu erkennen, für welche Botschaft die Bäume in bestimmten Gebieten stehen, dann können wir sie und uns besser verteidigen in dem Ökozid, der ihnen und uns auf der Welt gerade zugefügt wird. Und wir können ihm mit Baumpflanzungen in Kohärenz mit Mensch und Region, mit dem Landschaftsgefüge entgegenwirken.

---

* Richard Powers: Die Wurzeln des Lebens. S. Fischer, Frankfurt am Main 2018.

** Diana Beresford-Kroeger: The Global Forest. Penguin, London 2011.

Aufschwung zur Lebensinspiration

Der Baum als Symbol von Kraft, Aufrichtung und Weisheit kann uns Zuflucht sein in Lebensphasen der Stagnation. Wir möchten einerseits in eine Wandlung vorangehen, finden aber nicht den Ausgangspunkt – manchmal gelingt uns nicht einmal das Anhalten im Alltagsrotieren, um überhaupt danach Ausschau zu halten. Der erste Schritt ist die Erkenntnis und die Bereitschaft, sich dem Fluss wieder zu öffnen. Es ist eine Erlaubnis, die wir uns selbst geben, dass wir in uns mit unserer innersten Natur und Persönlichkeitsanlage im Einklang leben können!

In uns allen liegen in Wahrheit ein Überfluss an Motivation und der Zugang zu einem Strom der Fülle. Er wartet nur darauf, von uns eingelassen zu werden. Sobald wir uns unserer eigenen Natur wieder hingeben, entspringt unsere Motivation unserem tiefen inneren Kern, und wir kommen zurück in den Körper.

Das kann jedoch nicht gelingen, wenn wir uns jeden Tag zwingen, Verpflichtungen zu erfüllen oder etwas von außen Auferlegtem zuzustimmen, das uns nicht entspricht. Wenn wir so agieren und uns von unserer inneren und auch der äußeren Natur abgetrennt erleben, verlieren wir den Kontakt zu uns. Wir nehmen uns energetisch »raus« und verlieren somit auch unsere körperliche Präsenz und Erdung. Unsere Atmung wird flach, der Energiehaushalt wird geschwächt und meist über Stimulanzien und andere Körperlichkeit kompensiert. Folgen sind die innere Schwere und Trägheit einer Scheinwelt und einer vermeintlichen Komfortzone, die immer weiter mit Annehmlichkeiten gefüttert werden muss. Das mag gut sein für Marketingstrategien. Doch der Geist und der Körper werden in diesem Kreisen und Vermeiden des Grundthemas nur unbeweglich und ängstlicher im Hinblick darauf, ihre Sicherheit und Komfortzone aufzugeben. Zusätzlich dreht sich die Spirale dieser Wohlstandsstrategien zulasten unserer Umwelt und der sozialen Ausgewogenheit. Schlechte Nachrichten überströmen uns in den Medien, was uns zuweilen jegliches Gefühl von Selbstwirksamkeit entziehen kann. Um gesund zu bleiben, braucht es also zuallererst Entschiedenheit und die Klarheit, dass wir wieder in den Lebensfluss einsteigen wollen! Dazu sollten wir eine essenzielle Bilanz unserer Situation ziehen:

› Wie viele meiner Handlungen entspringen meinem wahrhaftigen Sein, meinem Inneren und meiner Natürlichkeit?
› Wie viele meiner Handlungen folgen einem Anspruch an etwas, was ich sein sollte, oder der Bedienung von Erwartungen, einseitigen Loyalitäten und der Abhängigkeit von Resultaten?

»Sollte« ist eine für unsere Motivation gefährliche Variante von »nicht wollen« und birgt versteckte Widerstände, die es aufzulösen lohnt.

Im Sein liegt die gesunde Quelle für jede Handlung. Von hier ausgehend motiviert, beflügelt sie uns und schenkt uns ein Gefühl der Leichtigkeit und der Anmut. Sie ist der Ausgangspunkt für ein authentisches Leben im Einklang mit der Natur. Wir finden uns im offenen Gewahrsein im Vertrauen darauf, dass uns aus dem großen Lebensstrom genau in diesem Moment das zufließt, was wir für den nächsten Schritt brauchen. Dieses offene Gewahrsein richtet immer wieder eine neugierige, liebende Frage an unser innerstes Wesen:

- Was möchte sich durch mich ausdrücken?
- Wo möchte die Lebenskraft sich durch meine Seele und ihre ureigene Anlage hineinentwickeln, ausreifen und kultivieren?
- Was möchte ich in meinem Wirkungsfeld aktivieren?

Inspiration kann sich nur zeigen, wo Raum ist. Flache Atmung schafft kurzfristige Bedarfserfüllung mit großem Wiederholungsfaktor. Wenn wir uns jedoch der Inspiration wahrlich öffnen, wozu Atemmeditation ein wundervoller Weg sein kann, dann nehmen wir die Essenz des Seins in uns auf und richten unseren Fokus auf die Gegenwart.
Die Wiederanbindung an den Lebensfluss erkennen wir daran, dass unser Lebensgefühl von Beschwingtheit und Gelassenheit in Konflikten und Krisen getragen ist. In diesem Raum erlebter Weite können wir Absichten setzen, die das Leben anziehen und uns gleichzeitig vom Leben angezogen sein lassen – zur Entfaltung unseres Selbstausdruckes. Das Universum schenkt uns Synchronizität, und wir fühlen, dass es uns unterstützt mit unerschöpflicher Weisheit und unzähligen Möglichkeiten des Unbewussten. In uns dehnt sich das Gefühl von einem magischen Fluss aus.

WISSENSWERTES

INSPIRATIONEN ZUM EINTAUCHEN IN DEN LEBENSFLUSS

- Richte deine Aufmerksamkeit nach innen, und öffne dich der Verbindung mit deinem Höheren und Tieferen Selbst im Jetzt (regelmäßige Meditation, ggf. am Baum).
- Nimm an, was ist, und setze die Absicht, dich in den Fluss des Lebens zu begeben.

- Richte deine unterschiedlichen Interessen und Potenziale auf innere Kommunikation und Kohärenz aus (Verbinde dich zuvor bewusst mit dem Licht von oben, dem Wasser und der Erde von unten).
- Vertraue darauf: In wahrer Motivation erfolgt Handlung aus dem Sein heraus.
- Lebe mit deiner inneren Natur und der äußeren Natur und den Elementen im Einklang, und akzeptiere das Lebensprinzip des universellen Lebensflusses für alle (Bewege dich bei jedem Wetter in freier Natur, und verlasse deine Komfortzone).
- Lasse dich vom Leben anziehen, und erlebe Entfaltung, Synchronizität und die unendliche Weisheit des Unbewussten in dir – frei von Vorgaben gemäß dem Prinzip der Emergenz. Nimm offene Übergänge zwischen »nicht mehr« und »noch nicht« wagemutig an, und übe dich im offenen, unvoreingenommenen Blick.
- Meditationen: Ziehe mit deiner Aufmerksamkeit und im Einatmen die Energie den Zentralkanal entlang vom Perineum beginnend, und halte sie mit angehaltenem Atem eine Weile am Scheitel. Dann atme aus, und entspanne. Stelle dir vor, wie du so alte Glaubenskonzepte aus deinem System ziehst und freigibst. Ganz unbewegliche Glaubenssätze schreibe auf einen Zettel, den du dann verbrennst.

- Bleibe in einer Haltung des offenen Gewahrseins, und vertraue auf die Antworten und Resonanzen entlang dem Weg und Umfeld in Verbundenheit mit deinem Inneren.
- Betrachte deinen Lebensweg und deine innere Haltung aus einer beobachtenden Perspektive der höchsten Weisheit in dir – zeitweise vom Wegrand aus oder aus der Krone eines Baumes.
- Interveniere, wenn nötig, in Sanftheit und Freundlichkeit für dich selbst und andere.
- Sei entschieden und präsent im Setzen deiner Absicht, nimm mentale Einmischungen und deine kontrollierenden Hände so oft wie möglich aus dem Reifungsprozess des Anliegens. Vertraue darauf, deine Ziele glücklich und leicht zu erreichen.

WISSENSWERTES

BAUMFAMILIEN, DIE BESONDERS GUT AUS STAGNATION ZURÜCK IN DEN LEBENSFLUSS BEGLEITEN

ZYPRESSENGEWÄCHSE:

Das ätherische Öl der Zypressengewächse löst Stauungen auf, wirkt anregend und klärend. Die Bäume sind Umkehr- und Aufdeckungsmittel bei Blockaden, die oft auch transgenerationell übertragen wurden. Mit Zypressenkraft wird die Energie gelöst, erfrischt und wieder nach oben ausgerichtet.

ZITRUSGEWÄCHSE:

Alle erfrischenden Zitrusdüfte schaffen das Gefühl von Ausdehnung und Weite im Raum und lassen uns somit in Leichtigkeit entspannen. Zudem klären sie den Raum um uns herum, aktivieren Sinne, Konzentration und Lernfähigkeit.

MYRTENGEWÄCHSE:

Baumdüfte aus der Myrtenfamilie bringen frischen Wind in den Raum und auch ins Bindegewebe, vermitteln Flexibilität und Befreiung mit ihren mentholähnlichen Düften. Sie wirken positiv auf die Atmung. Unverdautes und Chronisches lösen sie und erschaffen so eine Wiederanbindung an Flexibilität und Spiritualität.

KIEFERN/KIEFERNGEWÄCHSE:

Die Düfte der Kiefern, Zirbelkiefern oder auch der entfernt der Pinaceaefamilie angehörigen Tannen und Fichten können unsere Atmung vertiefen und erleichtern, die Vitalität steigern und somit Klärung und Erholung anregen. Sie erinnern uns an unseren Lebenswillen und die Fülle – und sie schenken Trost und Zuversicht in Beziehungen – auch der zu uns selbst.

LORBEERGEWÄCHSE:

Die Bäume der Lorbeerfamilie wirken klärend, wie der Duft und die Kraft des Camphers, aber besitzen auch die Feinheit des echten Lorbeerbaumes (Laurus nobilis). Sie bringen uns Erholungsfrische und Regeneration, beruhigen die Gedanken und ein übersteuertes Nervensystem und ermöglichen einen »Reset«, sodass man mit geistiger Erfrischung aus zuvor benebelnden Anforderungs- und Umweltbelastungen heraustreten und Zuversicht und Vitalität auftanken kann.

HEIDEGEWÄCHSE:

Die Bäume dieser Familie, zu denen auch der Erdbeerbaum und der afrikanische Sheabaum gehören, sind Wiedererwecker der Lebenskraft nach Phasen der Erschöpfung, die nicht selten aufgrund von Traumatisierungen und emotionalem Einfrieren entstanden ist. Sie wirken sanft und eher in Form der Baumkraft-Essenz, der Sheabaum durch die schützende, lichte Sheabutter. Sie helfen bei chronischen Verstimmungen und mangelnder Lebensmotivation, wieder zu sich selbst zurückzukommen und sich an seine Spiritualität und Lebensfreude anzubinden.

Heilreisen zum Baumgeist – Initiation und Heilprozesse durch die Natur

Der Baum ist seit jeher in den verschiedensten Kulturen ein Symbol der Spiritualität und der Anbindung an die höheren Sphären der Weisheit. Er vermittelt Kräfte und wird für Prophezeiungen genutzt, als Schutz gepflanzt oder auf Reisen und in Übergängen zwischen den unterschiedlichen Wesensreichen der Seele mitgegeben. Seine Heilkräfte sind vielfältig und wirken über ihre Inhaltssubstanzen genauso wie über ihre feinstofflichen Qualitäten.

In der Persönlichkeitsentfaltung und in der Naturheilkunde setze ich die Baumkräfte körperlich gern in Form der Phytotherapie und der Spagyrik zur Stoffwechselanregung und -steuerung ein. In emotionalen und mental-psychologischen Bezügen und in der Kinderheilkunde nutze ich sie in Form von Bachblütenmischungen und als Spray meiner selbst hergestellten Baumkraft-Essenzen. In einem langfristigen Persönlichkeitsentfaltungsprozess und auch in der Begleitung der integralen Aufstellungsarbeit zu Potenzialsynergien und Berufung kommen oft individuell zusammengestellte Baumkraft-Mischungen mehrerer Bäume zum Einsatz.

Für die Begleitung in Übergangs- und Wandlungsphasen sowie an Wendepunkten im Leben bietet es sich an, eine innere Reise zur tieferen und höheren Verbundenheit zu unternehmen. Bäume, die bereits in der Geschichte als besonders gute Reisebegleiter in schamanischen und spirituellen Praktiken erkannt wurden, sind z. B. Eibe, Schlehe, Eberesche, Thuja und Weißdorn. Für Wissensreisen sind Eiche und Holunder geeignet. Letztlich entscheiden das Anliegen und die individuelle Verbindung zwischen Mensch und Baum darüber, mit welchem Baum man sich auf die innere Erkundung einlässt.

Dem Ruf des Baumes folgen

Reisen in der äußeren Welt folgen meist einem anhaltenden vorausgehenden Ruf. Bäume leben in anderen Zeiteinheiten und rufen beständig. Es ähnelt dem Offenbleiben im Gewahrsein. Oft sehen wir einen Baum vor dem inneren Auge, als sage er uns mit seinem Erscheinen: »Ja, ich lebe noch: in deiner Erinnerung an unsere letzte Begegnung und auch hier draußen.« Es ist möglich, dass eines Tages ein weiterer, direkterer Ruf hinzukommt. Innen und außen scheinen dann zusammenzufließen und sich zur Umsetzung hin zu verdichten. Das ist der Zeitpunkt! Es ist die Einladung, achtsam und wach nach innen zu horchen und uns in Meditation zu begeben. Dann können wir fragen, was es mit dem Ruf auf sich hat und wie er für uns zu verstehen ist. Meist erkennt man dann einen übergeordneten Bogen – und dann folgt möglicherweise die reale Reise. Die Reise zu genau dem Baum oder zu einem Gebiet, in dem diese Baumart die Kraft des Gewebes deutlich prägt. Eine Marone z. B. in den mediterranen Wäldern, eine Korkeiche mit ihrem tiefbraunen Geborgenheitsruf, ein flammenrotes Dach des Flamboyant, die reifen Zitronen, der Duft der Orangenblüte …

Diese äußeren Reisen können wir als spirituelle Reisen ansehen. Wir reisen mit dem übergeordneten Segen einer Kraft. Als ich vor einigen Jahren nach Sevilla flog wegen der Orangenbäume und der Erinnerung an die weißen Tauben auf der Plaza de España dort 30 Jahre zuvor, fiel mir an einem Morgen auf dem Weg zu dem Platz eine reife Orange direkt vor meine Füße. Ich nahm sie mit in den Sonnenaufgang dort vor Ort. Ein Regenbogen spiegelte sich im großen, feudalen Brunnen des majestätischen Platzes – und es schien noch jemand anderes Gefallen an meiner Orange zu haben: eine weiße Taube! Sie war ganz aufgeregt. Dann versuchte sie, sich auf meine Brust zu setzen. Lachend streckte ich meinen rechten Arm aus – und sie setzte sich auf ihn! Wäre nicht eine Frau auf mich zugekommen, um mir ihr Erstaunen mitzuteilen, hätte ich womöglich geglaubt, geträumt zu haben.

Ein Jahr später saß ich bei meiner nächsten Reise nach Sevilla in den botanischen königlichen Gärten auf der Caféterrasse. Wenn ich schreibe, halte ich oft meine linke Hand offen zum Himmel. Als ich meine Reiseeindrücke unter den hohen Mittelmeerzypressen in mein gebundenes grünes Schreibbuch fließen ließ, fiel mir ein violett blühender Jacarandazweig in meine linke Hand! Ich schaute nach oben und sah eine weiße Taube hoch oben auf der Zypresse sitzen. Mein Herz überschlug sich – und ich fühlte mich unglaublich gesegnet und dankbar.

Es gibt mystische Kraftorte des Waldes, und es gibt mystische Weltstädte. Auf Heilreisen dürfen wir mit Magie, zauberhafter Synchronizität und besonderen Begegnungsgeschenken ganz werden und über unseren Verstand hinauswachsen – direkt ins Herz und ein höheres Bewusstsein von Menschsein!

In diesem Sinne viel Freude und Herzenserkundungsraum mit den Baumkräften!

Einstimmungsmeditation zur Baumkraft

Nimm dir einen Moment der Stille, bevor du dich mit einem der im Folgenden dargestellten Bäume beschäftigst. Wenn du möchtest, verbinde dich von deiner Basis aus wie mit einer tief reichenden Wurzel mit dem Erdkern. Empfange von dort deine ureigene Botschaft. Dann lasse sie durch die Wurzel in deinen Körper und in das Innere deiner Zellen einfließen. Anschließend verbinde dich über einen Lichtkanal oder wie mit feinen Antennen mit dem Himmel. Lasse dein Bewusstsein weit in die Sphären des Universums aufsteigen, und rufe von dort die Mitteilung ab, die für dich bestimmt ist – jenseits der Worte. Dann lasse die Botschaft zu deinem physischen Körper hinabfließen, und nimm sie über den Scheitel in deine Zirbeldrüse auf. Von hier dehnt sie sich in den gesamten Körper und ins Zellinnere hinein aus. Lasse die Nachrichten der Erde und des Himmels in deinen Zellen miteinander kommunizieren. Dann nimm das Buch zur Hand. Gehe mit deiner Aufmerksamkeit in dein Herz, und konzentriere dich auf deine Frage, dein Anliegen oder die Lebenssituation, die du näher betrachten möchtest. Jetzt erspüre beim Durchblättern des Buches mit der linken, der Herzenshand, welche Doppelseite dich anzieht. Meist erwärmt sich die Hand, oder es ist ein Kribbeln spürbar.

Kapitel 4:

7 x 7 Baumkräfte auf deinem Seelenweg

Septett I:

Revolutionäre und fruchtbare Erdenwandler

Mangobaum, Riesenmammutbaum, Kauri, Eiche, Buche, Granatapfelbaum, Baobab

Die Bäume des ersten Septetts haben besondere Erdungskraft, Beständigkeit und eine starke Nähe zu den Elementen. Sie verhelfen dir zur Integration neuer Erkenntnisse und ursprünglicher Dimensionen ins Körperliche. Zudem unterstützen sie die Manifestation neuer Gesellschaftswerte. Kauri, Sequoia, Baobab, Buche und Eiche waren und sind teilweise heute noch für ganze Kontinente von größter Bedeutung und Urbäume, die großflächig die Erde bewaldet haben. Daher stehen sie mit den Ahnen in Zusammenhang. Mango und Granatapfel symbolisieren ebenfalls Kraft und Fruchtbarkeit. Alle genannten Bäume unterstützen die Balance und den Dialog zwischen männlichen und weiblichen Aspekten. Sie vermitteln eine Stärkung nach Vitalitätsverlusten zum Wiederaufbau und Überleben, aber auch eine große Sexualkraft.

Septett II:

Mond- und venuslichte Sternenkinder

Quittenbaum, Kirschbaum, Birnbaum, Holunder, Weide, Apfelbaum, Erle

Apfel, Kirsche, Weide, Erle und Holunder gehören zu den Mondbäumen, Birne und Quitte sind Venusgesinnte. Mit diesen Baumkräften finden wir einen besonderen Spiegel zu unserer gefühlvollen, empfänglichen Seite, oftmals auch zu den lebendigen Aspekten des Inneren Kindes und seiner Freude. Diese Baumkräfte helfen dir, einen Zugang zu deiner tieferen Gefühlswelt, deiner Achtsamkeit und deiner Sanftmut sowie zu deiner romantischen Seite und deiner Verspieltheit zu finden. Ebenso erinnern die Bäume an Fülle, Geborgenheit und Wärme, nach denen sich die Seele sehnt. Sie laden dich ein, nach positiven Verbindungen und einem ehrlichen Umgang mit deinen Bedürfnissen zu streben.

Septett III:

Sonnenkünstler und Hüter der Individualität

Pflaumenbaum (Mirabellenbaum), Esche, Frangipani, Zitronenbaum, Flamboyant, Feigenbaum, Orangenbaum (Mandarinenbaum)

Die 7 Bäume und 2 Zusatzbäume des dritten Septetts teilen die Qualitäten eines sonnigen Gemütes, der Individualität und der Kreativität. Hier geht es um das Selbstvertrauen in deine Fähigkeiten, deine Umsetzungskraft bzw. die Anziehung, die aus deiner Resonanz mit dir zuträglichen Lebenssituationen und Wachstumsschritten entsteht. Die Bäume unterstützen deine Klarheit und deine würdevolle Haltung für dein Wirken hier auf der Erde. Lasse dich ermutigen und darin bestärken, dass das Universum dir alles bereitstellt, was du für deine Selbstverwirklichung brauchst.

Septett IV:

Herzensweise Freigeister und Lichtgesinnte

Ginkgo, Linde, Weißdorn, Lärche, Kakibaum, Birke, Kiefer (Zirbe)

Die 7 Bäume und 1 Zusatzbaum des vierten Septetts haben einen starken Bezug zum Herzen, entweder in ihrer Signatur, etwa der Blattform der Linde und der Birke, in der Heilwirkung ihrer Früchte wie beim Weißdorn oder in ihrer Botschaft, z. B. bei Kaki und Lärche. Ihre gemeinsamen Themen sind die Hingabe, das Umhegen, die Sanftmut und die Milde. Bei den meisten dieser Bäume finden wir Trost und das Gefühl von Mütterlichkeit und Reinheit oder sanfte Klärung für neue Bindungsqualitäten.

Septett V:

Beflügelte Inspiratoren im Selbstausdruck

Ahorn, Immergrüne Magnolie, Hasel, Mandelbaum, Rosskastanie, Walnussbaum, Ulme

Die Baumkräfte des fünften Septetts haben viel mit Feinsinn und Vielfalt in den Ausdrucksformen zu tun. Wir finden diese Baumarten in Verbindung mit Klang oder Ästhetik, Schönheit, Offenheit und Toleranz, bei Mandel und Hasel auch mit Mystik. Vermittlung von Werten, Beziehungsausdruck und gemeinsame Weiterentwicklung stehen im Vordergrund. Diese Bäume können deine natürliche Autorität und einen geistigen Aufbruch zu neuen Ufern unterstützen.

Septett VI:

Heilkräftige Schamanen und Alchemisten

Platane, Campherbaum, Metasequoia, Wacholder, Arbutus, Tannen und Fichten, Eukalyptus

Die sieben Bäume des sechsten Septetts tragen starke Wandlungs- und Wiedererweckungskraft in sich. Mit ihnen kannst du dich auf eine innere Reise oder auf eine Reise in die Unterwelt begeben. Thuja, Eibe, Holunder, Weißdorn und Granatapfel können dir hier zusätzlich helfen. Inwieweit du erfahrene Begleitung für deine Reise hinzunehmen möchtest, hängt von deiner Erfahrung, der Tiefe deines Anliegens und deiner Verfassung ab. In jedem Fall kannst du die Baumkraft bei einer solchen Tiefenarbeit um Begleitung bitten.

Septett VII:

Meditative Meister des Bewusstseinsaufstiegs und des Friedens

Banyanfeige, Olivenbaum, Thuja, Eibe, Mittelmeerzypresse, Zeder, Bodhi

Die sieben Bäume des siebten Septetts lehren dich Gewahrsein, Einheitsbewusstsein und Meditation. Einige sind für indigene Naturvölker bis heute heilige Ritualbäume wie die Thuja in Nordamerika oder Klosterbäume wie der Bodhi oder die Banyanfeige in Asien. Sie vermitteln ein höheres Bewusstsein und die Verbundenheit aller Wesen. Diese Baumkräfte laden zur Stille ein. Präsenz öffnet dich für Botschaften aus dem Universum und allumfassende Einsichten. Sie führen dich in die Loslösung von Form, Sprache und Verhaftung in der äußeren Welt. Ihr Baumwesen zeigt in die Weiten der Transzendenz, die sich grenzenlos in Frieden und reine Bewusstseinsschwingung ausdehnt.

Mangobaum
(Mangifera indica)

Fruchtbare Öffnung neuer Dimensionen

Meine süße Frucht der Fülle und Ausgewogenheit neigt sich dir zu und verspricht dir Genuss nach deinen großen Anstrengungen. Die Eröffnung neuer Dimensionen deines schöpferischen Potenzials ist vollbracht.

BOTSCHAFT

Deine Beständigkeit in der Bereitschaft, zu höherem Bewusstsein zu gelangen, wird nun mit Fülle und Freude belohnt. Alles entspringt dem großen Lebensfluss, der dich durch die Umsetzung deiner Herzensanliegen trägt. Es gibt nichts zu tun, als dich weiter in Hingabe deinem Anliegen zu öffnen und für diesen Moment in Liebe zu ruhen. Vielleicht erscheinen dir die neuen Wege und die erfahrene Synchronizität ein wenig magisch. Sie sind jedoch wahrhaftige Offenbarungen des Aufstiegs zu neuem Bewusstsein, zu dem wir uns als Menschheit gemeinsam bereit erklärt haben.
Schaue auf die Gestalt alter, großer Mangobäume: Ihre Wurzeln und ihr Stamm lassen das Neue kraftvoll auf die Erde kommen. Nimm dir etwas Zeit, den Zauber der Fülle deiner erweiter-

Affirmation
Ich bin bereit für neue Dimensionen und jetzt noch unvorstellbare Freude und Fülle in meinem Leben!

ten Wahrnehmung tiefer ins Zellinnere dringen zu lassen. Das Männliche und das Weibliche finden Ausgewogenheit und in einen Dialog miteinander. Alles, was echt ist, gedeiht im gegenseitigen Geben und Nehmen.

WEITERE ANREGUNGEN

- Lasse dich auf die Magie eines tanzenden Universums ein!
- Genieße die Ausdehnung deiner Lebendigkeit – es ist leicht!
- Neues Bewusstsein und ein neues Wirkungsplateau in deinem Leben sind erreicht.
- Die Paradieserinnerung in dir steigt überraschend auf!

WISSENSWERTES

Der Mangobaum ist ein schnellwüchsiger, langlebiger und als Fruchtträger über mehr als 300 Jahre produktiver Baum der Gattung Magnifera innerhalb der Familie der Sumachgewächse. Wie für die Sorten dieser Baumfamilie üblich, trägt er viele recht kleine Blüten an langen Rispen. Der gesamte Baum drückt Kraft aus. Seine bis zu 30 Zentimeter langen, lanzettlichen Blätter entspringen einer gemeinsamen Mitte und wirken überfließend. Die Blütenstände und Früchte tragen die Grundfarben beider Vitalitätsströme irdischen Lebens: Rot wie das Blut mit seinem sauerstofftragenden Eisen und Grün wie das Chlorophyll, der Lichtenergietransformator. Dazu kommt noch das Gelb, Farbe der Sonne, die uns freudige Leichtigkeit vermittelt. Die Blüten des Mangobaumes duften nach Lilien, das Fleisch der Früchte ist saftig, orangegelb und süß – eine echte Seelennahrung. Die Samen liegen in einem geschwungenen, behaarten Fruchtkern und zeigen eine embryonale Form. In Spanien bezeichnet man eine Kulturart der Mango als »Manga«: Ihr Stammwuchs ist kleiner, und die eher länglich-schlanken violettgrünen Früchte sind aufgrund ihres saftigen, nahezu faserfreien Fruchtfleisches sehr beliebt. In Asien kennt man zudem die stinkende Mango, die dort als besondere kulinarische Delikatesse gilt.
Die Mango stammt ursprünglich aus dem indischen Assam, aus Myanmar und Borneo. In den indischen Veden wird sie bereits mehr als 1000 Jahre vor Christus als Götterpreisung erwähnt. Bis heute ist Indien weltweit der größte Exporteur von Mangos. Die Frucht enthält viel Vitamin C und gilt als antidiabetisch, antiviral und entzündungshemmend. Sie beruhigt den Darm, harmonisiert die Verdauung und stärkt das Herz. Aus dem Kern erhält man durch Pressung ein Öl, das in der Kosmetikindustrie beliebt und ähnlich geschmeidig ist wie Kakaobutter. Geschmeidigkeit und Lebensfreude breiten sich in allen Formen und Sinnen aus.

Riesenmammutbaum/Sequoia
(Sequoiadendron giganteum)

Himmelsleiter vom Erdreich zu den Sternen

Ich führe dich hinauf zu neuen Räumen des Lichtes. Meine Erdungskraft lässt dich in der Vereinigung und vollkommenen Ausgewogenheit des Männlichen und des Weiblichen bei dir selbst ankommen. Eine Wunde der Vorzeit wird geheilt.

BOTSCHAFT

Wenn es deine Lebensanschauung erlaubt, dass wir für viele Inkarnationen auf die Erde kommen, kündigt dir der Sequoia an, dass sich im übergeordneten Lebensbogen der Kreis eines Themas schließt, das deine Seele seit langer Zeit wiederholt angeschaut hat. Es ist nun von beiden Seiten der Dualität erlebt und integriert. Der Sequoia mit seiner starken Wurzel hat einen großen Bezug zur Basis. Auf einem höheren Bewusstseinsplateau steht nun an, zugunsten innerer Seelenreifung ganz existenzielle Grundlagenerfahrungen neu zu erlauben: Fühle deinen Körper! Kannst du die Komfortzone des Wohlstandes verlassen und dich deinen Körper einmal längere Zeit in freier Natur spüren lassen? Fühlst du deine lebendige, pulsierende Verbundenheit mit der Erde? Welcher Teil in dir braucht Belebung, damit ein Hinaufklettern zur Krone im Gleichgewicht geschehen kann? Lege alle Aufmerksamkeit auf Hände und Füße und ihren Kontakt mit dem Stamm. Die Himmelsleiter des Sequoias verspricht dir neue Aussichten: mehr spirituelle Körperlichkeit in der Partnerschaft, eine tiefere Beziehung zu Gott und deinem Höheren Selbst und sich öffnende Wirkräume als spirituelles Wesen auf der Erde. Gehe voran! Wenn du es für dich wählst, findest du jenseits der Dualität Einheit und in deine wahre Größe!

WEITERE ANREGUNGEN

› Neue Dimensionen der Verbundenheit eröffnen sich dir.
› Du bist ein Tor zum Universum in der unerschöpflichen Weite deines wahren Potenzials.
› Die Liebe kommt auf die Erde. Sie ist getragen und gesegnet von der Kraft der Großen Mutter und des Großen Vaters in spiritueller Weisheit.
› Der Klang der Erde und der Klang des Ozeans erschaffen mit der Sonne den Regenbogen. Dein Herz erstrahlt in Liebe im gold-rosa Strahl des Vertrauens.

WISSENSWERTES

Vor mehr als 100 Millionen Jahren belebten die Mammutbäume den Planeten auf allen Erdteilen. Die heutigen Riesensequoias und die Redwoods, die Küstensequoias, sind die letzten 3 Prozent Nachkommen jener Urwälder.

Der Sequoiadendron giganteum, der Riesenmammutbaum, hat eine orangebraune, weiche, sich in Längsstreifen abschälende Rinde, die bis zu 60 Zentimeter dick sein kann. Sie schützt den Riesen bei Feuer, doch in Kalifornien haben die vielfachen Waldbrände den Bestand der Urbäume dennoch stark reduziert. Im Sierra-Nevada- und im Kings-Canyon-Nationalpark stehen noch Mammutriesen. Der Baum wurde in Nordamerika als Sequoia bezeichnet zu Ehren des Cherokee-Häuptlings und -Gelehrten Sequoyah. In indianischen Sagen wird erzählt, dass der riesige Urbaum mit den Sternen der weiten Sphären in Verbindung steht.

Der Sequoia sempervirens, der Küstenmammutbaum, wächst auf küstennahen Ebenen und am Fuß von Bergen im Küstennebelbereich. Er wird über 100 Meter hoch, der größte steht mit 115,25 Metern im kalifornischen Redwood-Nationalpark.

Im Rahmen eines Umweltaktivistenprogrammes zur Rettung der Küstenmammutbäume bestieg Julia Butterfly Hill im Dezember 1997 den größten Küstenmammutbaum namens »Luna«. Die Baumbesetzung war zunächst für eine Woche geplant, erstreckte sich in der Folge aber über 738 Tage! Julia lebte ohne einen einzigen Abstieg auf dieser Baumriesin durch Sturm und Eis hindurch auf einer Plattform von 4 Quadratmetern. Sie rettete mit ihrer Aktion und viel Medienunterstützung zumindest ein Gebiet vor Rodung und Kahlschlag. Die Baumbesetzerin heilte gemeinsam mit dem Baum durch diese Aktion auch das eigene Trauma, eine durch einen Autounfall bedingte Hirnverletzung. Sie schrieb ein Buch mit Aufzeichnungen ihrer Beziehung zu »Luna«.*

Affirmation

Ich bin frei, neu zu wählen. Ich steige auf in neue Dimensionen menschlicher Erfahrung. Ich kehre zurück zu meiner wahren inneren Natur und geerdeten spirituellen Größe.

* Julia Butterfly Hill: Die Botschaft der Baumfrau. Goldmann, München 2002.

Kauri
(Agathis australis)

Mystischer Gigant der heiligen Urverbindung

Deine Seele hat mein Terrain des stillen Urwissens aufgesucht. Erlaube mir, deine Verletzlichkeit aufzuzeigen, die Würdigung braucht. Setze deine Schritte klar und achtsam in Dankbarkeit für die irdische Schöpfungskraft.

BOTSCHAFT

Das uralte Baumwesen des Kauri trägt das gespeicherte Wissen der Ahnen und die Urgeschichte des Südpazifiks. Einst gab es hier riesige Wälder. Dem Maori-Mythos nach brachte der Kauri Licht, Raum und Atem in die Dunkelheit der Ureinheit und erschuf ein fruchtbares Dualseelenerleben zwischen männlicher und weiblicher Schöpferkraft, zwischen Vater Himmel und Mutter Erde. Auch in dir wirken beide Seiten gleichwertig und frei. Atme in die Heiligkeit deiner ureigenen Verbindung zu den Weiten des Universums und zu den tiefen Wurzeln der Erde, und du spürst den großen Fluss in dir. Heute sind die Kraft von Mutter Erde und auch die weibliche Schöpfungskraft geschmälert, ihre Liebe und Hingabe zeigen Kollektivbelastungen auf. Die menschliche Gebärmutter trägt von Anbeginn die Vereinigung in sich bis hin zum Heranreifen eines autarken Lebens. Segne heute Mutter Erde, die menschliche Mutterkraft und die weibliche Schöpfungsmacht, die auch deinen Lebensbeginn gehalten und genährt hat.

WEITERE ANREGUNGEN

- In dir schwingt der Rhythmus des weiten Ozeans.
- Aufschwung in neue Dimensionen der Schöpfungskraft ist jetzt möglich.
- In dir leben die Urschöpferkraft und das unendliche Wissen der Ahnen.
- Bedanke dich für die Kraft, Weite und Tiefe deines Körperbewusstseins.

WISSENSWERTES

Der Kauri gehört in die Familie der Araukariengewächse, die bereits im Zeitalter des Jura vor 135–190 Millionen Jahren große Flächen der Erde besiedelten. Die Maori betrachten den Baumriesen als Tane – »Gott des Waldes«. Bis ins 19. Jahrhundert gab es einen Tane, der 4000 Jahre alt war. Die großen Kauriwälder im Norden Neuseelands sind durch die Einwanderer stark dezimiert worden, denn das hochwertige Holz eignet sich gut zum Schiffsbau. Das Kauriharz wurde, in gehärteter Form verbrannt, als Farbstoff für die traditionellen Tätowierungen der Maori genutzt. Heute stehen die Kauris unter Naturschutz. Größte Heiligtümer sind der Tane Mahuta und der Te Matua Ngahere im Waipoua Forest. Der Maori-Mythos besagt auch, dass der Wal als König des Meeres und der Kauri als König der Erde ihre innige Freundschaft durch einen Tausch bezeugten: Nun trägt der Baum die grau glänzende Haut des Wales und der Wal die geriffelte Haut des Kauri.

Die Fortpflanzung eines Kauri ist besonders langwierig: Die Reifung der weiblichen Zapfen dauert mehr als zwei Jahre. Nach ihrer Bestäubung benötigen die Samen weitere zwei Jahre, bis der Wind sie in alle Himmelsrichtungen verteilt. Diese Reifezeit steht im Verhältnis zum Lebensalter eines Kauri: Er wird 2000 Jahre alt und entspringt damit archaischen Baumzeit-Dimensionen.

Doch heute ist der Kauri durch einen – womöglich über Südkorea eingeschleppten – Pilz bedroht, der seine Wurzeln faulen und absterben lässt. Zum Schutz der großen Kauris hat die neuseeländische Regierung daher für die Touristenströme Bohlenwege bauen lassen und an ihrem Eingang Schuhputzstationen aufgestellt, um mit der Desinfektion der weiteren Verbreitung des tödlichen Pilzes Einhalt zu gebieten.

Affirmation

Ich ehre die weibliche Schöpferkraft in mir. Ich respektiere die große Kraft des Ursprungs, die Leben hervorbringt.

Eiche (Quercus)

Urkraftträger der Weisheit und des Friedens

Meine ausgewogene Krone hat dich unter ihr fürsorgliches Dach gezogen. Ich gebe dem Leben Kraft, Beständigkeit und Zuflucht. Mein Ruf nach Gerechtigkeit und Respekt macht menschliches Miteinander friedlicher.

BOTSCHAFT

Die standsichere Kraft der Eiche lässt dich in einer schwierigen Lebenssituation, einem Konflikt oder nach einem Schicksalsschlag wieder Boden unter den Füßen finden. Vielleicht bist du ungerechtfertigterweise bewertet oder angegriffen worden und hast dein emotionales Gleichgewicht verloren. Du weißt, dass Kampf und Gewalt nur endlose Spiralen erzeugen. Deine höhere Weisheit führte dich zur Eiche. Deine Seele hat den schwierigeren Weg gewählt – wie die Eiche ihrer Natur nach ein

Affirmation

Ich setze auf meine große Kraft, die Ehrlichkeit und Mut entspringt. Zum Schutze derer, die weniger haben, setze ich soziale und menschliche Gerechtigkeit durch!

Sturmbrecher und Blitzableiter ist, willst du an Herausforderungen wachsen und ihnen immer gelassen standhalten. Zunehmend ermächtigt dich dies dazu, als friedvoller Krieger mit Souveränität für nachhaltige, höhere menschliche Werte im Handeln einer fürsorglichen, gerechten Zukunft voranzugehen.

WEITERE ANREGUNGEN

› Beständigkeit erwächst aus der Bereitschaft, zu reifen.
› Es braucht Mut zum Durchhalten und Mut zur fürsorglichen Weichheit in dir.
› Vertraue auf deine tiefen Wurzeln in den Raum geerdeter innerer Weisheit.
› Zitat eines weisen Freundes: Sich dem Leben ergeben ergibt ein gutes Ergebnis!

WISSENSWERTES

Die Eiche wächst auf der nördlichen Halbkugel als Sommer-, Winter- und Stieleiche mit rhythmisch gezackten Blättern und ausgewogener Krone, unter der viele Waldtiere und Insekten Schutz finden. Eichen wachsen langsam und bauen festigenden Kalk in ihre Struktur ein. Ihre große Pfahlwurzel ragt tief in irdische Wasserläufe. Dies sowie ihre hohe elektrische Leitfähigkeit führen dazu, dass sie anfällig für Blitzeinschläge ist.
Früher wurde die Eiche für die Wald- und Feldmast der Tiere genutzt. Ihre Gerbsäure diente dem Lederhandwerk, aus ihrem aromatischen Holz fertigte man Weinfässer.
Auf der iberischen Halbinsel lebt die Korkeiche, deren Rinde nachwächst und der wir die Weinkorken verdanken.
Wo im wilden Germanien noch drei Viertel der Landfläche mit Eichen besiedelt war, stehen heute 2 Prozent, denn ihr wasserresistentes Holz wurde im Haus- und Schiffsbau und für Eisenbahnschwellen verwendet.
Die Eiche fand Verehrung in vielen Kulturen. Druide heißt »Eichenkundiger«. Germanen und Kelten sahen den Baum als heiligen, ewigen Wissensträger. Im griechischen Mythos ist die Eiche Zeus gewidmet. Sie wurde zum Symbolträger königlicher Kraft, väterlicher Fürsorge und anderer Tugenden – doch Herrscher benutzten ihr Bild im Sinn des Krieges ungerechtfertigt und eigennützig.

Buche (Fagus)

Strukturgebender, lichter Hüter des Wissens

Deine Seele hat auf der Suche nach Struktur und Stille zu mir gefunden. In der äußeren, schnelllebigen Welt geht die Substanz des wahren Wissens oft verloren. Ich zeige dir den Weg zu Geisteskraft und Klarheit.

BOTSCHAFT

Wenn wir im Strudel des Zeitdruckes unsere vielen Projekte umsetzen wollen, verfängt sich unser Geist leicht im Chaos, in Hyperaktivität oder im Lamentieren über die nicht zu bewältigenden Aufgaben des Alltags. Wenn dir heute die Buche begegnet, braucht es für deinen nächsten Schritt zunächst deine volle Präsenz in der Planung und einen kühlen Kopf. Sei bereit, zuallererst bewusst in deinem Körper zu sein und ihm sein Bedürfnis nach Ruhe und einem lichtvollen Ort zu gewähren. Erst wenn du in dir angekommen bist, folge deiner inneren Führung und deinen Impulsen statt den unerledigten To-do-Listen von gestern. Heute ist heute. Vertraue dem unendlichen Wissen in dir, das alle deine Herzensanliegen im Auge behält. Dein wesentliches Anliegen folgt keiner Uhr – es ist größer. Wenn du etwas wirklich Bedeutungsvolles für die Gesellschaft und die nächste Generation weitergeben möchtest, brauchst du zuweilen Stille, um deine innere Mitte zu finden. Dann kannst du auch den leisen, weisen Impulsen deiner individuellen Lebenserfahrung und deiner ureigenen Kreativität gerecht werden.
Die Rotbuche hebt zur Botschaft der Buchen zusätzlich die Pädagogik und die gehaltvolle Wissensvermittlung an erste Stelle. Höre hin, und du wirst von ihr und dir selbst lernen, denn hier ist das eine Wissen zu Hause.

WEITERE ANREGUNGEN

› Die Freiheit des Geistes liegt im intuitiven Setzen von Prioritäten und dem Lauschen auf das göttliche Wissen im Herzen.
› Zeitdruck bedroht unsere Verbundenheit und Wesenstiefe.
› Im Sein der Allgegenwart und in der Stille eines Buchenwaldes findest du zurück zur Beständigkeit im naturgegebenen Rhythmus.
› In deiner Mitte gibt es keine Eile, nur die Sicherheit, alle wesentlichen Entschlüsse der Seele umzusetzen.

WISSENSWERTES

Die Buche ist der von Natur aus verbreitetste Baum Mitteleuropas. Seine nacheiszeitliche Ausbreitung zeigt das Phänomen des kontinuierlichen Zurückkehrens in seine Heimat. Im Juni 2011 wurden die großen Buchenwälder Deutschlands in den Nationalparks Hainich, Jasmund, Kellerwald-Edersee, Grumsiner Forst und Müritz zusätzlich zu denen seiner ursprünglichen Herkunft in den Karpaten ins UNESCO-Weltnaturerbe aufgenommen. Die Buche braucht Feuchtigkeit, nährreiche Böden und dichte Besiedlung und mag generell keine Extreme. Sie ist daher in den milden nördlichen Gefilden angesiedelt. Sie strukturiert den Boden, indem sie ihn belüftet und festigt. Die glatte Rinde ist hitzeempfindlich und glänzt silbrig. Die Buche wächst zielstrebig in den Himmel und ist daher sehr konkurrenzfähig, weil sie das Licht bestens für sich zu nutzen weiß. In ihrem lichtdurchlässigen Kronendach herrscht besondere Stille.

Bucheckern sind die scharf dreikantigen Früchte der Rotbuchen, die von Vögeln und Nagetieren bei ihrer Reife im September geschätzt werden und früher, trotz ihrer leichten Giftigkeit, eine Rolle in der menschlichen Ernährung spielten. Nach dem Lösen aus ihrer Fruchtschale kann das enthaltene Fagin durch Rösten zu verträglichen Mengen abgebaut werden. Bucheckern wurden in früheren Zeiten zum Brotbacken und als Kaffeeersatz genutzt. Geschichtlich war die Buche mit ihren Blättern und Früchten ein nahrhaftes Tierfutter wie die Rosskastanie und die Eiche – alle drei gehören zur Familie der Buchengewächse. Da die jungen Blätter und Blattknospen viel Vitamin E und Mineralien enthalten, sind sie im Frühjahr eine gesunde, schmackhafte Beigabe zum Salat, im Smoothie oder als Suppeneinlage. Die Buchenblätter wirken kühlend, entzündungshemmend, desinfizierend und hautregenerierend. Die Buche hat tatsächlich viel mit der Geschichte des Buches zu tun, denn die ersten Runen wurden in Buchenholzstäbchen geritzt: ein Revolutionär der Aufklärung und Wissensvermittlung im manifestierten Sinn und im zeitlosen Geist.

Affirmation

Ich verlasse die Extreme von Überaktivität und Erschöpfung. Die Stille des Waldes lehrt mich Beständigkeit und Struktur jenseits von Zeit und Raum.

Granatapfelbaum
(Punica granatum)

Erlösender Bewusstseinsaufstieg zur Selbstannahme

Wenn ich dir heute als Wegweiser mit meinen roten Blüten und Früchten entgegenleuchte, ist es an der Zeit, dich einem schwierigen Thema oder alten Seelenverletzungen zu stellen. Sei mutig: Herzensstrahlen und Lebendigkeit möchten heimkehren!

BOTSCHAFT

Weder Rollenmuster noch Verdrängung haben dich weitergeführt, sondern nur bewirkt, dass du zu viel Energie darauf verwendet hast, keine Fehler zu machen. Das kann viel Seelenkraft binden durch die Orientierung nach außen und die permanente Frage, wie du Erwartungen anderer oder Leistungsidealen gerecht wirst. Gestehe dir ein, dass etwas in dir zutiefst erschreckt und deine Gefühlswelt in der Folge davon vielleicht eingefroren ist. Der Versuch, eine durch ein Trauma entstandene Leere zu überdecken, lässt »Lücken« in uns entstehen, die uns angreifbar machen für Fremdenergien und die Versuchung, uns und unsere innere Wahrheit zu verdrehen. Die unerfüllbare Suche nach Bestätigung im Außen kostet viel Kraft.

Der Granatapfel hilft dir, dich selbst in deinem wahrhaftigen Wesen mit allen Aspekten wiederzufinden. Ein Weg der Erlösung öffnet sich dir, auf dem du neugeboren ins Licht und in Unbefangenheit auferstehen wirst! Dein Herz kennt die Wahrheit – die Unterscheidung zwischen Echtheit und Schein. Alle echten Dinge sind schön, weil sie der Einheit im Menschsein entspringen, jenseits von Bewertungen. Folge deiner tiefen Wahrnehmung: Die Zeit des Erwachens ist gekommen. Rufe deine Selbsterkenntnis in dich zurück! Oft hilft es, Tränen zu weinen, statt sie zu unterdrücken und mit ihnen unsere Lebendigkeit zu ersticken.

WEITERE ANREGUNGEN

- Öffne dein Herz für dich selbst!
- Der Engel der Wahrheit geht an deiner Seite.
- Die Ketten des Scheins lösen sich im Innen und im Außen!
- Alles in dir strebt nach Wiedergeburt und Selbsterkenntnis.

WISSENSWERTES

Die archäologisch ältesten Funde von Granatäpfeln kommen aus seinen Herkunftsregionen: Zentralasien, der Türkei, dem Kaukasus und dem Nahen Osten. Die Blüten des Granatapfels erinnern an den Davidstern. Aus ihnen erwächst die leuchtend rote Frucht, die dann den Sechsstern als Krone trägt. Als Symbol für Fruchtbarkeit ziert er die antike Architektur, beispielsweise in den Säulen von Salomons Tempel. In der Kirche galt der Granatapfel als Metapher für Jesus, in der alten Mythologie erscheint er als Symbol für die großen Göttinnen Aphrodite, Astarte, Persephone und Hera. Im Koran wird der Granatapfel als »Paradiesfrucht« bezeichnet, im Orient gilt er als Unsterblichkeitssymbol. Medizinisch schenkt uns der Granatapfel die antioxidativen Qualitäten seiner Flavoide, die ein außerordentlich starkes Abwehrmittel gegen krankheitsauslösende Freie Radikale sind. Aktive sekundäre Pflanzenstoffe wie Ellagsäure gelten als zytotoxisch bei Zellveränderungen. In der gesunden Ernährung hat der Granatapfel daher zu Recht seinen Platz als Superfrucht. Granatapfelsaft stärkt zudem das Verdauungssystem und löst Verkalkungen in den Arterien, befreit also den Vitalitätsfluss.

Affirmation

Ich wandle auf dem Erlösungsweg meiner Seele und finde mich wieder – neugeboren ins Licht!

Baobab/Affenbrotbaum (Adansonia)

Überlebenskünstler am Tor der Geisterwelt

Ich zeige dir die Meisterschaft im Überleben. Wenn Chaos herrscht und die Elemente Feuer und Wasser aus den Fugen geraten sind, bewirkt die Kunst des Haushaltens Wunder. Meine gespeicherten Ressourcen bringen dir das Leben.

Affirmation

Die Erde wandelt alles und bringt Fruchtbares hervor – auch Wunder. Sie verdient unsere größte Achtung und anerkennendes Mitgefühl.

BOTSCHAFT

Als Mondbaum besitzt der Baobab einen Zugang zur tieferen Gefühlswelt und zur intuitiven Empfänglichkeit. Dich erreicht eine Botschaft aus tiefer Ferne. Öffne deine Ohren, denn es könnte sein, dass du diese uralte Weisheit sonst kaum aufnehmen kannst: Nutze das neuronale Labyrinth deines Gehirns zum Hören mit deinem Instinkt, und entscheide, was für dich stimmig ist. Anstatt durch Funktionieren und vermeintlich objektiven Abstand eine künstliche Unbetroffenheit vom aktuellen Lebensthema zu schaffen, gehe durch das Tor der alten Baobabkraft direkt in dein tieferes Empfinden und das Leid, das aufgrund von Fremdprägung und Unterdrückung in dir entstanden ist. Es mag sich zu Beginn so anfühlen, als ob es dir dein Herz zerreißt und in deinem Leben ein Damm einbricht – bleibe in deiner Bereitschaft zur Wahrheit. Eine subtile und doch bestimmende (Co-)Abhängigkeit wurde aufgrund von Überlebensängsten durch existenzielle Bedrohungen – durch Kriege und Hungersnöte – bei unseren Ahnen ausgelöst und transgenerationell weitergegeben. Im Durchbrechen dieses archaischen Angstprogrammes liegt der Zugang zu deiner individuellen Identität und deiner authentischen Durchsetzungskraft. Der Baobab kündigt an, dass du nun sehr alte, eventuell sogar vorgeburtliche Muster erkennen und in deine eigenen Werte transformieren kannst. Insbesondere im Schöpferischen und in körperlich nahen Partnerschaften braucht es Raum, um sich die Entwicklungen der eigenen Bedürfnisse zu vergegenwärtigen. Falls du das Gefühl hast, dass eine nahestehende Person dich zu sehr prägt, nimm dir einen Moment Zeit. Sage ihr im Inneren, dass du nun diese emotionale Überlagerung an sie zurückgibst in Ehre, Liebe und göttlicher Ordnung. Der Baobab unterstützt die Seele bei der Klärung. Lasse dich anschließend neu mit deiner eigenen Seelenfrequenz auffüllen!

WEITERE ANREGUNGEN

- Schaue die Hintergründe von der anderen Seite oder aus anderer Perspektive an, und lege überholte Muster ab.
- Öffne dich deiner ganz eigenen Sehnsucht und Lebenslust.
- Integrität folgt der Klarheit in deiner Seelenfrequenz.
- Visualisiere frei von Vorgaben, wie du leben möchtest!

WISSENSWERTES

Der für das tropische Afrika wohl typischste Baum ist der Baobab, der Affenbrotbaum. Er zeigt sich in sechs Arten weltweit: einer in Afrika, sechs in Madagaskar und einer im Nordwesten Australiens. Der im tropischen Afrika und Madagaskar beheimatete Baobab gehört zur Familie der Wollbaum- innerhalb der Malvengewächse. Der dicke, kurze Stamm ist gekennzeichnet von bizarren Astgabeln, die eher an Wurzeln als an eine Krone erinnern. Daher stammt die Sage, dass der Baum, von einer Hyäne gen Himmel geschleudert, auf die Erde zurückfiel – und seither verkehrt herum wächst.

Der Stamm des größten, 3000 Jahre alten Baobabs in Südafrika hat einen Durchmesser von 14 Metern und speichert über 140 000 Liter Wasser. Die Rinde ist 10 Zentimeter dick und daher recht brandsicher. Nach Abschliff wächst sie sogar nach. In den extremen Dürreperioden rettet ein solcher Riese ein ganzes Volk vor dem Verdursten.

Die 5- bis 9-fingrigen, glänzend grünen Blätter erinnern an Hände, seine wunderschönen weißen Blüten haben 5 Kronblätter und 1600 Staubblätter. Der Blütenduft ist allerdings eher unangenehm süßlich-aasig. Mit ihm zieht der Baobab die nachtaktiven Flughunde, Fledermäuse und Galagos an, die für die Bestäubung unerlässlich sind. Seine Ausbreitung geschieht ebenfalls über die Tierwelt: Elefanten, Antilopen und Paviane fressen seine Fruchtkapseln und scheiden die Samen an anderem Ort aus. Das immunkraftstärkende Fruchtfleisch ernährt auch die Menschen und wird zu Limonade verarbeitet. Als Räucherung angewandt, vertreibt es Insekten. Die Innenrinde des Baobabstammes liefert Bast für Flechthandwerk, Kleidung und Dächer.

Rituell gilt der Baobab als Heiligtum, Ahnenbaum, mancher als Begräbnisstätte der Schamanen, anderer als Glücksbaum für Hochzeitszeremonien und Segnungen.

Quittenbaum
(Cydonia)

Wärmende Rückendeckung und nährendes Venuslicht

Ich stärke die Freude an deinem eigenen liebevollen Sein. Genieße die Fülle deiner Schöpfungskraft und deine positive Ausstrahlung. Löse dich jetzt von allem, was dich darin schwächt.

BOTSCHAFT

Deine Seele bereichert mit ihrer großen Lebensfreude diese Welt auf bezaubernde Weise. Mit deiner lichtvollen, wärmenden Art und deiner positiven Gesinnung beflügelst du andere und erschaffst Lebensräume, die nähren und zur Entspannung einladen. Du verbindest Menschen in Herzlichkeit. In deiner Nähe finden viele den Mut, ihre Gefühle auszudrücken. Bist du dir deines Wertes bewusst? Gelingt dir in deiner fröhlichen und zugleich tief fühlenden Lebensweise eine Ausgewogenheit von Nehmen und Geben? Oder bemerkst du momentan, dass manche Situationen dich bedrücken und dein Strahlen mindern? Dann gib deine eigene Zustimmung hierzu nicht mehr. Achte dich selbst für den Wert, den deine lebensbejahende Haltung schenkt. Die Quitte ermuntert dich zu positiver Potenzierung deiner Kraft im Zusammensein mit Gleichgesinnten! Lasse dir selbst einmal den Rücken wärmen. Du hast die sonnige Kraft schöpferischen Aufbaus in deinem Herzen wie die Quitte in ihrer Frucht. Du musst sie nicht in jede Situation einbringen und dich nicht beschämen lassen, insbesondere nicht, wenn Menschen ihre emotionale Unterkühlung nicht aufgeben wollen. Gehe dahin, wo du dich wohlfühlst und dein Inneres Kind seine Kreativität ausleben kann – wie ein Schmetterling seine Flügel in der Sonne entfaltet und sich aufschwingt.

WEITERE ANREGUNGEN

- Du bist Licht und Inspiration! Umgib dich mit Gleichgesinnten.
- Negativität und Nachlässigkeit belegen die Sinne und gefährden die Beziehungsqualität. Wähle, was dir guttut.
- Du warst schon oft lichtvolle Brücke und ideelle Hebamme für andere. Nun ist es an der Zeit, deine Liebe für dich selbst leuchten zu lassen.
- Die Venus erleuchtet den Ozean der Liebe.
- Du bist ein lichtbringendes Sternenkind!

Affirmation

Zugunsten der Liebe erlaube ich keine Machtspiele und achte auf mein Wohlempfinden. Ich wertschätze meine positive Ausstrahlung und Herzenswärme.

WISSENSWERTES

Der Quittenbaum ist ein Rosengewächs und ein beliebter, aber selten gewordener Kulturobstbaum. Seine Früchte sind hart und in weiche, pelzige Haut gehüllt. Ihr Duft ist sehr angenehm belebend. Es gibt Birnen- und Apfelquitten, die als Kompott, Gelee, Saft, Quittenbrot oder gedünstet als Dessert verzehrt werden. Die Frucht ist sättigend und reich an Mineralien, Vitamin C und B sowie an Folsäure und Pektin. Quitten wurden in der Antike bei Hautentzündungen und zur Verdauungsanregung eingesetzt. Das Pektin entschlackt und senkt das Cholesterin. In der TCM wird die Quitte wegen ihrer milden Säure, die die Saftsekretion der Oberbauchorgane anregt, auf den Speiseplan gesetzt. Ein reizlindernder, entzündungshemmender Absud der Frucht hilft nach Entbindungen und bei Schleimhautverletzungen. Insbesondere in der griechischen Mythologie wurden der Quitte, damals auch Goldapfel genannt, Fruchtbarkeits- und Liebesstärkung zugesprochen.

Kirschbaum
(Prunus avium)

Flüsternde Poetin im Blütenkleid des Mondes

Deine Seele ist bereit, sich von meinem weißen Blütenkleid verzücken zu lassen. Verspielt und von Leichtigkeit getragen, segeln meine Blattherzen wie ein Segen nieder. Freue dich über dein Sein, und genieße Licht und Liebe.

BOTSCHAFT

Lasse die weißen Blütentänze der Kirsche heute dein Gemüt aufheitern! Wenn du dir erlaubst, einfach einmal zu entspannen und, auf einer Blumenwiese liegend oder querfeldein durch die Lande ziehend, entspannt zu lauschen, kannst du in die geheimnisvollen stillen Gespräche eintauchen, die die Kirsche in tiefer Verbundenheit mit ihren Baumschwestern und -brüdern teilt. Falls noch einmal unangenehme Ge-

Affirmation

In meiner inneren Stille erklingt mein Liebesgedicht. Ich lasse es vom Wind zu dem Menschen tragen, der mein Herz berührt.

fühle vergangenen Leids auftauchen, lasse sie einfach erscheinen und sich auflösen, denn dadurch entsteht Platz für Lichtvolles! Es gibt nichts mehr zu tun oder zu klären. Anhaftungen an vermeintliche materielle Sicherheiten und Güter lösen sich auf, und du gelangst in befreite Leichtigkeit hinein. Nun bist du bereit, mit Besinnlichkeit und Heiterkeit nach vorn zu schauen. Der Genuss des Augenblickes im Zusammensein mit guten Freunden schenkt dir Kraft, Lebensfreude und sogar Gesundheit – wie die pralle rote Süße der Kirschen im Sommer!

WEITERE ANREGUNGEN

› Schenke den Menschen, die du liebst, Zeit des Zusammenseins!
› Die Poesie der Kirschblüte öffnet das Ja für Liebe und Anmut.
› Der Duft der Kirschblüte verbindet mit freudiger Herzensöffnung in Liebe.
› Die herabtanzenden Kirschblütenblätter segnen die Erde mit Sanftmut und Reinheit. Du bist willkommen in der lichtvollen Umarmung der Natur.
› Selbstliebe und Liebe sind Ausdruck derselben freudigen Annahme des einen Seins und dessen, was wir an Geschenken zu geben haben.

WISSENSWERTES

Die Kirsche fand ihren Weg von Kleinasien nach Europa schon vor rund 2000 Jahren. Sie stammt aus der Familie der Rosengewächse, und ihr rosiger Duft ehrt diesen Ursprung. Die japanische Kirschblüte Sakura taucht das Land in ein Meer rosa-weißer Blütenwellen, die täglich per Wettervorhersage angezeigt werden. Fast die Hälfte aller Laubbäume in Japan sind Kirschen, und auf dem Volksfest Hanami besingen die Japaner deren Pracht. Bei uns erweckt die Kirschblüte Mitte April mit ihrem weißen Blütenkleid die Landschaften – und in den Menschen romantische Frühlingsgefühle. Aus der Wild- oder Vogelkirsche sind zu unserem Genussglück vor allem die Sauer- und die Süßkirsche gezüchtet worden. Ihr Saft bringt Vitalität, senkt den Blutdruck, und die Kerne dienen im warmen Kirschkernsäckchen der Schmerzlinderung bei Rheuma und Muskelverspannung. Ein Absud der Kirschstiele hilft gegen Blasenentzündung und Durchfall. Das rotbraune, Wärme ausstrahlende Kirschholz ist sehr begehrt für Möbel, Zimmerdecken und Saiteninstrumente.

Birnbaum (Pyrus)

Affirmation
In der Obhut der Liebe und der göttlichen Reinheit erfahre ich Trost und finde zurück in meine mir angeborene Sinnlichkeit und Freude.

Stimmungsaufhellender Freudenstrahl des reinen Herzens

Deine Seele fand den Weg zu mir, denn sie wünscht sich nichts sehnlicher als eine innige und treue Verbindung im Miteinander. Dein Herz ist offen für ein vertrauensvolles Einlassen und gegenseitiges Erkennen im höchsten Potenzial.

BOTSCHAFT

In deiner Sensibilität willst du dich vielleicht manchmal am liebsten von den Menschen zurückziehen, da du dich unverstanden fühlst und Unachtsamkeit und Oberflächlichkeit der Welt dich traurig machen. Insbesondere die Zartheit der Kinderseelen und auch der Inneren Kinder siehst du in ihrem Wert verletzt und missachtet. Mit der Kraft der Birne kannst du dein Licht stärker wirken lassen als deine Erschütterung. So gelingt es dir, mit deiner Reinheit in geistigen Werten eine Brücke zur Wahrheit und Heilquelle für andere zu bilden. Deine echte, tief verwurzelte Freude und dein Selbstverständnis für das Lichtvolle sinnlicher Seelenberührung strahlen durch dich in dein Umfeld und beeinflussen sein Verhalten. In der Obhut der Birnenkraft findest du Trost und Stärkung und bewahrst in dir einen sicheren Ort für ein zärtliches, wertschätzendes und freies Miteinander.

WEITERE ANREGUNGEN

› Lasse Empörung und Urteil los, und bleibe bei dir und frei.
› Die Süße des Lebens erfüllt und erhebt den Geist in göttliche Reinheit.
› Herzensberührungen sind ein sinnlicher, anmutiger Tanz unserer Seelen.
› Lasse die Sichtweisen von anderen auf dich einfach von dir abfallen. Nur bedingungslose, lichtvolle Liebe lässt ein Miteinander gedeihen.
› Milde und überfließende Fülle sprechen aus deinem Herzen zu den zartbesaiteten Seelen und den Kindern deines Umfeldes.

WISSENSWERTES

Als Stammesmitglieder der Rosengewächse trugen die wilden Ahnen der Birnbäume noch Dornen und oft herbe, feste kleine Früchte. An den Zuchtformen finden wir heute zu unserer Freude eher saftige, süße Birnen, von hellgrün bis rötlich leuchtend. Birnbäume galten als Sitz der guten Geister und gaben den Bewohnern des Umfeldes ein Gefühl von Heimat und Wohlwollen. Sie sind ein Symbol der Fruchtbarkeit, der glücklichen Kindheit und des Wachstums. Ihre Früchte schenken Gesundheit und Heilkraft. Der Birnenmost wirkt harntreibend, stabilisiert das Herz und den Kreislauf und mildert Magensäure und Verdauungsbeschwerden. Hildegard von Bingen sagte, dass Birnenmus, löffelweise über den Tag verteilt gegessen, reinigend auf den gesamten Organismus wirke. Zerkleinerte frische Birnenblätter als Absud lindern Nierenbeckenentzündungen. Das wertvolle Birnbaumholz besitzt eine Wärme ausstrahlende, gleichmäßige Färbung, die es für Möbel und Drechselarbeiten beliebt macht.

Holunder/Hollerbusch
(Sambucus)

Freudvolle Heilapotheke des Gartens

Mein süßer Duft und meine leuchtenden Sternendolden strahlen Leichtigkeit und die Verwirklichung der unendlichen Fülle in dein Leben. Siehst du all die Schönheit um dich herum? Dann tanze, und singe deine Essenz!

BOTSCHAFT

Wenn in deinem Leben Extreme oder starke polare Meinungen vorherrschen, findest du mit der Kraft des Holunders zu emotionaler Ruhe und einem neutralen, nicht aufreibenden Standpunkt zurück. Der Holunder wendet Angst ab und bietet dir Schutz vor Unheil und mentalen Angriffen. Wenn du deinen Blick auf die Fülle des Lebens und deine wunderbaren Begabungen richtest, verflüchtigt sich eine unzuträgliche Selbstbewertung. Lasse das Dunkle, die Urteile und Projektionen anderer an dir vorbeifließen. Nimm eine Weile lang Basenbäder, und lasse Holunderblüten deine Stimmung heben. Der Holunder ist der Alchemist der Bewusstwerdung durch Wärme und Liebe. Sei achtsam, worauf du – auch mit deinen physischen Augen – schaust: Lasse deinen Geist nicht digital begrenzen, sondern vom Puls des Erdenherzens erreichen! Wenn du dich von den vielen elektroni-

Affirmation
Im Tanz meines Herzens kann ich Reinheit und Fülle ins Leben weben, denn Liebe ist Licht und dem Sein wahrhaftiger Segen!

schen Informationen aus deinem Umfeld belastet fühlst, tauche mit der Kraft des Holunders in die inneren Welten des Erdengeflechtes ein, und bitte seine Wurzel um Klärung und das Ableiten von schädigender Strahlung. Der Holunder besitzt seit jeher die Kraft, Schatten wieder in neutrale Substanz zurückzuführen.

WEITERE ANREGUNGEN

› Durchschreite den Wandlungsprozess ohne vorschnelles Eingreifen. Finde erst in deine goldene Mitte jenseits von Urteilen!
› Deine geistige Haltung bestimmt die Transformation.
› Der Puls des Lebens durchschwingt den Geist und befreit das Denken.
› In deinen Zellen dehnt sich das göttliche Licht aus und erfüllt dich mit freudvoller Weite.

WISSENSWERTES

Der Holunder verschenkt lieber alle Lebenskraft in die Ausbildung seiner Blütendolden und rotviolettschwarzen Beerenfrüchte als in sein Höhenwachstum. Somit bleibt er eher ein kleinwüchsiger Baum. Sein Ansehen als Medizinschrank und guter Geist der Gemeinde war bis ins letzte Jahrhundert so groß, dass man den Hut zur Ehrerbietung vor ihm zog. Es war nicht erlaubt, das Holz des Baumes zu brechen oder zu verbrennen. Der Mythos erzählt von den großen Heilkräften, die böse Krankheitsgeister und Unedles aus dem Feld aufsogen und hinab in die Unterwelt schickten, wo sie von der ältesten Göttin – je nach Gegend Mutter Elda, Frau Holle (von der der »Hollerbusch« seinen Namen hat), Cerridwen oder Perchta genannt – im großen Kessel der Lebensstoffverwandlung gerührt wurden.

Der Hollerbusch unterstützt mit Vitamin C, B und Mineralien die Abwehrkräfte und die Vitalität. Insbesondere bei chronifizierten Nebenhöhlen- und Atemwegsentzündungen wirkt er durchwärmend, antiviral, antibakteriell und schweißtreibend. Der Fruchtsaft seiner violettschwarzen Beeren ist ein schnell wirksames Heilmittel beim ersten Anflug einer Erkältung und erwärmt den gesamten Organismus. Grundsätzlich ist es die Kraft des Hollerbusches, Kaltes und Dunkles sowohl stofflich als auch geistig zu wandeln und auf magische Weise lichtvoll werden zu lassen. Ein Tee aus der Holunderwurzel hilft gegen Wasser- und Fettsucht. Die strahlend weißen Blütendolden werden um die Sonnenwende gepflückt und an einem luftigen Ort getrocknet. Sie können dann als Tee zubereitet werden und lindern Fieber, Mundinfektionen, Zahnschmerzen, Husten und Heiserkeit. Generell stärkt dieser Blütentee, über einen längeren Zeitraum eingesetzt, das gesamte Immunsystem und wirkt zudem blutreinigend. Kulinarisch wird Holunderblütensirup gern für Limonaden genutzt, denn er bringt mit seinem lieblichen Geschmack ein Gefühl der Leichtigkeit ins Gemüt.

Weide (Salix)

Weise Heilerin und Hebamme im Mondeslichtkleid

Das sich im Wasser spiegelnde Mondlicht beleuchtet meine Blätter von unten. Ich lehre dich die weisen Pfade der Heiltraditionen und des Gebärens. Setze dich zu mir, ich lausche dir gern und wandle deinen Schmerz.

BOTSCHAFT

Die Heilkraft der Weide hat dich zu ihr gerufen. Sie ist seit jeher ein Baum der weisen Heilkunst und ihrer traditionellen Überbringung. Sie singt Ammenlieder, klärt den Geist und heilt Schmerzen des Bewegungsapparates. Brauchst du vielleicht eine Erholung am Wasser? Brauchst du einen Zeitraum für Bewegung mit einem guten Freund oder allein in Stille? Wie steht es um deine Entspannung, Freude und Ausgelassenheit im Freundeskreis? Was immer dich jetzt anspricht, nimm den Rat der Weide zu einer Auszeit an, denn es geht um deine Gesundheit und den Erhalt deines Wohlbefindens. Manchmal überfordern wir uns mit Aufgaben und fühlen uns verpflichtet, Zeitplan und Pensum einzuhalten. Eine Pause aber kann helfen, sich energetisch neu zu strukturieren und sinnvoll aufzutanken. Vertraue auf den höheren Fluss, der alles zu dir trägt. Während die Weidenkraft das Wasser in deinen Zellen klärt und die Nerven beruhigt, erfreue dich an anmutiger Musik, Kunst und Dichtung und an dem Lichtspiel von Mond, Wind und Wasser.

WEITERE ANREGUNGEN

- Musik und Bewegung, Wasser und die Naturelemente heilen Körper, Seele und Geist.
- Erkenne die Muster, Zeichen und Fügungen, die dich dein Leben kraftvoll erneuern lassen.
- Lasse los, was dein Gemüt beschwert. Dein Besuch bei der Weide lässt Verstimmungen und Seelenschmerzen sich auflösen und befreit dich.
- Wo eine Lebensform vergeht, ist im nächsten Atemzug eine neue entstanden.

WISSENSWERTES

Die Weide ist ein Mondbaum mit einer Vorliebe für feuchte Standorte. Wir kennen die Silberweide mit ihren silbrigen, flattrigen Blättern am Wiesenfluss, die Salweide als Frühblüher mit goldgrünen Kätzchen, die die Bienen im ersten Frühling nähren, und die majestätische

Affirmation
Ich nutze uraltes Medizinwissen und die lichtvolle Ritualkraft des Wassers auf meinem Heilungsweg.

Trauerweide mit ihrer goldenen Glocke aus langem Blätterhaarschopf. Die Weide ist zweihäusig, weibliche und männliche Blüten sitzen auf verschiedenen Bäumen. In der gemäßigten Zone gibt es etwa 300 Weidenarten. In den gebirgigeren Regionen werden sie meist nur strauchhoch. Sie kreuzen sich gern untereinander, und so entstehen immer neue Formen und Unterarten. Weiden wohnen große Vitalität und Kraft inne, selbst nach bodennahem Beschnitt treiben sie schnell wieder aus. Daher ist der Baum Sinnbild für Leben und Wiedergeburt. Bei sexueller Übererregtheit empfiehlt es sich, im Frühjahr 8 bis 10 frische Palmkätzchen zu trocknen und dann langsam zu kauen[*] oder einen Tee aus ihnen zu kochen. Er sollte 15 Minuten ziehen. Zudem ist die Weide bekannt für die Salicylsäure ihrer Innenrinde – den Hauptbestandteil von Aspirin. Sie wirkt harntreibend, entzündungs- und schmerzlindernd. Ein Tee aus getrockneter Weidenrinde wird gegen Rheuma eingesetzt. Die Weide ist einer der wichtigsten Heilbäume der traditionellen Naturheilkunde: Sie erinnert uns daran, altes Medizin- und Hebammenwissen zu erhalten und uns diesem wieder zuzuwenden.

Auch Hellsicht, Magie und Wasserheilrituale gehören zum Wesen der Weide. Im Zuge der Christianisierung wurden die Weide und ihre Mondschwestern Erle, Kirsche und Apfel dem undurchsichtigen Geisterwerk zugesprochen. Doch das Wissen wurde weitergegeben und blieb zumindest in Teilen erhalten. Aus den elastischen Zweigen werden Ruten geschnitten, mit denen Kundige Wasserströmungen und Störfelder aufspüren. Sie werden auch zum Korbflechten, für Zäune und früher mit Lehm für den Wandbau in Fachwerkhäusern verwendet.

---

* Vgl. Hermann-Josef Weidinger: Mensch und Baum. Kosmos, Stuttgart 2018.

Apfelbaum
(Malus)

Lebensquell und Glücksbote der Liebe

Sanftmütig lade ich dich in die Welt der Fruchtbarkeit und der Sinne ein. Fühle deine innere Heimat neu. Der Pfad zum Glück öffnet sich dir durch mein Wesen des geborgenen Zuhauseseins im Garten der Fülle und ewiger Jugend. Komm, setze dich zu mir, und lade Harmonie und Gelassenheit in deinen Tag ein.

BOTSCHAFT

Der Apfelbaum kündigt deine glückliche Ankunft im sicheren, freudvollen Füllehain an! Du kannst dich entspannen, denn dein Leben geht über in den Neubeginn einer fruchtbringenden Entwicklungsphase. Die Fülle des strahlenden Apfelbaumes erlaubt dir, dich erfüllt von der Freude deines Inneren Kindes und deiner Natürlichkeit zu entspannen. Zudem lässt ein Apfelhain ein wohliges Gefühl von Zuhausesein und wahre Heimatgefühle in dir anklingen. Nimm dir Zeit, und genieße deine Verbundenheit mit allen zauberhaften, lichtvollen Reichen dieser Erde. Wie den Apfel selbst erleuchtet die gesunde Kraft der Früchte die Wangen eines kleinen Kindes mit vitalem Rot. Der Apfel verjüngt, lässt Fröhlichkeit in deine Gedanken einziehen und verbindet dich auf seine ureigene, magische Weise mit dem natürlichen Gewebe der Wurzeln alles Lebendigen. Unter dem Apfelbaum kannst du Ruhe und kräftigende Erdung finden, die es dir leichter macht, neue Schritte zu wagen und neue Formen und Klänge in Liebesbegegnungen fließen zu lassen. Sei gewiss: Die Gunst der Stunde ist auf deiner Seite!

WEITERE ANREGUNGEN

- Sanftmut und eine spielerische Herangehensweise machen das Leben jetzt leicht und lebenswert!
- Süße Himmelsklänge zaubern Neubeginn und Liebe ins Leben.
- Das Leben öffnet dich für anschmiegsame Anlehnung und Sonnenschein.
- Vertraue auf die harmonische Vollendung und das spielerische Gelingen einer dir am Herzen liegenden Unternehmung. Mit der Kraft des Apfels wird die Sache rund!

WISSENSWERTES

Der Apfelbaum gehört zur Familie der Rosengewächse und ist von seinem Wesen ein Mondbaum. Ursprünglich stammt er aus dem Kaukasus und Asien.

Heute gibt es über 20 000 Kultursorten, allein in Deutschland sind es 1500.
Der Apfel ist ein Symbol der Liebe, der ewigen Jugend, Schönheit und Gesundheit sowie der Erdkugel. Zeremoniell findet er daher auch seit jeher seinen Platz in Hochzeitsritualen. Auf geschichtlichen Porträtgemälden deutet er Wohlstand und Weltherrschaft an. Einige historische Künstler haben den Apfel in der Hand eines Kindes als Zeichen der weisen Vorsehung einer Erlösung vom Sündenfall gesehen.* In der Mythologie finden wir ihn als Heimstätte der Feen- und Elfenreiche, und seine alten Wurzeln führen bis ins mystische Avalon. Er steht für Fruchtbarkeit und Herzenseroberung. Wenn wir einen Apfel in der Mitte quer durchschneiden, finden wir den Fünfstern des Kerngehäuses, der uns an unsere fünf menschlichen Sinne erinnert. Dem Apfel wird des Weiteren eine ausgleichende Wirkung in der Sinnlichkeit zugeschrieben, er harmonisiert das Geben und Empfangen in einer Beziehung.
Seine Heilkräfte dienen der Linderung von Rheuma, Bluthochdruck sowie Stoffwechsel-, Haut- und Nervenerkrankungen. Das als Verdickungsmittel bekannte Pektin dient der Ausleitung von Aluminium. Ähnlich wie durch die Kraft der Birne lässt sich mit einer Apfelkur der gesamte Organismus entschlacken. Dabei sollte man einmal wöchentlich nichts anderes als bis zu 20 Äpfel an einem Tag essen. Am Abend getrunken, entspannt ein Glas Apfelsaft Leber und Gallenblase und regt die nächtlichen Verdauungsprozesse an. Eine Apfelessigkur hat viele heilende Effekte, und Abreibungen mit Apfelessig am Morgen erfrischen und stabilisieren den Blutdruck. Die vielen Vitamine und Mineralien und der hohe Wassergehalt versprechen bei einer einzigen Frucht am Tag die Gesundheit zu erhalten.

Affirmation
Ich bin geborgen und gehalten in der lichtvollen, überfließenden Fülle der Liebe.

* Vgl. Hermann-Josef Weidinger: Mensch und Baum. Kosmos, Stuttgart 2018.

Erle (Alnus)

Nährende Lichtbotin und Kriegerin der Herzenstiefe

Mein lichtes Dach führt dich zur Festigung deiner weisen, intuitiven Fähigkeiten. Ich helfe dir, dich von der Unterdrückung durch die Ratio zu befreien und den Wert der weiblichen, umarmenden Kraft und deines Inneren Kindes zu ehren!

Affirmation

Ich bin in meinen tiefen Gefühlen gefestigt und mit meinem Inneren Kind verbunden – und daher ein sicherer Hafen für die Kinder der Erde.

BOTSCHAFT

Du bist mit deinem offenen Wesen anderen Menschen ein Hafen der Geborgenheit, weil du ihnen wirklich zuhörst und sie verstehst. Die Kraft der Erle ist zutiefst nährend und urweiblich. Deine Lebenserfahrung und deine Empathie erreichen den Kern der Dinge, und du kannst aus der Integrität deines Gefühlslebens Wissen und Rat weitergeben. Die Erle säumt Flussläufe und Seeufer, deren Wasser das Licht tanzend reflektiert, denn die Krone lässt Raum für Sonnenstrahlen. Bisweilen erscheint sie auch im Nebelgewand und wirkt eher unheimlich, weil sie uns unbewusst an übersinnliche Fähigkeiten erinnert. Auch du bist ein Kanal für die höheren Frequenzen des Geistes und hast Weitsicht für kollektive Zukunftsdynamiken entwickelt. Beim Vertreten deines Standpunktes kann dich die Erlenkraft mit Festigkeit unterstützen, insbesondere gegenüber rational betonten Menschen. Die Erle verbindet das Licht der Sonne mit der Tiefe der Erde und dem Fluss des Wassers. Bringe deine nährenden Seiten nur ein, wo dir würdigende Umgangsformen begegnen, denn Abwertung und Selbstsucht zerstören das natürliche Gewebe und das Selbstvertrauen. Wenn du einmal selbst mit einem Ungleichgewicht von Herz und

Verstand ringst, setze dich unter die Erle, und öffne dich für Reinigung und Erkenntnis: Sie kann dir den nächsten anstehenden Schritt zuleiten.

WEITERE ANREGUNGEN

› Durch dich fließt die Klarheit der lichtvollen Sphären und nährt dein Umfeld.
› Du erfährst Heilung von vergangener verletzender Einschüchterung.
› Du hast die Kraft, die Schätze der Lebendigkeit und der Gleichwertigkeit von männlichen und weiblichen Qualitäten erblühen zu lassen.
› Stehe zu deiner Begabung, und sprich mit Festigkeit aus, was dein Herz bewegt – im Alltag genauso wie auf Pionierwegen!
› Sei ein Kanal in der Welt für Weitblick, Ganzheitlichkeit und tragende Liebesfähigkeit als Brücke für die kommenden Generationen.

WISSENSWERTES

Die Erle lockt viele Kleintiere und Insekten unter ihre schützenden Äste, und auch die Vegetation ist hier vielfältig. Die herunterhängenden Kätzchen erinnern an ihre Birkenschwester. Die festen verholzten Zapfen bleiben oft im Winter auf den Ästen stehen. Über das Wasser erobern die Flügelnüsschensamen mit schwimmfähigen Luftpolstern neue Gefilde. Die Wurzeltiefe der Erle schützt Ufer vor Erosion und wirkt einer Vermoorung entgegen. Die Erlenwälder im nördlichen Deutschland, insbesondere an der Mecklenburgischen Seenplatte, verzaubern die Touristen und beflügeln die Kajaksportler. Auch in Skandinavien säumen Erlen die Wasserstraßen und schenken den Seenlandschaften ein gefestigtes Ufer. Ihr Herbstlaub ist nahrhaft für den Waldboden und ihr orangerotes Holz beliebt. Der hohe Gerbstoffgehalt der Blätter wurde im Lederhandwerk genutzt. Schneidet man ins Holz, tritt ein blutähnlicher roter Pflanzensaft aus, was die Menschen früher erschreckte und die Erle im Altertum abergläubischen Betrachtungen aussetzte.

Die Erlenkraft vermag, ein enttäuschtes Gemüt nach wiederholten Rückschlägen trotzdem wieder zu ermutigen, seine Herzensanliegen zu verfolgen und ihnen unbeeindruckt Zuversicht zu schenken. Sie unterstützt uns, unseren Geist zu befreien und Vertrauen zu uns selbst zu fassen. In den germanischen und angelsächsischen Überlieferungen erteilt die Erle als Else, Elsa, Elise oder auch Alor, gotisch Alisa, als verführerische Frau den allzu lüsternen Männern eine Lektion, indem sie sich plötzlich in eine haarige oder schrundige Kreatur verwandelt.*

Die Blätter und die Rinde der Erle wurden als Absud gegen Entzündungen und Geschwüre im Mund angewendet. Die Essenz des Baumes stärkt die innere Festigkeit und stabilisiert die Aura um die Schilddrüse und den Hals. Sie verleiht eine feste Stimme für die eigenen Herzensanliegen und für Schwächere.

---

* Vgl. Fred Hageneder: Die Weisheit der Bäume. Kosmos, Stuttgart 2006.

Pflaumenbaum
(Prunus domestica)

Stille, heilsame Mütterlichkeit in Bescheidenheit und Tiefe

Mein Wesen tröstet dich liebevoll und schenkt dir den wahrhaftigen Spiegel, in dem du deinen Selbstwert erkennen kannst. Sei umsichtig mit dir selbst, und nimm meinen Herzensrat an, dich auf die Wertschätzung und Heilung deiner Sanftmut und die Selbstvergebung auszurichten.

BOTSCHAFT

Die Pflaume strahlt im Herbst mit dem violettblauen Schimmer ihrer prallen Früchte an vielen Stellen durch ihr eigenes Blattgrün hindurch. Sie zeigt mit ihren Farben und mit dem warmen Klang ihres Holzes gleich mehrfach ein erwärmendes Gemüt, das sie in ihrer Bescheidenheit allerdings eher bedeckt hält. Sie nimmt sich nicht so wichtig, aber Ungerechtigkeiten und das Schmälern von Reinheit sind ihr zuwider.

Wenn dich heute die Botschaft der Pflaume erreicht, halte inne und frage dich, ob du vielleicht anfällig für Bewertung oder Geringschätzung und für die Übernahme der Anklagen und Beurteilungen anderer bist. Ein schlechter Gedanke eines Elternteiles oder einer nahen Bezugsperson kann sich in deinen Mentalkörper übertragen haben. Oder hast du dich von anderen Menschen bedrücken lassen? Meide in jedem Fall Menschen mit Abwertungstendenzen und demütigende Situationen, in denen du anderen immer wieder deine Zuneigung zuteilwerden lässt, die dein Geschenk und deine Feinsinnigkeit aber nicht annehmen können. Lasse dich für deine Sehnsucht nach Liebe und Zugehörigkeit keinen solch hohen Preis zahlen! Öffne dich heute dem Loslassen und Klären mentaler und emotionaler Fremdübernahmen, und dann fülle den frei werdenden Raum mit der Wahrheit deiner eigenen Seinsqualitäten. Ehre deine Gaben, und prüfe, ob du aufgrund deines Wunsches nach Liebe, Anerkennung und Aufgehobensein eventuell eine zu große Verantwortung für unausgewogene Verbindungen übernimmst. Vertraue auf die Kraft und die Zuneigung des Universums bei der Heilung deines Selbstwertes und deiner bedürftigen Anteile in Beziehungen. Lade sie zu dir ein, und tröste sie mit der Pflaumenkraft in einem inneren Wiegen!

Bleibe ruhig im Hintergrund, wenn du weiter zauberst, ohne dich hervorzutun – doch schenke dir zumindest deine eigene volle Anerkennung und Dankbarkeit für deinen wertvollen Beitrag im Menschsein.

Affirmation
Ich heiße mich selbst willkommen in der wärmenden Umarmung des Trostes und der Milde meines Wesens. Es gibt so viel Schönes in mir zu entdecken!

WEITERE ANREGUNGEN

- Das Universum freut sich jeden Tag über deine Schönheit.
- Die stille Fülle und Liebe sagt Ja zu dir.
- Erkenne deine Qualitäten, und entscheide dich neu, für dich selbst einzustehen!
- Hege die Erkenntnis in dir, dass dein Erfolg und deine Manifestationskraft Würdigung und Ausgleich verdienen.
- Vergib dir selbst, und richte dich hier und jetzt neu aus.

WISSENSWERTES

Der Pflaumenbaum gehört mit etwa 200 Arten zur Gattung Prunus innerhalb der Rosengewächse. Seine Zweige und Äste sind manchmal bedornt und leicht behaart. Wir kennen die Pflaumen und die Zwetschgen. Der Unterschied liegt darin, dass der Kern der Zwetschge sich nicht so gut lösen lässt wie der der Pflaume, und während die Pflaume besonders als Pflaumenmus eine Delikatesse ist, lassen sich mit Zwetschgen besonders leckere Kuchen backen.

Der Pflaumenbaum blüht im April und Mai und bringt im September violettblaue, meist matt bereifte Früchte hervor. Viele Pflaumenbäume tragen sehr üppig, sodass sich ihre Zweige unter der schweren Last nahezu bis zum Boden neigen. Das Fruchtfleisch der Pflaumen enthält viel Kalium und Magnesium und kann harntreibend wirken. Pflaumen werden gern getrocknet oder auch als konzentrierter Saft zur Verdauungsanregung eingesetzt. In jeder Hinsicht helfen sie, auch die schwierigeren Seiten des Lebens zu verdauen.

Die Pflaume war bereits 2500 Jahre vor Christus ein häufig angebauter Kulturbaum im alten Griechenland und wurde etwa im 2. Jahrhundert vor Christus über Italien weiterverbreitet. Das Holz ist rotbraun und sehr hart, Tischler nutzen es gern für dekorative Möbelstücke und Drechselarbeiten. Es besitzt eine gleichmäßige Struktur mit einem nach Anschnitt schönen Farbspektrum.

Mirabellenbaum
(Prunus domestica syriaca)

Musenkuss zur Verschönerung deines Seelenhauses

Ich berühre dein Künstlerherz: Betrachte dein Umfeld aus einem neuen Blickwinkel. Und dann lasse es nach deinem Schönheitsempfinden neu aufschwingen, eine Oktave höher erklingen! Lebe deine Kreativität, und gehe ans Werk!

BOTSCHAFT

Es gibt Bereiche, die im Trubel des Alltags leicht vernachlässigt werden: ein Stapel ungelesener Zeitschriften, gesammelte Post, eine Menge alter Blumentöpfe … Bewerte nichts. Schaue mit Mitgefühl auf diese Dinge, und verschönere sie einfach vor deinem inneren Auge. Welche Farbe, welche Form würde dein Herz erfreuen?
Manchmal leben und akzeptieren wir zu lange überholte Strukturen unserer Vergangenheit oder Kindheit. So kann

Affirmation
Ich zeige mich mit den Träumen meines Herzens. Meine Gaben finden endlich Ausdruck und Raum.

eine graue Betontreppe uns nicht auffallen und doch belasten, weil sie uns spiegelt, dass wir mit einem kindlichen Anteil noch an Trostlosigkeit gebunden sind. Die Investition in einen Aufschwung lohnt sich, denn niedere Frequenzen verbrauchen Energie und durch die Verlangsamung unserer Begeisterungskraft auch Zeit. Wenn wir täglich unseren Weg beschwingt über eine weiße, mediterrane Mosaik-»Sommertreppe« antreten, kommen uns andere Ideen! Kunst und Handwerk erheben den Geist. Lasse dich auf natürliche Verspieltheit und die Umsetzung deiner kreativen Träume ein.

WEITERE ANREGUNGEN

- Inspiration besiegt Nachlässigkeit – der Blick auf deine Begabung löst Probleme auf!
- Erlaube dir, neuen Ausdruck, neue Regeln und Rhythmen zu erschaffen.
- Dein innerer Künstler wartet schon lange auf deine Schaffenskraft!
- Lasse die Süße des Lebens in alle Bereiche fließen.

WISSENSWERTES

Die Mirabelle ist eine Unterform der Pflaume. Einen höheren kulinarischen Stellenwert als in Deutschland hat sie in Frankreich, wo sie eine Spezialität der Region Lorraine ist, deren Klima und Bodenbeschaffenheit ideal für ihre Kultivierung sind. In der Stadt Metz gibt es jedes Jahr ein großes Festival zu Ehren der Mirabelle.

Bei Kindern ist die Mirabelle durch ihre Murmelform, die goldgelbe Farbe und die Süße sehr beliebt. Ihr Verzehr fördert aufgrund des hohen Vitamin-C- und Zinkgehaltes das Lymph- und das Immunsystem.

Esche (Fraxinus)

Sonnenlichter Wegweiser zur wahrhaft freien Wahl

Als Lichtbaum der Weite und des Nordens lade ich dich ein, unter meiner hohen Krone innezuhalten. Nimm dir Zeit zur Selbstreflexion. Wer bist du wirklich? Bist du schon an dem Lebensplatz, der dein Licht würdevoll erstrahlen lässt?

BOTSCHAFT

Die Esche liebt das Spielerische: Mit ihren gefiederten Blättern tanzt sie im Spiel von Sonne und Wind. Wie winkende Hände, die aus anderen Sphären einladen, sich ganz in Freude mit dem Inneren Kind zu verbinden, schenkt die Esche dir besonnene Einsichten! Mit ihr begegnet dir auch eine essenzielle Frage: Was stärkt deine Freude? Was bringt Leichtigkeit in dein Sein? Was braucht es wirklich für einen Wandel? Triff heute eine neue Wahl! Die Esche ist ein Magier des freien Geistes und des Quantensprungs. Vertraue ihrer Botschaft, dass die göttliche Quelle alles für dich bereithält.

Von der germanischen Edda bis zu indianischen Weltentstehungsmythen wird die Esche mit dem männlichen Part der ersten beiden Menschen identifiziert. Sie bringt Glück für Neugeborene und segnet das Reisen zu Wasser. Halte Ausschau nach neuen Ufern! Lasse dich auf die zauberhafte Lebendigkeit deines Schöpfungspotenzials ein: Es ist Zeit, deiner göttlichen Führung in die Richtung zu folgen, die für dich schon seit jeher vorgesehen ist!

WEITERE ANREGUNGEN

- Anfängliches Zögern wandelt sich in lichten Freudensprung.
- Sonne und Leichtigkeit rufen dich. Du bist immer frei, neu zu wählen!
- Setze deine wagemutigen Ideen mit Zuversicht in die Tat um.
- Schenke deinem Inneren Kind heute noch sonnige Weite in der Natur.

WISSENSWERTES

Die ursprünglich aus dem Kaukasus stammende Esche gehört zur Familie der Ölbäume wie Flieder, Jasmin und Olive. Zu Beginn wächst sie zögerlich, doch ist sie mit einer Höhe von bis zu 40 Metern Europas größter Laubbaum. Die gefiederten Blätter und die gebündelten Flügelsamen ihrer Krone vermitteln sonnige Luftigkeit. Das Eschenlaub wird bis heute in den gebirgigen Regionen als Futter für Ziegen und Schafe genutzt, weshalb die Bäume oft zerstreut in den Höhen angebaut werden. Nach der germanischen

Mythologie soll bereits die Ziege Fleidrun am Weltenbaum, der Weltenesche Yggdrasil, gefressen haben. Die Esche ragt mit ihren Wurzeln tief in die Unterwelt und streckt sich mit ihrem Höhenwachstum und ihrer lichten Krone weit in den Himmel hinauf. Früher hieß es, dass die Esche das Himmelsgewölbe stütze. Ihr biegsames und zugleich hartes Holz war in der Geschichte zudem sehr beliebt als Feuerholz und zum Bau von Speeren und Lanzen. Ihr Splintholz ist hell, fest und dennoch elastisch, das Kernholz ist eher braun.

Ihre Heilkräfte nutzt man bei Bindegewebsschwäche von Kindern, Tee aus ihren Blättern ist harntreibend, verdauungsfördernd und blutreinigend. Die jungen, frischen Blätter können roh verzehrt werden, schmecken allerdings etwas bitter. Die in den Früchten enthaltenen Ölsamen kann man nach Trocknung gut mahlen, sie sind aromatisch und angeblich ein Aphrodisiakum und, als Tee über längere Zeit eingenommen, ein Liebeskraftstärker.

Als Bad oder in Form von Umschlägen hilft Eschentee oder ein alkoholischer Auszug der Eschenfrüchte als Abreibung bei Rheuma und Gicht. Die Innenrinde hat durch ihre Gerbsäure die Kraft, selbst tiefe Wunden wieder zusammenwachsen zu lassen. Sie verbindet die Reiche, die zwei Seiten eines Ganzen und auch schmerzhafte Spaltungen und Wunden!

Affirmation

Ich finde zu dem Glück, das ich schon immer in mir schwingen fühlte. Danke!

Frangipani/Leelavadee
(Plumeria)

Flügel im Land der Sinne und der Besinnlichkeit

Mein Duft erfüllt deine Seele und lädt sie in den Garten der Meditation ein. Ich habe ihren Ruf nach Zärtlichkeit, Berührung und Schönheit erhört. Halte Einkehr in meinem wunderschönen Garten, und betrachte die Zaubervögel, die in meinen Blütendächern wohnen.

BOTSCHAFT

Gerade gestaltet sich nicht alles ganz leicht auf deinem Weg. Aber das Leben hat dich gelehrt, dass du großen Herausforderungen standhalten und weiter voranschreiten kannst. Umso wichtiger ist es, dich der Sanftheit zu widmen und auch von den schönen Seiten des Lebens mitnehmen zu lassen, wenn sie sich dir zeigen. Das ist jetzt der Fall. Schaue: Die Fülle lädt dich ein, dir Zeit für dich selbst zu nehmen. Tauche in harmonische Klänge ein, die deine feinen Ebenen

Affirmation

Ich lausche der Stille und finde Kinderlachen in meinem Herzen und die Verbundenheit mit meiner ewig blühenden Seelenblume.

hoch schwingen lassen. Vielleicht ist es schon lange an der Zeit, eine wohltuende Ölmassage zu genießen und deinem Bedürfnis nach Berührung Raum zu geben. Schaue auf die Frangipaniblüte: Alle ihre fünf geschwungenen Blütenblätter weisen den Weg nach innen. Liebe in tiefer Verbundenheit mit der Seele erhellt nach Zeiten der Entbehrung deinen Weg. Dunkelheit hat sich um dich aufgetürmt, doch tausendfach größer ist das Licht in der Welt!

WEITERE ANREGUNGEN

- Erkenne Geschenke der Sinnlichkeit und der Erholung in der Freude am Schönen.
- Seelenliebe und tiefe Verbundenheit in spiritueller Freundschaft trösten dich.
- Licht, bezaubernder Duft und Schönheit heilen deine Wunden.
- Das hawaiianische Aloha schwingt heilsam in der Aura unserer Erde.

WISSENSWERTES

Die Frangipani, auch Plumeria genannt, ist eine sinnliche Blüte aus Asien, Mittel- und Südamerika. Die Sukkulente der Hundsgiftgewächse gedeiht in tropischem und subtropischem Klima. Sie erfreut sich großer Beliebtheit wegen ihres süßen, intensiven Dufts und der Schönheit ihrer Blüten. Diese erinnern an Windrädchen oder sich nach innen drehende Spiralen. Daher symbolisiert die Frangipani im Buddhismus Erleuchtung. Sie ist das Nationalsymbol von Laos und Nicaragua sowie Stadtsymbol von Palermo, wo sie, wie in Südindien, als Fruchtbarkeitssymbol in Hochzeitsritualen Verwendung findet. In China überreicht man die Blüte still als Zeichen tiefer Verbundenheit, in Maui und auf Bali begrüßt man mit einer Girlande aus Frangipaniblüten willkommene Gäste. In der hawaiianischen Tempelmassage »Lomi Lomi« der weisen Kahuna-Schamanen wird ihr Duft dem Massageöl der Kukui-Nuss hinzugefügt. Er wirkt belebend und entspannend zugleich, ist sehr sinnlich und unterstützt dabei, sich der weiblichen Seite zu öffnen.

Zitronenbaum
(Citrus limon)

Sonnenstrahl der Leichtigkeit und Freude

Der Zauber meines leuchtenden Gelbs ruft alles herbei, was in lebendiger Resonanz zu meiner Kraft steht – so auch deine Seele. Ich erschaffe ein Zentrum enthusiastischer Kreativität, in dem sich der Raum für freudvolle Begegnungen weitet.

BOTSCHAFT

Wenn dir heute die Zitrone erscheint, freue dich, denn sie verkündet Leichtigkeit und positive Entfaltung. Es gibt Grund, zu feiern und optimistisch zu sein: Ein Herzenswunsch steht kurz vor der Erfüllung, und womöglich tanzen Schmetterlinge um dich herum. Vielleicht sieht es für deinen Verstand noch gar nicht nach glücklicher Fügung aus oder entspricht etwas nicht ganz deinen Vorstellungen. Sei gewiss: Deine Seele weiß es besser und ist erfreut, denn sie hat genau diese Situation in dein Leben gerufen. Die Zitrone weitet den Raum auf zauberhafte Weise. Inmitten eines Betonhäuserblockes gelingt es ihr, Leichtigkeit und ein Zentrum der fröhlichen Begegnung zu kreieren. Sie nimmt Enge und Bedrückung fort und erhöht die Schwingung. Du bist also auf dem richtigen Weg zum Aufschwung! Erhellendes und Belebendes, das dir jetzt überraschend begegnet, ist wichtig für deine Gesinnung der nächsten Zeit. Lasse dich durch kleine Rückschläge nicht aus der Leichtigkeit holen. Schaue immer wieder auf die positiven Seiten, und tauche in die Freude über deine innere Sonne und deine eigene Anziehungskraft ein. Der Duft der Zitronenblüte ist ein bezaubernder Vorbote und die Frucht eine erhellende Verbündete für einen sonnigen Liebestanz.

WEITERE ANREGUNGEN

› Bunte Schmetterlinge verkünden glückliche Überraschungen.
› Entspanne dich, und genieße die innere und die äußere Schönheit.
› Dein sonniges Gemüt wirkt anziehend und durch deine Leichtigkeit und deinen Frohsinn entspannend zugleich!

WISSENSWERTES

Die Zitrone gab es bereits im Jahr 1000 im Mittelmeerraum und in China. Seit der Renaissance beherbergen wohlhabende italienische Familien in den Limonaie und Orangerien Sammlungen vielfältiger Limonenzüchtungen. Die Zitronenblüte duftet intensiv und hat aphrodisierende Kraft. Die Frucht schenkt viel Vitamin C und wirkt trotz ihres sauren Geschmacks stark basisch. So hilft sie gegen Übersäuerung. Zitronenwasser und das ätherische Öl in einer Duftlampe beleben Körper und Geist. Die stark reinigende und erfrischende Wirkung der Zitrone wird seit jeher zur Klärung von Räumen genutzt. Seit einiger Zeit finden wir in den Obstregalen eine etwas größere Zitronenart als Delikatesse: die Amalfi-Zitrone. Sie ist ungefähr 2- bis 3-mal so groß wie eine übliche Zitrone. Sie enthält zwar genauso viel Fruchtfleisch wie ein herkömmliches Exemplar, die Albedo, die innere, weiße Schicht der Schale, ist jedoch sehr dick und kann mitgegessen werden, weil sie viel weniger Bitterstoffe hat. Die Amalfi-Zitrone erinnert nicht nur mit ihrem Namen an einen Sommerurlaub in Italien, sondern auch mit ihrem starken Aroma. Ihre Herkunft sind die speziell angelegten Terrassen der Amalfi-Küste in Süditalien. Hier gab es bereits vor 2000 Jahren regen Zitronenanbau. Da die Amalfi-Zitronen pflegeaufwendiger sind und mit der Hand geerntet werden, ging ihr Anbau zwischenzeitlich zurück, lebt aber seit einigen Jahren wegen erhöhter Nachfrage aus der Gastronomie wieder auf.

Affirmation

Das Leben ist voller Zauber und tanzender Sonnenstrahlen.

Flamboyant/Flammenbaum
(Delonix regia)

Ruf nach spontaner Herzensbegegnung

Mein leuchtendes, scharlachrotes Fiederdach nimmt dich unter seine leichten Fächerschwingen. Da du ehrlich bist in deinen inneren Fragen zum Menschsein, höre ich deinen Ruf nach Einfachheit in freundschaftlicher Begegnung.

BOTSCHAFT

Schon seit einer Weile trägst du eine Frage in dir: Vielleicht geht es um eine Freundschaft oder deine Partnerschaft. Entweder hast du bisher keine Antwort erhalten oder kannst noch nicht in Worte fassen, welche Veränderungen du dir wünschst oder welche Bedürfnisse dir erfüllt werden sollen. Falls dich etwas traurig stimmt, kann dir der Flammenbaum Trost schenken. Doch noch stärker ist seine Inspirationskraft. Schaue auf seinen wundervollen Blütenstand:

Affirmation

Ich liebe von Herzen und bin ehrlich. Meine Wünsche werden erhört.

Vier scharlachrote Kronenblätter heben sich gen Himmel, und ein fünftes, länglicheres Blatt erstrahlt mit weiß-orange-lila Streifen. Während das Rot dich auf den höheren Ebenen behütet und die oberen Chakras anregt, kannst du neue Einsicht empfangen. Deine Offenheit und ehrliche Bereitschaft, dich der Wahrheit deines inneren Prozesses zu stellen, lohnen sich. Das Universum schickt dir einen Menschen, ein Gespräch, eine außergewöhnliche Situation oder ein Zeichen, das dir weiterhelfen kann. Etwas, worauf du gewartet hast, kann jetzt zu dir durchdringen. Sei einfach du selbst, dankbar für alles, was der Himmel dir zukommen lässt!

WEITERE ANREGUNGEN

› Öffne dich für das Empfangen einer neuen Herzensperspektive.
› Bette dein Herz in Dankbarkeit!
› Die Einfachheit des Lebens hält alle Inspiration bereit.

WISSENSWERTES

Der Flamboyant ist als Schmetterlingsblütler wie der Karobbaum der Familie der Hülsenfrüchtler in der Unterfamilie der Johannisbrotgewächse zugehörig. Er kommt ursprünglich aus Madagaskar und wanderte als Zierpflanze in die Gärten der Tropen und Subtropen. Seine 30–60 Zentimeter langen Schoten hängen trotz ihres Gewichtes schwingend an der Kronenunterseite. Alles am Flamboyant erscheint leicht und luftig: Seine gefiederten Blätter genauso wie sein außergewöhnlich schönes, scharlachrotes Blütendach im Sommer. Seine Zweige sind flaumig behaart. Der Baum wächst in den Tropen immergrün, in den Subtropen als sommergrüner Baum. Nach der wunderschönen Flammenblütenkrone entfaltet er sein Fiederlaubkleid.

In der Heilkunde wurden Pflanzenteile gegen Blutarmut sowie bei Fieber und Malaria eingesetzt. Das Holz wird aufgrund seiner relativen Weichheit und Elastizität eher handwerklich verwertet.

Feige (Ficus carica)

Fruchtbarer Revolutionär der Basis und der Sinne

Mein uraltes, heiliges Wesen kann dich sanft von unerwünschten Einflüssen abschirmen. Ich helfe dir, deine Ressourcen aufzubauen. Du kannst geschützt die Realitätsräume wechseln und die Früchte deines Wirkens genießen.

BOTSCHAFT

Deine Seele hat zu dem uralten Feigenbaum gefunden, um sich mit seinen süßen, kraftspendenden Früchten aufzutanken. Du bist es gewohnt, viel zu leisten, und fühlst dich zuweilen vielleicht im Stich gelassen, mit Verpflichtungen überladen und ausgelaugt. Sei jetzt gewiss, dass eine Revolution deiner Lebensstruktur vollbracht werden kann. Die Feige lehrt dich, dich nicht unnötig in Negativem zu verstricken, sondern dein Kraftfeld so zu stärken, dass es sich instinktiv den positiven und nährenden Resonanzen des Lebens zuwendet. Die Feigenkraft ist das Gegenteil von »feige« – der Baum bietet seine stärkende Segnung da an, wo man sich öffnen und dem Leben stellen möchte. Falls es in deiner Partnerschaft oder einer anderen engen Beziehung etwas zu klären gibt, unterstützt dich die Feige gemäß dem Venusprinzip darin, dieses Problem friedlich und versöhnlich anzugehen. Auch einer neuen Ordnung in deinen Bindungen stehen die Türen nun offen, und das erste Licht eines höheren Bewusstseins strahlt durch sie hindurch auf deinen Seelenweg.

WEITERE ANREGUNGEN

› Das Gefühl der Leere in dir findet durch liebevolle Selbstannahme einen Wendepunkt.
› Sobald du nicht mehr am Rechthabenwollen festhältst, öffnet sich der Beziehungsraum für lichtvolle und nährende Frische.
› Lasse dich ein, und vertraue auf deine neue Resonanzkraft.
› Fein – feinsinnig – liebevoll.

WISSENSWERTES

Die echte Feige gehört zu den ca. 1000 Ficusarten. Ihre Früchte sind grün bis violett und enthalten viele Vitamine, Eisen, Phosphor und Mineralien, die Blutbildung und Knochenaufbau fördern. Sie ist die älteste unter den Nutzpflanzen der Welt, ihr Name wird bereits vielfach in der Bibel erwähnt. Dieser heilige alte Baum kam aus dem Kaukasus und dem

Nahen Osten zu uns und liebt die Sonne und das Wasser, weshalb er schnell im Mittelmeerraum heimisch wurde.
Die Gallwespe lebt in stiller Symbiose mit der Feige. Ende März stechen die 2 Millimeter großen Weibchen die Fruchtknoten an und befruchten in einem mehrschrittigen Prozess mit den Männchen die Vorfeigen durch Abstreifen der Staubblütenpollen bei ihrem Verlassen.
Die Feigen enthalten viel Eisen und Kalzium, fördern den Blut- und Knochenaufbau und helfen somit bei Wachstumsschmerzen in der Pubertät. Auch bei älteren Menschen können sie Osteoporose vorbeugen. Rinde und Blätter wurden für wundheilende Salben genutzt, Tee aus den Blättern hilft gegen Diabetes. Der leicht hautreizende, klebrige weiße Milchsaft des Fruchtstiels, der Zweige oder einer unreifen Feige kann auf Warzen aufgetragen werden und führt bei einer regelmäßigen Anwendung über einige Tage oft zu deren Verschwinden. Dies liegt an den eiweißspaltenden Enzymen Ficin und Lipasen des Latex, die auf empfindlicher Haut aber auch Quaddeln und Juckreiz hervorrufen können.
Getrocknete Feigen sind beliebte Mittel der Verdauungsförderung mit stark basischer Wirkung. Feigen tonisieren den gesamten Organismus, entschlacken auf sanfte Weise und stabilisieren die Herzfunktion. Zudem beinhaltet die Feigenfrucht das nervenstärkende Vitamin B1. Dieses hat eine positive Wirkung auf den Stoffwechsel und insbesondere auf die Funktion des Nervengewebes, das durch bestimmte Erkrankungen wie Diabetes, Schilddrüsenstörungen oder Schwermetallvergiftungen mehr Vitamin B1 verbraucht. Der Lymphfluss und alle oberen Bauchorgane, Milz, Leber und Magen, werden durch die Feige gestärkt. Die Frucht hilft bei Erschöpfung und dem Gefühl, ausgelaugt zu sein.

Affirmation
Gesunde Bindungen und heilsames Genährtsein ziehen in meine Grundhaltung ein.

Orangenbaum
(Citrus sinensis)

Freudentänzer in sonniger Verbundenheit

Das Strahlen meiner Orangensonnen lädt dich ein, dich der sinnlichen Seite des Lebens und der Schönheit ferner Kulturen zu widmen. Ruft eine Reise in mediterrane Gefilde? Möchte mein Blütenduft deine Räume erfüllen und höher schwingen lassen? Feiere das Leben, und genieße es!

BOTSCHAFT

Hülle dich in das weiße Sternenblütenkleid des Orangenbaumes, und tauche in seinen verzaubernden, geheimnisvollen Duft ein. Das Orange seiner Früchte tanzt mit dem tiefen Dunkelgrün deiner Urlebendigkeit und belebt deine Sinne neu! Farbenprächtig wie die Frucht ist auch die Lebendigkeit in dir! Erwecke den Puls der endlos fließenden Kreativität, die Kunst und schöpferisches

Affirmation

Ich bleibe offen für meine Träume und das Geheimnisvolle im Leben.

Werk mit liebender Hand ins All-eins-Sein webt. Der Orangenbaum bringt die Erinnerung an deine Träume und Begabungen zurück, an deinen eigenen inneren Gesang. Nutze diese inspirierende Tatkraft: Gehe ins Theater, in eine Tanzshow oder eine Kunstausstellung, und erfrische deinen Geist und deinen Alltag. Tue es für dich und zu Ehren des Lebens selbst. Kultur, als Seele des Kollektivs, nährt das Gemeinschaftsleben und die Werteentfaltung der nächsten Generationen. Achte bei allen Aktivitäten auf Fairness und die Würde jedes einzelnen Menschen!

WEITERE ANREGUNGEN

- Lasse Wollen, Vorstellungen und Gier los, und öffne dein Herz!
- Schenke deinem inneren Künstler einen inspirierenden Ausflug!
- Andere Kulturen und fremde Sprachen beflügeln das Lebensgefühl.
- Vitalität, innere Sonne und Magie beglücken deine Begegnungen.

WISSENSWERTES

Die Orange ist, wie andere Zitrusfrüchte auch, bekannt für ihre klärende Wirkung. Sie erleichtert das Lernen und bringt gute Stimmung. Kultiviert finden wir sie in vielen Ziergärten. Seit Renaissance und Barock symbolisieren die Orangerien bei uns in Europa Fülle und Geselligkeit.

Die Orange erhält mit ihrem hohen Vitamin- und Mineraliengehalt die Vitalität. Ein Orangenblütentee hilft bei Einschlafstörungen. Das aus Sizilien stammende ätherische Bitterorangenöl »Neroli« wird als Erste-Hilfe-Mittel und bei psychischer Instabilität eingesetzt. Ein besonderes Ereignis verzaubert Mitte April das andalusische Sevilla: Die Orangenbäume, die sämtliche Straßen säumen, erblühen gleichzeitig und tauchen die Stadt in die Azahar, eine Duftwolke besonderer Mystik, die die Erinnerung an die unsichtbare Brücke der arabisch-europäischen Geschichte wachruft.

Mandarinenbaum
(Citrus reticulata)

Lebensfreudige Wissenshüterin der geistigen Urkraft

Auch wenn dein Weg dich zu mir geführt hat, habe doch ich dich gefunden. Wie die alten Meister rufe ich meine Schüler zu mir, wenn es an der Zeit ist. Meine Ahnen kommen aus einem fernen Land, das einst geprägt war von Weisheit und Klängen im Einverständnis mit einer lebendigen Kinderseele. Gemeinsam werden wir zurückfinden in wahrhaftiges Seinspotenzial und würdevolle menschliche Größe in wertschätzendem Handeln.

BOTSCHAFT

Mit der Mandarine erreicht dich der Ruf nach freudiger Weisheit. Da die Mandarine ihren Blütenduft schon in alter Zeit in Asien verströmte, erinnert sie auch heute noch an das tiefe Wissen der fernöstlichen Kulturen. Vielleicht eröffnet sich dir gerade das Interesse an traditionellen Energielehren wie Qigong und Tai-Chi, an Meditation, japanischer Gartenkunst oder asiatischen Klängen. Falls du in der letzten Zeit das Gefühl hattest, etwas sei aus dem Gleichgewicht geraten, halte nun inne, und fühle nach: Hast du dich selbst zu sehr angetrieben? Die asiatische Weisheit besagt: »Leere deinen Geist.« Wenn du wählst, die alten Gedanken durch dein zentrales Energiesystem aus dem Körper zu ziehen, kannst du dich aus dem irritierenden Zwischenraum zwischen Trieben und Funktionalisierung lösen. Dann befreist du deinen Selbstwert und deine Lebendigkeit. Statt immer weiter nach Erklärungen für den Verstand zu suchen, frage die Tierwelt, ob sie sich dir zeigen und dich dabei unterstützen möchte, in dich zurück und in dein uraltes Wissen zu finden. Lasse dich von einem Krafttier zur ursprünglichen Verkehrung führen, und schaue, ob du Bereiche noch nähren möchtest, die dir keine wahren Werte zurückgeben. Öffne dich für deine dich nährenden Wurzeln, die dich mit dem Ursprung verbinden. Der erste Wurzelspross eines Baumes richtet sich zum Mittelpunkt der Erde aus – hier sitzt das Lot der Weisheit.

WEITERE ANREGUNGEN

› Wasser hat ein Gedächtnis – es trägt die Erinnerung nach innen.
› Was möchtest du mit deiner Aufmerksamkeit heute aktivieren?
› Achte den Fluss der Generationen – in ihm wandelt der ewige Geist.

- Die goldgelbe Sonnenkraft erquickt das Innere Kind. Schaue dich nach Kraftorten um.
- Sieh die unendliche Liebe der Tierwelt, die uns Menschen auf der Erde unterstützt!
- Respekt und wahres Wissen aus dem Hara, dem Buddhabauch, bringen uns Frieden.

WISSENSWERTES

Die Mandarine ist als Zitruspflanze aus der Familie der Rautengewächse ein immergrüner, relativ kleiner Baum mit leicht bedornten Zweigen und orangefarbenen Früchten. Diese sind etwas kleiner als Orangen und schmecken säuerlicher. Die Blätter sind dunkelgrün und lanzettlich, die intensiv duftenden, sternförmigen weißen Blüten erblühen ganzjährig und strahlen somit auch gleichzeitig mit den Früchten am Baum. In China wurde die Mandarine bereits im 12. Jahrhundert vor Christus erwähnt – ihre Herkunft wird im Nordosten Indiens oder im Südwesten Chinas vermutet. Nach Europa kam sie erstmalig 1805 und zog dann von England weiter in den Mittelmeerraum, wo sie bald vielfach kultiviert wurde.

Es gibt viele Untersorten der Mandarine, die in Größe, Geschmack und Saftgehalt große Unterschiede zeigen. Die Clementine ist eine Hybride aus Mandarine und Pomeranze. Die Satsuma ist eine aus Südjapan stammende, kernlose Zitrusfrucht, die der Mandarine ähnelt, aber nicht mit ihr identisch ist. Bei der Tangerine ist bis heute umstritten, ob der Name ein Synonym zu Mandarine darstellt oder ob es sich um eine eng verwandte, aber nicht gleiche Spezies handelt.

Das beliebte ätherische Öl von Mandarinen wird durch Kaltpressung der Schalen hergestellt. Das herbere grüne Mandarinenöl wird aus unreifen Fruchtschalen gewonnen. Das grüne und das rote ätherische Öl wirken beruhigend, schenken Freude, Unternehmungslust und Heiterkeit. Körperlich lockert das Öl die Muskeln, regt die Galle an und lindert Verdauungsbeschwerden. Es unterstützt Kinder bei der Konzentration und lindert diffuse Ängste.

Affirmation

Intuitive Weisheit findet mit dem ewig klaren Geist der friedvollen Lehre des Einen zusammen.

Ginkgo (Ginkgo biloba)

Leuchtender Seelengedächtnishüter des Einheitsbewusstseins

Meine goldgelbe Strahlkraft erinnert an den Anbeginn aller Zeiten. Bei mir kannst du dich mit deinen seelischen Wurzeln verbinden. Manchmal ist es wichtig, Unwesentliches zu vergessen, um dich an das Eigentliche und Höhere zu erinnern.

BOTSCHAFT

Du bist bereit, dich mit Klarheit und wahrhaftiger Resonanz von Innen und Außen zu entfalten. Die Balance zwischen deinen weiblichen und deinen männlichen Anteilen gibt dir eine umsetzungskräftige Basis. Erkenne deinen Weg im Einklang mit dem Fluss der Weltenseele. Es geschieht immer mehr in Synchronizität, die dich mit ihren Zeichen auf deinem Weg leitet.

Affirmation

Ich entspringe dem ewigen Einssein jenseits der Polarität. Der Anbeginn schwingt in mir, während ich auf der Erde Erfahrungen der Dualität integriere.

Prüfe, ob du akzeptierst, dass die Gegensätzlichkeiten in unserem Alltag einander bedingen. Wir dürfen keine der beiden Seiten ablehnen, um keinen Vitalitätsverlust zu erleiden.
Ginkgos, diese alten Weisen, haben als urweltliches »Fossil« die Evolution von 270 Millionen Jahren erlebt und gelten daher auch als Träger des Gedächtnisses der Erde. Lasse dich von der Schönheit des zweigefächerten Ginkgoblattes und der unzerstörbaren Lebenskraft dieses Baumes mitnehmen in das Wissen und die Toleranz einer integrierten Polarität und in die Dimension des Einheitsbewusstseins aller Zeiten und Leben.

WEITERE ANREGUNGEN

- Du trägst das Wissen der Urzeiten und die Ahnenkraft in deinen Zellen.
- Im Einklang von Yin- und Yang-Kräften und deiner Anbindung an die Urquelle bist du überlebensstark.
- Vertraue auf die Erinnerung des inneren goldgelben Strahls – die Weisheit und den Urinstinkt deiner Seele.

WISSENSWERTES

Der Ginkgo ist ein lebendes Fossil. In Amerika und Europa starb er vor vielen Millionen Jahren aus – im Südwesten Chinas überlebten seine Populationen tatsächlich seit dem Erdaltertum, der Perm, bis heute! Die ältesten Bäume dort werden auf 4000 Jahre geschätzt. Heute finden wir den Ginkgobaum wieder als einen Umweltgiften gegenüber widerstandsfähigen Kulturbaum weltweit. Er wächst zweigeschlechtlich: Die weiblichen Bäume tragen mirabellenförmige Steinfrüchte, die aufgrund der enthaltenen Buttersäure eher unangenehm riechen. In Asien gelten sie als gesunde Delikatesse: Dort werden ihre Kerne traditionell zur Stärkung des gesamten Organismus geröstet verzehrt. Die Heilkraft des Ginkgoblattes fördert Durchblutung und Gehirnleistung, daher wird sie bei uns medizinisch bei Gedächtnisschwäche, Tinnitus und Sehstörungen eingesetzt. In Weimar finden wir noch überall Goethes Liebesgedicht zum Ginkgo. Eine Ausstellung im hiesigen Ginkgomuseum erzählt, wie der Ginkgo als einziges Wesen den Atomangriff in Japan durch seine starke Resilienz gegenüber Radioaktivität überlebte. Allgemein haben Ginkgos eine gute Abwehrkraft gegen Strahlenbelastungen, die mittlerweile auch in der Gesundheitsbranche genutzt wird. Der Ginkgo ist das Wahrzeichen der Städte Tokio und Seoul und wurde zum »Baum des Jahrtausends« ernannt.

Linde (Tilia)

Urmütterliche Herzensbewegerin in der Gemeinschaft

Fühle mit mir in die Tiefe des Lebensstromes und der Verwurzelung. Bei mir findest du starke Erdung, milde Kommunikation, lindernde Heilmittel und herzliche Einladung, von höherer Ebene aus in den weiten Horizont zu tanzen.

BOTSCHAFT

Du bist in vielerlei Hinsicht begabt und wahrscheinlich im Gesundheitswesen oder der Kommunikation engagiert. Deine Erfahrungen und deine beständige Reflexion ermöglichen dir, Antworten und Selbstheilung im Inneren zu finden. Nimm die Kraft der Linde und ihres Standortes bewusst über deine Fußsohlen auf, und atme tief ein: Linden wachsen gern an Kraftorten, nahe heilender Quellen und entlang den Erdmeridianen. Die Linde lindert! Ihre herzförmigen Blätter laden dich in ihre liebevolle Umarmung ein. Erfreue dich an der Schönheit: Vielleicht tanzt gerade die Wasserreflexion eines Baches in den Sommerlindenblättern, oder es duften die süßen Juniblüten. Die Linde schenkt dir immer Erholung und Besinnlichkeit. Mit offenem Herzen kannst du den Himmel auf die Erde holen, denn Weisheit fließt direkt in deinen Lichtkanal.

WEITERE ANREGUNGEN

› Sei frei, kraftvoll und offen in deinem Selbstausdruck.
› Das Leben schickt dir Antworten aus den Tiefen und Höhen der inneren Sicht.
› Respekt und Milde eröffnen eine Evolution der Herzlichkeit.
› Altes Wissen und die Urkraft der Erde durchdringen deine Schaffenskraft zum Wohl des Einzelnen und der Gemeinschaft.

WISSENSWERTES

Linden sind für Deutschland und Frankreich nationale Seelenbäume. Wir finden sie oft an Kraftorten wie der Kathedrale von Chartres und dem Kloster der Heiligen Odile im Elsass. Nach alter Überlieferung symbolisieren Linden Heil- und Seherkraft, Fruchtbarkeit und Geselligkeit. Unter Linden versammelten sich die Dorfbewohner zu Rats- und Gerichtsrunden. An manchen Orten, z. B. in Franken, finden die Bewohner bis heute alljährlich zur Kirchweih zu

Musik und Tanz auf den hölzernen Rondell-Tanzböden in der Krone zusammen. Viele Orte tragen ihren Namen: Lindau, Lindenfels, Leipzig … Das weiche Lindenholz galt als heilig und wird zum Schnitzen und Drechseln genutzt. Aus den Fasern der Baumrinde wurden Kleider und Seile hergestellt. Die Linde kann sehr alt werden und aus der Wurzel und »schlafenden Augen« immer wieder neu austreiben. Die jungen Blätter der Linde, ihre Blüten und Knospen sind eine gesunde Beilage zum Salat. Getrocknete Lindenblüten sollten in natürlichen Stoffsäckchen aus Baumwolle oder Leinen aufbewahrt werden. Fast alle Pflanzenteile beruhigen und heilen. Der Blütentee wirkt gegen Erkältung, Nebenhöhlenentzündung, Migräne und Fieber sowie bei Blaseninfekten. Die Linde begleitet uns über den Horizont des gewöhnlichen Sehens hinaus. Sie ist eine Wegweiserin zu einem Frieden, der nie vergeht.

Affirmation

Liebe taucht die Welt in süßen Duft und unvergesslichen Lebenstanz!

Weißdorn (Crataegus)

Umhegender Schutz der Reinheit und der Fruchtbarkeit

Ich lade dich zur mystischen Verbindung zwischen dem Männlichen und dem Weiblichen ein. Meine Obhut schenkt lichtvollen Schutz und heilt alte Herzenswunden des Verlustes. Entdecke neue Dimensionen der Partnerschaft und anderer Beziehungen. Du kannst dich unter meinem Schutz sicher auf die Reisen in astrale Welten begeben.

BOTSCHAFT

Du bist weit gekommen dank deiner Resonanz der Reinheit und der Verlässlichkeit in Beziehungen. Es wird dir nun im weißen Lichtkleid des Weißdorns gewährt, dein Erleben in höhere Sphären der Zweisamkeit auszudehnen. Du kannst geschützt in unbekannte Tiefen deiner Seele tauchen, hinein in deinen heiligen inneren Raum der Liebe. Hier findest du möglicherweise sogar Kontakt zu den Aufgestiegenen Meistern und empfängst direkte Botschaften und

Affirmation

Meine Liebesbeziehung ist gesegnet mit überfließender Fülle in der Einheit männlich-weiblicher Ausgewogenheit.

Erscheinungen der Engelwesen. Auf feinen Wahrnehmungsebenen kannst du mit subtilen kollektiven Themen in Kontakt kommen, sodass Unerlöstes aus dem Feld durch dich transformiert werden kann. Der Weißdorn verstärkt auf zauberhafte Weise deine astrale Auragrenze und lässt sie wie einen unsichtbaren Filter für dich wirken. Du kannst jetzt auch im Astralen unbeirrt in deiner Mitte bleiben und jedem Ansturm standhalten. Für das Erspüren neuer Dimensionen wirst du vielleicht sogar jenseits des Massenbewusstseins Erkenntnisse einholen, die du dann in den Dienst des höheren Gewahrseins der Allverbundenheit einbringen kannst. Du wirst deine eigenen Werte und die Herzensanliegen für die Welt deutlicher wahrnehmen.

WEITERE ANREGUNGEN

- Der Pfad des Mysteriums liegt vor dir – lasse dich darauf ein, einen Schritt in neue Bereiche zu gehen.
- Dein Herz schlägt kraftvoll und ruhig in Kohärenz mit dem Göttlichen.
- Durch dich hindurch fließt eine sehr feine, neue Liebesfrequenz.
- Dein Herz ist die Quelle deines Seins: Es verbindet deine Seelenerfahrung im Irdischen mit deiner Familie, den Ahnen und deinen eigenen Erfahrungen aus anderen Leben. Der Weißdorn umhüllt dich mit reinem Schutz im Herzen, wo immer deine Reise hinführt.
- Verstecke deine Liebe nicht hinter dem Schutzwall einer alten Verletzung. Die Zeit hat dich geheilt, und du kannst nun zu neuer Liebesqualität erwachen.
- In der Mitte des Labyrinthes führe ich dich durch das Tor in die neuen Dimensionen.
- Hadere nicht, sondern vertraue dir und der Kraft der Quelle. Deine Gaben und deine Liebe strahlen wie Seelensterntore deines Lebensbogens und kennen ihren Weg in die Welt.

WISSENSWERTES

Der Weißdorn ist ein kleiner, dichtdorniger Baum mit knorrigem Stamm. Sein weißes Blütenkleid erinnert im Mai an die walisische Legende der Weißen Göttin Olwen, die einst durch die Leere des Universums ging. Aus dem Pfad ihrer Weißdornblüten entstand unsere Milchstraße. Da der Weißdorn oft zwischen Feld, Weide und Wald als Grenzen setzende Hecke fungiert, trägt er auch den alten Namen »Hagedorn«. Er schenkt Windschutz und ist eine sichere Brutstätte für Vögel und Kleintiere.
Weißdornsaft stärkt Kreislauf, Blutdruck und Herz. Er gleicht Extreme aus: Von Lethargie bis Überaktivität führt er zurück in die Mitte und stellt Schutz in Übergängen bereit. In früheren Zeiten schon galt er als Schutzkraft gegen Geister, dunklen Hexenzauber, Vampire und Blitzeinschläge. Weißdorntee stärkt die Erdverbundenheit, die Nerven und den Schlaf.

Lärche (Larix)

Sanftmütiges Licht der wärmenden Herzensberührung

Willkommen, liebes Wesen des Lichtes! Deine Seele möchte sich in meiner feinsinnigen Liebespräsenz wärmen und erhellen lassen. Öffne dich für die Selbstwertschätzung durch meine bis in deine Zellen einströmende Zuversicht.

BOTSCHAFT

Wenn deine Wahl dich zur Lärche geführt hat, brauchst du womöglich gerade das Gefühl von bedingungsloser Zuneigung und eine Prise heiteren Optimismus. Genau diese Qualität erweckt die Lärche direkt in deinem Herzen. Sie leuchtet als erhebende Kraft in den Weiten der Bergwelten – und sie ist ein wärmender, lichtvoller Trost und Halt im Tal.

Nimm dir etwas Zeit an einem sonnendurchfluteten Ort, und strebe wie die Lärche zu Höherem. Allein deine Bereitschaft dazu wird dich entspannen und aus den kreisenden Gedankenwelten holen – zurück in Sphären freudiger Gesinnung. Die Mythologie erzählt, dass unter den Lärchen die Wohnsitze der elfenähnlichen Saligen aus Ebenen der Zeitlosigkeit sind: Diese, in den Alpen Salfräulein genannt, singen und tanzen in ihrem silbrigweißen Glitzerkleid. Sie zeigen sich den Menschen wohlgesinnt und beschützen die Tiere. Sei auch du dir selbst ein wenig zugeneigter. Traue dich etwas, was deine Augen erstrahlen lässt. Die Lärche stärkt die Selbstwertschätzung. Sie löst Gestautes, denn sie kennt kein Festhalten. Wenn der Winter naht, wirft sie all ihre weichen Nadeln ab und schenkt sie als nährende Kraft der Erde. Voller Vertrauen steht sie nackt in kalten Stürmen und eisigem Schnee und bleibt standsicher. Für stürmisches Wetter haben ihre Äste Sollbruchstellen, die sagen: »Wenn es brenzlig wird, wirf etwas ab. Du kannst es zu anderer Zeit neu aufbauen.«

WEITERE ANREGUNGEN

- Erinnere dich an die bedingungslose Liebe und Wärme in dir – sie sind Balsam für deine Seele.
- Kristalline Sphärenklänge schwingen uns ins Licht hinauf.
- Öffne dich der Metamorphose, und lasse in Leichtigkeit los.
- Der Aufstieg zum höchsten Gipfel deines Lebensweges beginnt mit dem ersten Schritt. Lasse deinen Mut dich festhaltende Vorstellungen von rauen

Affirmation
Das Leben trägt mich durch den Sturm hindurch in leichtere Zeiten und zu Höherem. Mit wachsender Klarsicht kann ich meine Weichheit öffnen.

Höhen überwinden. Du hast die Kraft, den Berg zur Erfüllung deiner Liebe für dich selbst und die Welt zu erklimmen – Schritt für Schritt.

WISSENSWERTES

Die Lärche ist ursprünglich ein Bergbaum und wächst bis zur Waldgrenze auf 2000 Metern Höhe. In den Alpenhöhen erklingt eine Sinfonie aus unzähligen Lärche-Zirbe-Liebespaaren in die Weite der Bergkämme. Im April bis Mai erwacht die Lärchenblüte, männliche und weibliche Blüten erscheinen gemeinsam am selben Baum kurz vor der Eröffnung der Lärchennadeln. Die männlichen, goldgelben Staubgefäße sind rundlich, die weiblichen sind zunächst weich und rosafarben, später verhärten sie sich zu den Zapfen. Die Lärche wurde von Edward Bach, dem Begründer der Bachblütentherapie, als tiefste psychologische Heilessenz angesehen, denn sobald unser Selbstwertgefühl gesund ist, sind wir vor allen innerlichen Konflikten, Störungen und Erkrankungen des Organismus geschützt. Gold und Rosa sind auch in der Farbtherapie die Kombination des tiefen Herzensvertrauens.

Die Lärche schenkt wetterfestes Holz. Es wurde in der Geschichte vielfach zu Schutzamuletten und Schmuckschönheiten verarbeitet. Ihr Harz, auch venezianisches Terpentin genannt, wird durch vorsichtiges Anbohren der Oberwurzeln gewonnen. Lärchenbalsam hilft bei Bronchialinfekten, Hautekzemen und Rheuma, gegen Gallensteine wirkt ein spezieller Harzheiltrunk.

Kaki/Persimone/Sharon

(Diospyros kaki)

Klärende Magierin des Geistes und der Seele

Meine innere Sonne möchte dein Leben erwärmen und deine Beständigkeit im Heilprozess mit Loslösung und Schwingungserhöhung belohnen. Ich kläre deinen unbewussten Raum von störenden Einflüssen und Fremdvereinnahmungen.

BOTSCHAFT

Es ist Zeit, dich zu zeigen und entdeckt zu werden in deiner Unschuld und deinem Mitgefühl für die Tiefen des Menschseins. Das Einzige, was du dafür noch tun musst, ist, deiner Ausrichtung entgegenlaufende, erschwerende Glaubenskonzepte aufzuspüren, um sie dann liebevoll dem Licht zu übergeben. Du bekommst unerwartet Halt und Unterstützung geschenkt! Vielleicht tritt in einem Herzensanliegen eine überraschende Wende ein. Die Blüten des Kakibaumes sind hellolivgrün und haben vier Kronblätter in alle Himmelsrichtungen mit mittigem Samen – sie erinnern an das buddhistische Doppeldorje, ein machtvolles Schutz- und Klärungssymbol. Vielleicht braucht es auf höheren Bewusstseinsebenen die Klärung einer karmischen Geschichte, die für dich schwierig zu greifen ist. Bitte die geistigen Helfer und Engel darum, diese Begebenheit im Jetzt für dich zu klären. Deine Bereitschaft und Herzensoffenheit allein reichen aus – du brauchst nichts weiter zu tun. Du glaubst zutiefst an die Heilung von Beziehungen durch Herzenskommunikation und Bedingungslosigkeit, daher sei gewiss: Das Leben kommt auf dich zu. Jede ehrliche Aussprache wird dir von tiefer Zufriedenheit und wahrem Segen inspiriertes, authentisches Handeln ermöglichen. Durch deine ehrliche Heilungsbereitschaft bist du eine Brücke des Friedens und der Bewusstseinserhöhung!

WEITERE ANREGUNGEN

- Es ist dein Herz – liebe und wertschätze es, und du bist beschützt.
- Alles kann heilen, wenn du der Wahrheit des Herzens folgst.
- Freiheit muss jeder in sich selbst finden. Löse dich von allen energetischen Verstrickungen der Geschichte, die dich am freien Fluss des Jetzt hindern.
- Ich bin das »Ich bin«.
- Das Universum stellt alles bereit. Deine innere Sonne strahlt in die Welt.
- Visualisiere den Doppeldorje zur Klärung deiner Aura und auch der Räume deines Zuhauses.

WISSENSWERTES

Der Kakibaum ist aus dem fernen Asien zu uns gekommen, wo er schon vor 2000 Jahren kultiviert wurde. Er gehört zu den Ebenholzgewächsen und trägt den lateinischen Namen Diospyros, was übersetzt »Götterfrucht« heißt. Äußerlich ähnelt die Kaki einer Tomate. Bei der Essenzgewinnung hat die Kaki uns immer wieder an die ihr ähnlichen Früchte der Tamarillo und der Tomate, die ebenfalls dem Schutz für das physiologische Herz wie auch bei Herzensanliegen dienen, erinnert, obwohl die anderen beiden Früchte der Familie der Nachtschattengewächse (Solaceae) angehören.

In der Mythologie werden der Kaki als Zugehörige der Ebenholzgewächse seit jeher Magie und Schutz vor unguten Geistern zugesprochen. Gegenstände aus ihrem Holz sollen Dämonen sichtbar werden lassen, sie vertreiben oder von vornherein fernhalten. Deshalb wurden Zauberstäbe und Behältnisse für magische Gegenstände schon immer aus Ebenholz gefertigt.

Die Kaki enthält viele Vitamine, einen hohen Anteil des wertvollen Provitamins A, Carotinoide und Flavonole. Sie wird als antidiabetisch, antiarteriosklerotisch und antioxidativ angesehen und senkt zudem das Cholesterin und wohl auch den Blutdruck. Wenn die Frucht noch nicht völlig ausgereift ist, können die enthaltenen Gerbsäuren (Tannine) einen pelzigen Geschmack hervorrufen. Deshalb werden Kakis in den Anbaugebieten Italiens und Griechenlands erst nach dem ersten Frost geerntet und sind dann süßlicher. Allerdings lassen sie sich nicht lange aufbewahren und schlecht transportieren.

Das größte Anbaugebiet liegt in Fernost: China, Japan und Korea. Zwei beliebte kernlose Zuchtformen der Kaki sind die israelische Sharon, die heute auch in Südamerika, Spanien und Italien angebaut wird, sowie die mediterrane Persimone. Diese beiden Fruchtformen enthalten weniger Tannine und können daher im noch leicht unreifen Stadium in den Handel gebracht werden.

Wenn man die reife Frucht quer aufschneidet, findet man am Fruchtstielansatz die Form des Muladharas, des indischen/buddhistischen Symbols für das Wurzelchakra. Mittig aufgeschnitten, erscheint eine achtstrahlige Sonne, die aussieht wie von Kinderhand gemalt.

Affirmation

In Verbundenheit mit meinem Herzen bin ich eins mit allem und Teil der ewig pulsierenden Ausdehnung des Universums.

Birke (Betula alba)

Tanzende Lichtbrücke für Leichtigkeit und Neubeginn

Mein anmutig schwingendes, feines Wesen bringt dir Leichtigkeit und Zuversicht für deine Vorhaben. Ich erfrische dich mit meinem Pioniergeist – freudig und voller mütterlicher Liebe und Hingabe für die kommenden Generationen.

BOTSCHAFT

Die Birke erhellt dein Gemüt und lichtet deinen Blick für die Möglichkeiten! Sie ist der Baum, der als erster Land neu besiedelt und den Weg bereitet für alle, die später Fuß fassen wollen. Setze also auch du ruhig deinen Fuß auf unberührtes Neuland, und folge dem inneren Ruf, hier als Erster Wurzeln zu schlagen. Die Kräfte des Neubeginns liegen in dir, die Umsetzung deiner Vision wartet auf deinen Einsatz. Wenn dein Vertrauen Stärkung braucht, weht die geschmeidige Anmut der Birke dir sanft ihre Umarmung entgegen und erinnert dich daran, dich dem Zauber und der unendlichen Kreativität der Schöpfung hinzugeben. Die Birke schlägt dir eine lichte Brücke zum nächsten Schritt. Wähle Zärtlichkeit und Entzücken, sie hinterlassen ein Geheimnis für andere. Du inspirierst die Welt durch dein Vorangehen. Sei unbesorgt und leicht wie das Wiegen eines Birkenhains im milden Sommerwind, und leuchte anderen voraus.

WEITERE ANREGUNGEN

- Du bist beschützt und wirst selbst in Stürmen mütterlich gehalten.
- Anmut erklingt in dem Lied des Seins und der Liebe.
- Deine Seele kennt den Weg. Vertraue ihr.
- Lichtvolle Verbundenheit führt dich im Schöpfungsprozess.

WISSENSWERTES

Die Birke liebt die Kälte des Nordens und meidet Hitze. Sie wächst bis an den Rand der arktischen Polargrenzwälder. In vielen alten Kulturen steht die Birke für Licht, Pioniergeist, Mutterschaft und Schutz. In ihren Hainen wurden Initiationen und Fruchtbarkeitsfeste gefeiert. In Russland gilt sie als Weiße Göttin und Herrin der Wälder, in Sibirien ist sie der Schamanenbaum, der sicherstellt, dass der Heiler in seiner Trance in die hiesige Welt zurückfindet. Die Kelten feierten das Fest der Beltane, das heute noch im

Maibaumaufstellen fortlebt und Fülle symbolisiert. Die Birkenkraft verjüngt und stärkt die Mutter-Kind-Bindung.

Die Papierbirke wächst in den borealen Wäldern im Norden der USA und in Kanada. Sie verfügt über eine papierartige Rinde, die man für den Bau von Kanus und Dächern verwendet. Wegen ihrer safthaltigen Bastrinde wird sie von Elchen und Rotwild gern als Winterfutter verzehrt.

Die Heilkräfte der Birke sind vielfältig: Ein Tee aus den jungen Blattknospen stimuliert Gallenblase, Leber und Nieren und unterstützt somit wunderbar eine Entgiftungskur im Frühjahr. Birkenteeröl war in früheren Zeiten eine bekannte Hilfe bei Hautekzemen und Schuppen, als ätherisches Öl hat Birkenteer – ein schwarzer Pilz, der nur auf Birkenstammholz gedeiht – zwar einen etwas unangenehmen Geruch, es ist aber aufgrund seiner Klärungskraft bei besonders hartnäckigen Musterübertragungen und Prägungen empfehlenswert.

Die Skandinavier schlagen sich in der Sauna Birkenreisig zur Vitalisierung auf den Körper. Birkenelixier dient der Blutreinigung und Stoffwechselanregung, hilft bei Rheuma, Haarausfall, Hautleiden und Depression. Die Birke macht unser Herz warm und froh!

Affirmation

Ich gehe voran und wandle das Land – für mich und die, die nach mir kommen!

Kiefer/Föhre (Pinus)

Aufrechter Lichtbringer voller Lebenskraft und Mitgefühl

Unter meinem Dach kannst du Frische tanken, Einsicht gewinnen und deine Widerstandskraft stärken. Ich erwecke den tiefen Atem und bringe gute, reinigende Luft und weichen, tröstenden Waldduft in deine Lunge.

BOTSCHAFT

Wenn die Kiefer deinen Blick in die Höhen hinaufschwingt und dich daran erinnert, dass hier stets ein blauer Himmel weilt, brauchst du vielleicht eine kleine Auszeit zur Erfrischung deiner Schaffenskraft. In der Gegenwart der Kiefer wandeln sich Gefühle der Erschöpfung und der Trauer schon bald in lichtvolle Zuversicht. Der Baum galt bereits bei den Germanen, Alemannen und anderen alten Kulturen als Symbol der Vitalität und eines starken Lebenswillens. Wenn du eine Weile unter der Kiefer Platz nimmst, kann dein Geist in Verbundenheit mit ihrem uralten Wissensschatz neue Ideen empfangen. Sie bietet dir Schutz in Herzensanliegen, klärt den Geist und erdet den Körper. Das Wesen der Kiefer inspiriert den lichtvollen Krieger in dir und deine Verbindung zu deinem Höheren Selbst. Komme also bei Überbelastungen lieber zu ihr, als dich in dich zurückzuziehen. Ehre dein tiefes Mitgefühl, aber mache auch Pausen, und sortiere deine Verantwortungsbereiche, um auf deinem Weg zu bleiben und mit Abstand Entwicklungen besser im Auge zu behalten. Wenn du Regenerationszeiten einplanst, tragen dein Licht und deine Hingabe dich sicher und siegreich zum Ziel!

WEITERE ANREGUNGEN

- › Zeit für eine Pause und Luftholen an einem erholsamen Ort!
- › Aufrichten, atmen – und loslassen, was nicht in deiner Verantwortung liegt.
- › Der lichtvolle Krieger liebt Aufrichtigkeit und seinen ureigenen Weg.

WISSENSWERTES

Die Kiefern sind ursprünglich in den feucht-kalten Gebieten der Nordhalbkugel beheimatet. Sie können sehr alt werden, die mit 4723 Jahren älteste Kiefer stand in Kalifornien. Der starke Lebenswille dieser Bäume lässt sie in ihrer Bescheidenheit überall Wurzeln schlagen, vom Sumpfgebiet über die karge Felsritze bis hin zu Berghöhen von 2000 Metern. Doch bei all ihrer Anpassungsgabe ist sie empfindsam gegenüber Luftverschmutzung, auf die sie reagiert, indem sie das Wachstum ihrer Nadeln reduziert oder diese verfrüht abwirft. Die Kieferpollenblüte taucht den Wald im Mai in gelbgoldenen Staubregen. Kiefernholz ist sehr beliebt wegen seiner aufgrund des hohen Harzanteiles hohen Widerstandskraft gegen Nässe und ist zudem schön gemasert. Die Kiefer ist ein Urbaum, der bereits im Alttertiär den Norden besiedelte und die Eiszeit überstand. Fossile Funde von ihrem Harz mit eingekapselten Insekten kennen wir als den mystischen goldgelben Bernstein der Ostseestrände – er gilt als Schutzstein beim Betreten anderer Reiche und Zwischenwelten.

Die Kerne der Mittelmeerkiefer, der Pinie, sind essbar und reich an Mineralien, Vitamin E, Karotin und wertvollem Eiweiß. Alle Kiefernnadeln werden gern für klärende Räucherungen genutzt. Ihr ätherisches Öl hilft als desinfizierender Duft und zusammen mit ihrem Harz auch als Balsam bei Erkältungen und Husten und generell zur Stärkung bei Lungenleiden. Die Waldluft der Kiefernwälder verbessert beim regenerativen »Waldbaden« durch ihre Terpene die Immunkraft.

Affirmation

Mit jeder Ruhepause und tiefem Atemholen wächst meine Lebenskraft, die mich meine Vision umsetzen lässt.

Zirbe/Arve/Zirbelkiefer

(Pinus cembra)

Lichtvoller Klangmeister der Alpenhöhe

Deine Seele sucht die ursprüngliche Reinheit der Höhe. Hier erkennst du die Weite und Einzigartigkeit deines Seins. In dir liegen alle Anlagen für deine Entfaltung bereit: Ich lade dich ein, einfach du zu sein und dich so, wie du bist, zu lieben.

BOTSCHAFT

Wenn dir heute die Zirbe ihren aromatischen, beruhigenden Duft entgegenströmt, kannst du dich entspannen: Du bist genau so, wie du bist, richtig! Es ist Zeit für dich, Projektionen und vorgefasste Meinungen aus deiner Herkunftsfamilie abzulegen. Die Zirbe kann dir mit ihrem stärkenden Harzduft Klärung und Erweiterung in dein Selbstbild wehen. Zudem hält sie Fremdenergien fern. Die Zirbe hütet deine Individualität und verbindet dich gleichzeitig mit deiner Umgebung.

Steige in die Höhen, verlasse deine Komfortzone, und übe dich in Resilienz. Kaum ein anderer Baum wächst in den ungünstigen Bedingungen der höchsten Höhe – und die Zirbe strotzt dabei vor Vitalität! Sie nimmt die vermeintlichen Unliebsamkeiten mit Robustheit und standhafter Kraft an. Wenn du bereit bist, nun im Außen oder im Innen den Berg zu erklimmen, kannst du auf Kraft und Eingebungen der höheren Ebenen zählen. Die Zirbe stärkt die Widerstandskraft der Zirbeldrüse, unseres spirituellen Tores und der höchstplatzierten Drüse unseres Systems.

Falls es dir gerade schwerfällt, deine Anbindung an dein Höheres Selbst oder deine Bereitschaft zu Achtsamkeit und Wachheit zu fühlen, habe Geduld und Zuversicht. Öffne dich in diesem Moment dafür, alle negativen Übertragungen aus deinem Umfeld loszulassen. Ak-

Affirmation

Ich bin ich und werde so geliebt und gewollt, wie ich bin. Einzigartig und voller Stärke meistere ich meinen Weg und Aufstieg. Das Universum schenkt mir Rückendeckung und die Fülle der Sphärenklänge.

tiviere deine Zirbeldrüse, indem du sie visualisierst und mit deinem Herzen und mit deinem Bauchzentrum verbindest!

WEITERE ANREGUNGEN

› Du bist selbst das Licht, das den Schatten weichen lässt!
› Natürliche Aktivität lässt dich entspannen und in positiver körperlicher Anforderung deine Lebendigkeit ausdehnen.
› Besuche einen Ort, der deine Seelenfrequenz erwidert. Finde hier den wahren Spiegel und das wahre Echo deines inneren Klanges!
› Dein Herz wird sich beruhigen, sobald du dich der Weite des Raumes über dir und gleichzeitig der verwurzelten Verbundenheit mit der Erde öffnest.

WISSENSWERTES

Die Zirbelkiefer tauchte vor 20 000 Jahren aus ihrem Verharren während der Eiszeit wieder auf und kam von den Karpaten langsam als widerstandsfähiger Urbaum in den Westen. Zusammen mit Lärche, Rotföhre und Birke besiedelte sie große Flächen. In der sibirischen Taiga hat sie Artverwandte, und ihre Kraft wird von den Altai-Schamanen sehr geschätzt. Die »klingenden Zedern« sind eigentlich Zirben, in Russland Kedra genannt. Ihre Zapfen öffnen sich bei Hitze und lösen die gehaltvollen, gesunden Zirbenkerne. Die Nadeln der Zirbe sind von einer Wachsschicht umgeben, die sie vor Austrocknung schützt. An den Rändern befinden sich die kleinen Harzkanäle, die den aromatischen Duft und das antibakterielle Pinosylvin ausströmen. In der Schweiz wird die Zirbe auch Arve genannt. Sie wächst auf Felsen und an unwirtlichen Orten. Sie ist robust und hält den harten Wintern, den Schneelawinen und den Stürmen der Alpenwelt stand. Ihr harzhaltiges Holz ist zwar leicht und weich, aber auch widerstandsfähig gegen Parasitenbefall. Es strahlt rot-gelblich und ist sehr beliebt geworden: Studien haben gezeigt, dass es den Schlaf verbessert, da es die Melatoninproduktion anregt, den Vagusnerv stärkt und somit beruhigend auf unser gesamtes Nervensystem wirkt. Die Raumenergie wird durch Holz und ätherisches Öl geklärt und gesteigert. Der Duft fördert das Durchatmen und die Muskelentspannung und senkt die Herzschlagrate während des Schlafes. Ähnlich wie die Lärche soll das Vollholz Mikrowellenstrahlung, wie sie beim Mobilfunk vorkommt, abschirmen können.*
Die Essenz der Zirbe hilft zudem, Übertragungen von negativen Sichtweisen auf Anteile des Inneren Kindes zu lösen. Wenn nahe Bindungspersonen ihre Selbstwertprobleme oder vermeintlichen moralischen Fehltritte auf die Nachkommen projizieren, ist dies für die Kinder besonders schmerzvoll und seelisch verstrickend. Die Zirbe lässt uns solche Projektionen und unterschwelligen Schuldzuweisungen abstreifen, sodass wir unser echtes Selbstbild wiederfinden können.

* Vgl. Maximilian Moser: Die Kraft der Zirbe. Servus, Elsbethen 2019.

Ahorn (Acer)

Inspirative Beflügelung mit Weite und Vielfalt

Deine Seele fand mich aus dem Wunsch nach Vielfältigkeit in deinem Selbstausdruck. Ich lade dich ein, alle Richtungen und Qualitäten deines Umfeldes wahrzunehmen und ihren Beitrag zum Ganzen wertzuschätzen.

BOTSCHAFT

Falls das Leben dir gerade eine größere Aufgabe zuteilt, nimm sie mit Leichtigkeit an, und sei gewiss, dass die Botschaft des Ahornbaumes dich auf den Prozess und ihre Umsetzung vorbereiten kann. Du erkennst mit klarer Sicht deinen großen Lebensbogen, und der Ahorn webt Frische und eine höhere Qualität in deine Beziehungen, insbesondere die zwischengeschlechtlichen.

Alles auf dieser Erde findet im göttlichen Fluss zur richtigen Zeit seinen Platz. Sei daher zuversichtlich, dass dir die Umsetzung deiner Vision jetzt gelingen wird. Lasse dich zum Tanz auffordern! Eine neue Qualität im Miteinander und warmherzige Kommunikation erwarten dich! Dieser Moment in deinem Leben erweitert deinen Horizont. In deiner Herzensoffenheit wirst du vom Universum und deinem Höheren Selbst empfangen und näherst dich der Bewusstwerdung deiner Geburtsvision. Die Kraft des Ahorns hilft dir bei den aufregenden ersten Berührungen und Schritten, einen klaren Kopf zu behalten und Vertrauen zu finden. Gehe Schritt für Schritt in deine Bestimmung, atme, tanze, und beginne jetzt, dein ganz eigenes Lied zu singen.

WEITERE ANREGUNGEN

- Vertraue auf deine Vision, und atme tief in dein Herzensanliegen!
- Beflügelt findet deine Vision ihren Weg auf die Erde.
- Entspannung fördert Ausdehnung, Spiel und Gelassenheit.
- Lichte Klänge und die Sinfonie der Sphären integrieren sich.

WISSENSWERTES

Ahornbäume sind leicht erkennbar an der 5- bis 7-spitzigen Blattform, die an gespreizte Hände erinnert. Im Herbst leuchten Ahornblätter in atemberaubender Farbenpracht, die an Kanadas Ostküste als »Indian Summer« bekannt ist. Der nordamerikanische Zuckerahorn ist seit 1961 Kanadas Nationalsymbol. 40 Liter im erwachenden Frühjahr aus der Baumrinde gewonnener Saft ergeben 1 Liter reinen Ahornsirup. In unseren Breiten kennen wir den kleineren Feldahorn und den ursprünglich höher angesiedelten Bergahorn sowie den Spitzahorn mit seinen größeren Blättern. Der Ahorn ist ein Pionierbaum zur Bodenerschließung, und sein Holz ist in der Möbel- und Parkettindustrie sowie im Musikinstrumentenbau sehr beliebt. In Japan zieren vielfältige Zuchtahornarten Pagoden und Tempelanlagen.

Von Alaska bis Nordkalifornien wachsen nahe der nordamerikanischen Pazifikküste die Oregon-Acer, die großblättrigen Ahornbäume. Ihre riesigen Laubblätter sind meist fünflappig und über 25 Zentimeter lang. Das imposante Laubblatt ist sehr dünn und sitzt an einem bis zu 30 Zentimeter langen, gelbgrünroten Stiel. Die Essenz des großblättrigen Ahorns betont in noch stärkerem Maß, dem Ruf der eigenen Lebensaufgabe des größeren Seelenweges zu folgen.

Affirmation

Ich öffne mich jetzt dem Wandel und der Lebensaufgabe, die für mich vorgesehen ist.

Immergrüne Magnolie
(Magnolia grandiflora)

Liebespforte im lichtvollen Spiegel uralter Rhythmen

Ich führe dich zu den Wasserklängen, die im Universum und in dir selbst tanzen! Öffne deine Ohren nach innen und in die Weiten der Welt. Die Vielfalt der Kulturen lässt ein uraltes Lied erklingen: den großen Gesang des Einsseins.

BOTSCHAFT

»Die Welt ist Klang«, sagt Joachim-Ernst Berendt, der bekannte Musikjournalist und Autor, im Titel seines großen Lebenswerkes. Wenn die Magnolie dir begegnet, öffne dich für dein Hören. Wir hören und fühlen die Welt als verbunden und in Beziehung mit uns selbst. Die Überbetonung des Sehens in unserem digitalen Zeitalter hingegen gefährdet dieses Gemeinschaftsgefühl, denn sie verführt dazu, nur das eigene Ziel vor Augen zu haben und uns in der Außenwelt zu verlieren. Dann nehmen wir uns als voneinander getrennt wahr. Das Hören ist die Brücke der Kommunikation, ist Meditation und die Kraft, die uns jederzeit mit allem Lebendigen in Verbindung bringen kann. Hellseher sind vielmehr Hellhörer. Die Magnolie stärkt auch unsere Gabe, Ereignisse vorauszusehen. Öffne dich für diese Fähigkeit in dir! Unsere Ohren lassen sich nicht so leicht täuschen wie die Augen. Wenn ein Liebespaar sich die Ohren liebkost, finden die Seelen eine tiefere Wahrnehmung füreinander. Im Hören, Fühlen und durch Rhythmen können Vitalitätsverlust und Trauma heilen, denn Erdklänge und kristalline Töne lassen uns das Aufgehobensein im großen Ganzen wiederfinden. Natürlich spricht die edle Magnolienblüte mit ihrem strahlenden Weiß auch eine Einladung zu Kunst und Ästhetik aus. Ihr befreiender Gemeinschaftssinn und ihr Großmut erlauben keine engen Normen, sie inspiriert weltweite und persönliche Bewegung hin zu freiem, ethischem Gleichwert.

WEITERE ANREGUNGEN

- Musik heilt! Rhythmen lassen Fixierungen des Schreckens abfallen.
- Du kannst mit jedem Ort, mit jedem mit dir von Herz zu Herz verbundenen Menschen im Inneren kommunizieren.
- Sei Blüte und Duft, die diese Welt erklingen lassen!

Affirmation

Die Klänge meiner Ahnen und der Urvölker dieser Erde vibrieren bis heute in der Tiefe meiner Zellen. Ich öffne meine Ohren für ihre Rhythmen und somit für alles Sein.

WISSENSWERTES

Die Magnolie gehört zur Gattung Magnolia, die 220 Arten von Sträuchern und Bäumen umfasst, die in Amerika und Asien beheimatet sind. Als Zierbaum findet man sie mittlerweile weltweit in den warm gemäßigten Breiten. Die Heimat der immergrünen Magnolie sind die Südstaaten der USA, die Flussniederungen und Sumpfwälder Floridas und des Louisiana-Beckens. Die hier in Zeiten der Sklaverei unterdrückten Menschen entwickelten im Miteinander die freigeistige Jazzmusik. Die Magnolie steht in Europa und anderorts an Seeufern, in Parkanlagen und Meditationsgärten. Sie genießt auch ein Leben in ungestörten Wäldern. Es scheint, sie mag keinen Lärm und stattdessen Schöngeist und sommerliche Feste. Magnolien haben eine bestärkende Gestalt, ein kräftiges Herzwurzelsystem und wachsartige, feste Blätter. Die große Blüte strahlt den ganzen Sommer hindurch und bis in den Herbst mit absolut reiner Offenheit anmutig in die Welt und verströmt ihren vollen Duft!

Hasel (Corylus)

Spielerischer Lebensfunke der Freude und Hingabe

Ich verbinde dich mit deiner natürlichen Freude und der spielerischen Spontaneität des Inneren Kindes. Komm, entdecken wir die vielen strahlenden Gesichter des Zauberwaldes!

BOTSCHAFT

Mit der Kraft der kleinen Hasel gelingen dir alle Kunststücke der Sinnlichkeit und der Ausgelassenheit leicht und spielerisch. Sei offen für sonnige Überraschungen: das Klangspiel im Wind, das Lachen eines Kindes, die Freude über eine zärtliche Geste, ein unerwartetes Lächeln – die Hasel macht leicht ums Herz! Es mag sein, dass dir all diese Qualitäten selbst zu eigen sind, doch dein Alltag dich gerade ermüdet und verspannt. Nimm dir die Zeit, dich mit der Hasel zu verbinden, denn sie schenkt mit ihren Nüssen gerade in Zeiten vieler Aufgaben und des Lernens gebündelte, nährende Konzentrationskraft und inneren Halt. Ihr leichtes, verspieltes Wesen inspiriert zu freudigem und auch sinnlich-erotischem Miteinander.
Doch die Hasel fördert auch tiefgründige Ideen und fundierte Einsichten. Ihrer Präsenz kannst du nun vertrauen, denn sie erfüllt dich mit weiser Führung und innovativem Geist – stets in Hingabe an die Liebe und zum Wohl der zukünftigen Generationen.

WEITERE ANREGUNGEN

› Es gibt Träume, die wollen verwirklicht werden.
› Das Universum lächelt, wenn dein Inneres Kind tanzt und singt.
› Deine Seele wählt den geheimnisvollen Pfad der mystischen Quelle.

WISSENSWERTES

Die Hasel wächst meist als mehrstämmiger kleiner, kugeliger Baum, der bis zu 1000 Jahre alt werden kann. Sie gehört zur Familie der Birkengewächse und stammt aus Europa, dem Kaukasus und dem Iran. Ihre starke Vitalität lässt sie sogar nach erdnahem Beschnitt wieder austreiben. Die Hasel vermittelt also auch Zähigkeit und Lebenswillen – Unnötiges kann abfallen. Die pinkroten, winzigen weiblichen Blüten im März strahlen höchste Hingabe und Fruchtbarkeit aus. Sie galt in der Geschichte, besonders im antiken Rom, als Zeichen des Friedens und wurde auch als Glücksbringer und Fruchtbarkeitszeichen angesehen. Mit dem Holz für Wünschelruten verlieh die Hasel die Gabe, Mineralienlager aufzufinden und Kraftströme fließen zu lassen. Außerdem hieß es, sie wehre Schlangen und böse Geister ab – daher erbittet sich Aschenputtel im Märchen einen Haselstrauch für das Grab ihrer Mutter und wird später mit den drei Wunschnüssen beschenkt.

Die Hasel wird mythologisch mit dem Inneren Kind und der Natürlichkeit des weisen Weges in Verbindung gebracht. Sie hat einen magischen Bezug zur Zahl Neun, weshalb sie für die Kelten zur Großen Göttin, der Weißen Göttin, gehörte, die wiederum drei Bilder in sich vereinte: die jugendlich tatkräftige Frau, die Mutter und die Todesgöttin. Die Weiße Göttin hatte neun Priesterinnen. Im keltischen Baumalphabet steht die Hasel an neunter Stelle. Ohne dies zu wissen, stellten wir die Essenz der Hasel im neunten Monat des Jahreskreises her!

Haselnussöl glättet die Haut, hat viele Vitamine, Mineralien und ungesättigte Fettsäuren. Die Nüsse stärken Nerven- und Gedächtnisleistung. Die nierenförmigen Blätter reichern heilsame Nierentees an, Nüsse und Rindenabsud unterstützen die Blase. Haselnussblätter sind eine schmackhafte Zugabe zum Salat. Hildegard von Bingen empfahl den Verzehr von Haselnüssen bei männlicher Unfruchtbarkeit – eine Indikation, die bis heute erhalten geblieben ist. Schrot aus Haselnüssen hilft bettnässenden Kindern und kann Hustenreiz lindern. Haselkätzchentee unterstützt dabei, Winterspeck zu reduzieren, und bereitet den Kreislauf mit Stabilität auf das kommende Frühjahr vor. Drei Viertel der gehandelten Haselnüsse stammt von der Lamberts-Hasel des Balkans und der türkischen Schwarzmeerregion, nur ein Viertel kommt von unserer gemeinen Hasel.

Affirmation

Ich erkenne das Zauberhafte im Leben. Ich erkenne mich. Ich bin frei in meiner Sinnlichkeit und im Spiel der lichtvollen Magie.

Mandelbaum
(Prunus dulcis)

Lichtwärtiges Erwachen der Feinsinnigkeit

Ich schenke dir die Gewissheit, dass das Leben in neuem Licht erscheint und dein Gemüt erhellt. Alles schwingt im Einklang mit dem göttlichen Plan. Lasse mein Rosaweiß dein Herz tief berühren und erwärmen.

BOTSCHAFT

Selbst wenn noch nicht zu erkennen ist, wo deine Reise in der nächsten Phase hinführt, ist es vorausbestimmt, dass deine lichtvollen Vorhaben aufblühen werden. Wie die Mandelblüte im neuen Jahr den Reigen der Bäume eröffnet und unsere Herzen mit ihrem lichten, reinen Wesen berührt, so werden die Früchte deiner Taten Menschen erreichen. Sei mutig, dich mit deiner feinen Wahrnehmungsgabe ganz zu zeigen.

Die Mandelblüte mit ihren fünf freien, weißen bis rosafarbenen Kronblättern baut den neugeborenen Seelenkindern eine lichtvolle Brücke für ihr Ankommen im Erdenleben. Ebenso gibst du den Sensiblen Lebensmut zur Umsetzung ihrer Herzensanliegen. Das goldene Öl der wertvollen Mandel erfreut die Haut mit Sanftheit und energetischem Schutz – nutze diese Qualitäten, und achte auch darauf, dass deine Räume lichterfüllt sind. Begrüße den Lauf des Lebens, übe dich in Geduld und Vertrauen: Alles erscheint zu seiner Zeit und im lichtvollen Einklang mit dem göttlichen Plan.

WEITERE ANREGUNGEN

- Innere Hellsicht leuchtet dir den nächsten Schritt voraus.
- Synchronizität ist ein Geschenk der Vorsehung.
- Hingabe und bedingungslose Annahme entspringen dem göttlichen Fluss.
- Du bist beschützt und geborgen im lichtvollen Strahlen der Reinheit.
- Visualisiere die Welt und ihren Wandel zu einem achtsamen Miteinander im Licht – wir sind viele und erschaffen gemeinsam ein liebevolles Feld auf dieser Erde.

WISSENSWERTES

Der Mandelbaum ist von Zentral- und Südwestasien entlang der Seidenstraße zu uns eingewandert. Er gehört wie Pflaume und Kirsche der Gattung Prunus in der Familie der Rosengewächse an. Als Kulturpflanze kennen wir die Süß- und die Bittermandel sowie die

Krachmandel. Der altertümliche aramäische Name für den Mandelbaum war Lûz – »Licht«. Er wurde auch als »Weiße Göttin« und »Große Mutter« bezeichnet. Bereits im Alten Testament findet man viele Bezüge auf den Mandelbaum: Moses Stab war aus seinem Holz, und er galt stets als Spiegel der göttlichen Führung und Medium göttlicher Weisung und Schutzgeleits. Die jüdische Tradition hat die starke Symbolkraft des Baumes in die Gestaltungsform des siebenarmigen Leuchters, der Menora, eingebracht.

In einigen Ländern werden Mandeln in Hochzeitsritualen als Gastgeschenke übergeben, die mit guten Wünschen gesegnet wurden. Sie stehen hier für Reinheit, Schutz, Gesundheit und Fruchtbarkeit.

Die Mandelblüte ist bei uns zusammen mit der Magnolie die erste Baumblüte des Frühjahres. In Neustadt an der Weinstraße wird alljährlich ein Mandelblütenfest gefeiert, in Dossenheim bei Heidelberg gibt es ein literarisches Event zur Mandelblüte, und die Balearen rufen viele Naturliebhaber, die auf den mediterranen Inseln schon im Februar in den rosaweißen, lichtvollen Zauber eintauchen möchten.

Als Nahrung ist die Mandel sehr gehaltvoll: Sie enthält viel Folsäure, Vitamin E, Proteine, wertvolle ungesättigte Fettsäuren und einen hohen Mineraliengehalt. Ihr Mehl und ihre Milch stärken die Nerven und harmonisieren den gesamten Organismus. Mandelkerne sind auch in der Kosmetikindustrie wegen ihres hochwertigen Öls sehr gefragt. Süßspeisen aus Mandeln wie das spanische Turrón, die italienischen Mandorlini oder das mit Rosenwasser zubereitete Marzipan erfreuen große und kleine Kinderseelen. Und mit dem Genuss bringt die Mandel Gesundheit und auf sanfte Weise Struktur und Erdung.

Affirmation

Mein Erblühen ist ein Lichtstrahl in der Welt. Meine Berührung erwärmt das Miteinander. Meine Gaben schenken Kraft und klare Gedanken.

Rosskastanie
(Aesculus)

Geduldige Urkraft mit Schöngeist und heiterer Selbstbewusstheit

Wenn Warten sich in Annahme gewandelt hat, kommt ein Lebenszyklus zum Abschluss. Der Neubeginn ist eine Zeit der Entschleunigung, Gelassenheit und Heiterkeit. Sie führt dich nach Hause, in deine lang ersehnte Bestimmung!

BOTSCHAFT

Die Kastanie hat die Eiszeit im Balkan überlebt, wo sie bis zum 16. Jahrhundert sozusagen wartete, bis die Osmanen sie wieder nach Konstantinopel mitbrachten. Von dort aus fand sie ihren Weg nach Mitteleuropa zurück. Wenn du heute ihrem geduldigen, standfesten Wesen begegnest, schaust auch du womöglich auf einen großen Lebensabschnitt zu-

Affirmation

Liebe findet einen Weg – zu ihrer Zeit. Ich bin.

rück, der dir Beständigkeit, Disziplin und manche Entbehrung abverlangte. Du hast alle deine Herausforderungen gemeistert, bist an vielen Aufgaben gewachsen und gereift. Nun schließt sich der Kreis – in dir hat alles seinen Platz gefunden. Nimm an, dass es nichts mehr zu bedauern gibt, verzeihe dir, was du nicht anders schaffen konntest. Es ist Zeit, weiterzugehen: Deine Seele wartet schon auf das, was jetzt kommt. Sage Danke für alle deine inneren und äußeren Reisen und deine Wegbegleiter. Was nun auf dich zukommt, sind der Weg der wahren Selbsterkenntnis und dein Heimkehren in dich selbst.

WEITERE ANREGUNGEN

- Langsamkeit ermöglicht dir, auf allen Ebenen in Ganzheit weiterzugehen.
- Du bist frei und lebst deine Bestimmung in Freude und Schöngeist.
- Erntezeit! Genieße die Früchte deiner Arbeit, und segne dein Leben mit Selbstanerkennung und Dankbarkeit.

WISSENSWERTES

Die Rosskastanie gehört zu den Seifenbaumgewächsen, die früher wegen ihres Inhaltstoffs Aescin zur Seifenherstellung genutzt wurden. Der Name erzählt noch von der Beliebtheit der Kastanien als Futter, Kraft- und Heilmittel für Nutztiere, allen voran für Pferde, bei denen die Früchte Herz und Durchblutung stärken. Die 12 Arten der Rosskastanie wachsen auf der Nordhalbkugel. Mit ihrer stattlichen Gestalt und ihren ausladenden, mächtigen Baumkronen drücken sie Schönheit und erhabene Anmut aus. Sie sind als Alleenbäume beliebt, aber auch der ideale Schattenspender in Parks und Biergärten. Sie vermitteln Geselligkeit und Selbstbewusstsein. Ihre Blätter sind 5- bis 7-fach gefiedert. Die weißen oder rosaroten aufrechten Blütenrispen wirken wie Kerzen, die durch ihren klebrigen Harz glänzen. Nach der Bestäubung färbt sich ihr Saftmal von gelb zu orange und schließlich rot. Ein Baum trägt etwa 1000 Blütenstände, bildet aber, um in Balance zu bleiben, nur im unteren Drittel der Rispe Früchte aus. Die 20 Gramm schweren Kastanien liegen in einer stacheligen Schale. Früher trug man sie gegen Rheuma und Gelenkbeschwerden bei sich, heute werden Rosskastanienöl oder ein alkoholischer Rosskastanienauszug zur Einreibung bei diesen Beschwerden genutzt. Die Rinde des Baumes hilft bei Durchfall, die Blüten steigern als Tonikum die männliche Potenz, getrocknet als Tee dienen sie der Hustenschleimlösung. Bekannt ist die Heilkraft der Kastanie bei Venen- und Gefäßschwäche: Die Früchte regulieren den Gefäßdruck und fördern die Durchblutung.

Walnussbaum
(Juglans regia)

Achtsamkeit und Klarheit des Neubeginns

Zur Reife fallen meine Früchte in ihrem ganz eigenen Rhythmus auf die Erde. Prüfe, ob auch du deinem eigenen Rhythmus folgst. Ich kann dir die Ruhe bringen, um Prioritäten und Entscheidungen für deinen Neubeginn zu festigen.

BOTSCHAFT

Insbesondere bei Neuanfängen neigen wir dazu, uns von den vielen Anforderungen überwältigt zu fühlen und uns dann verunsichern zu lassen, ob die Pläne wirklich gelingen können. Bleibe deiner Idee und Begeisterung treu, und sei wachsam, damit alte Muster und die Zweifel aus deinem Umfeld dich nicht in Zögern, Wankelmut und der Gewohnheit deiner Komfortzone festhalten. Vertraue auf deinen Impuls: Auf ins Neue! Die Walnuss lehrt uns, dass es wichtig ist, sich Zeit für sich zu nehmen und manchmal auch für sich allein zu stehen. Wenn du dich mit einer wichtigen Lebensentscheidung noch unsicher fühlst, suche für eine Weile häufiger einen Walnussbaum auf, und horche. Er ist ein flüsternder Berater, der dir Nachdruck und Entschlusskraft zur Verfügung stellen wird. Dies ist auch eine gute Übung, um sich sämtlicher subtiler gesellschaftlicher Einflüsse, die einen in der Routine und in alten vermeintlichen Überlebensmustern festhalten, bewusst zu werden. Künstler brauchen eine feine individuelle Abgrenzung und Hellhörigkeit, um Zeitgeistentwicklungen schon vor ihrer Erscheinung im Außen zu erfassen. Sie beherzigen Zeiten der Meditation und Einkehr, wenn sie als Pioniere dahin vorangehen, wo kollektiver Geist aufbricht zu wertestarker Evolution im Menschsein.

WEITERE ANREGUNGEN

- Der Geist der Menschen will aufbrechen!
- Nimm dir bewusst Zeit und Raum für deine inneren Prozesse.
- Setze Prioritäten, und sage auch einmal Nein.
- Finde deinen ganz eigenen Weg, deinen Horizont zu erweitern.

WISSENSWERTES

Die Walnuss war früher wie Schwarz- und Butternuss als erstrangiges Versorgungsmittel Existenzgrundlage ganzer Völker und Tierwelten. Die echte Walnuss war in der griechischen Antike ein Fruchtbarkeitssymbol und Zeus, in Rom Jupiter, gewidmet – ihr botanischer Name »Juglans regia« deutet ihre königliche Wesensart an.

Das edle Nussholz gehört zu den wertvollsten Hölzern und ist aufgrund der besonders schönen Maserung beliebt für Furniere, Holzschmuck und den Bau von Musikinstrumenten. Es ist weniger geeignet für die industrielle Nutzung, sondern ist ein Künstlerholz. In jeder Hinsicht trägt die Walnuss Einzelstück-Charakter. Sie beansprucht viel Platz für sich allein, zieht die Aufmerksamkeit in der Umgebung auf positive Weise auf sich und strahlt im Gegenzug Licht und willensstarke Klarheit aus. Junge Blätter bringen einen aromatischen Tee hervor, der die Lymphe klärt, das Blut reinigt und Haut und Schleimhäute stärkt. Mit den grünen Walnussschalen kann man auf unschädliche Weise Haare dunkelbraun färben, beim Färben von Schafwolle erhält man mit den Blättern und der Rinde schöne Grün-Gelb-Töne. Die Walnuss enthält viel Kalium und Folsäure – stärkt also Herz und Nerven in Zeiten großer geistiger Anforderung. Mit ungesättigten Omega-3-Fettsäuren ist ihr Öl heilsam für den Stoffwechsel und hält Denken und Bewegung flexibel, da die Fette die Elastizität unserer Zellmembranen bewahren. Äußerlich angewandt, wirkt es als Hautöl entzündungshemmend und desinfizierend und lindert Akne und Hautunreinheiten. Zudem ist es ein natürliches Selbstbräunungsmittel.

In der Signatur der Walnuss findet man Ähnlichkeit zu Gehirn, Darm und Herz – genau diese Organe stärkt sie sowie deren interne Kommunikation und ihr Zusammenwirken im Organismus. Getrocknete Walnussblätter als Sud helfen bei Haut- und Darminfekten sowie bei Wurmbefall. Der Baum beansprucht durch wachstumshemmende Blattstoffe sein Revier, indem diese verhindern, dass eigene Setzlinge und andere Pflanzen sich unter ihm ansiedeln. Auch die harte Nuss lehrt uns Abgrenzung – ihr Kern aber birgt Süße und große Nährkraft.

Affirmation
Ich wachse mit Freude über meine Gewohnheiten hinaus – auf meine Weise.

Ulme (Ulmus)

Klangspieler der Kommunikation zwischen den Wesensreichen

Ich höre deine Sehnsucht nach heilsamer Musik und einem Austausch in Toleranz und Vielfalt im Miteinander, der die Ganzheit umfasst und in ihrem Kern den Ursprung des kosmischen Klanges hütet.

BOTSCHAFT

Die uralten Klangräume lassen Weite und Schwingungsbrücken entstehen zwischen den Wesensreichen der Elfen, der Tiere und Einhörner, der Elohim und Erzengel und vielen anderen lichten Sphären. Das alte, weise Wesen der Ulme ist kommunikativ, kreativ und hingebungsvoll verbindend. Wenn die Ulme heute in dein Leben tritt, lausche den Klängen der Weite und der Vielfalt. Sie sendet die Botschaft, dass unser engmaschiges Zeitempfinden und die ständige Leistungsüberforderung uns wertvolle Lebensqualität kosten. Vor allem eine tiefere Bindungsqualität braucht ab und an Entspanntheit und Zeitlosigkeit im Austausch und Genuss des Miteinanders. Erlaube dir Qualitätszeit im Kreis deiner Liebsten.

Die Ulme ist eine Freundin der Musik. In der Mythologie ist Orpheus der Schutzpatron der Musik und spielte unter der Ulme seine Klänge für die Tierwelt. Schwingung gebiert echte Substanz aus der Feinstofflichkeit. Verdichtungen durch rein mentale Informationen führen oft zu Unruhe, Verpflichtungshyperaktivität und oberflächlicher Schnelllebigkeit und machen unser Denken linear. Die Ulme liebt hingegen das Runde, Umfassende. Kannst du genießen? Gibt es Muße in deinem Alltag? Wann hast du das letzte Mal deine Lieblingsmusik gehört, einen unbekannten Ort bereist, ein Konzert besucht? Oder etwas ganz Neues ausprobiert?

WEITERE ANREGUNGEN

› Freigeistigkeit und Toleranz machen das Leben leicht und erfüllt.
› Deine Offenheit lässt dich zu ganzheitlicher Sinneswahrnehmung finden. Genieße deinen ureigenen Seelenton!
› Vielfalt und Kommunikation bereichern die Welt. Sie schaffen einen fruchtbaren Klangteppich für die menschliche Evolution.
› Leben ist Beweglichkeit. Lasse los, was vergeht, und nimm den nächsten Schritt in der Heiterkeit des großen Gesanges.

- Liebe und Verbundenheit erfordern immer wieder, uns im Selbstausdruck neu zu erschaffen. Doch nichts erzeugt wie sie bleibende Lebenssubstanz in der Seele und wahren Sinn.

WISSENSWERTES

In Mitteleuropa finden wir die Gold-, die Flatter-, die Feld- und die Bergulme. Letztere beiden sind wegen ihrer offenen, rauen Borke vom Aussterben bedroht, denn durch sie überträgt der Ulmensplintkäfer einen aus Ostasien eingeschleppten Pilz, der die Wasserleitbahnen der Bäume verstopft. Die Goldulme steht vermehrt in Ufer- und Küstengebieten. Ulmen sind sehr alte Bäume, fossile Funde belegen sie bereits im Tertiär. Der Baum steht im Frühjahr, zur Hasel- und Birkenblüte, in Knospe, und die runden Früchte mit Rundumflügeln machen sich für die Frühjahrswinde startklar. Die Ulme zeichnet sich durch leichte Beweglichkeit aus, doch der kräftige Stamm mit tiefer Herzwurzel zeigt sie ebenso standsicher und geerdet.

Es liegt eine Deutlichkeit in der Stärke der Ulme, die sich mit Worten kaum ausdrücken lässt: Die Tiefenökologin Joanna Macy nutzt den Ulmenkreistanz als therapeutisches Werkzeug und, um die Absicht zu stärken, einen Beitrag zur Heilung der Welt zu leisten. Der Kreistanz im Namen der Bachblütenkraft zur Ulme wurde, wie viele andere, von der inzwischen verstorbenen Anastasia Geng kreiert und basiert auf den Worten der lettischen Sängerin Ieva Akuratere. Joanna Macy bewirkte 1992, nach dem Reaktorunglück in Tschernobyl, dass dieser Tanz seither jeden Monat zum Vollmond um 20 Uhr rund um die Erde getanzt wird. Er drückt die Solidarität zu den Menschen in Tschernobyl aus, aber auch den Schmerz über die Wunden, die die Menschen dieser Erde beibringen. Der Tanz umfasst einen Rhythmus von vier Schritten und vier Wiegeschritten im Wechsel, was die Ausgewogenheit des Bei-sich-Seins im Innen und der entschlossenen Kraft der Bewegung im Außen symbolisiert. Wie eine Welle tanzt die Kraft der Ulme um den blauen Planeten: Sie lässt sich nicht von der Bedrohung ihres eigenen Überlebens beeindrucken und gibt frei im Vertrauen auf den heilsamen Geist des Miteinanders.

Affirmation
In Liebe für alles Leben schicke ich mein ureigenes Tönen in die Welt, frei von Urteil und aus reiner Freude am Sein. Ich weiß, dass mein Seelenklang aus der Mitte des All-Einen in die Weite des unendlichen Geistes dringt.

Platane (Platanus)

Beherzter Flüsterer des weisen Rates

Ich höre den Wunsch nach Befreiung in deinem Geist. Vielleicht möchte etwas ans Licht, was du lange still für die Gemeinschaft getragen hast. Es ist Zeit, deinen Standpunkt und deine ethischen Werte öffentlich mitzuteilen.

BOTSCHAFT

Die Platane ist ein Baum der öffentlichen Plätze: vor dem Rathaus, in Alleen entlang den großen Stadtstraßen und Flussuferpromenaden. Das Zusammentreffen mit ihr erinnert dich daran, dass es für dich wichtig ist, etwas öffentlich auszudrücken. Du hast einen Standpunkt, der wesentlich zum Gemeinwohl beitragen kann, bitte kommuniziere ihn. Diese Zeit der vielseitigen Wandlung in den Gesellschaftsstrukturen braucht jeden mutigen Geist mit Zivilcourage und

Affirmation

Unliebsame Fremdeinflüsse fallen von mir ab, während ich und mein Werk weiterwachsen. Die Wahrheit eröffnet sich aus dem Hintergrund.

klaren Werten. Die Welt bedarf engagierter Neudenker der Menschlichkeit und des Schutzes unseres Planeten statt leistungsorientierter Erfolgsstreber – denn davon gibt es schon so viele. Mit reinem Herzen und in Anerkennung deiner eigenen empathischen Weichheit bei gleichzeitiger innerer Standfestigkeit kannst du mitten in vergifteten Situationen eine Wende anregen. Mit gelassenem Überblick erspürst du die Gegebenheiten. Durch deine tief verwurzelte Fähigkeit zur Aufdeckung der im Hintergrund wirkenden Zusammenhänge vermittelst du das Wesentliche in einfach verständlichen Worten. Deine höhere Perspektive erwächst aus deiner Gesinnung für das Gemeinwohl im Eintreten für den Gleichwert aller Lebewesen. Wie die Platane kannst du mit deiner herzverbundenen Wahrheit den Unterdrückten Medizin und den Verängstigten eine geistige Befreiung sein! Kühn und heldenhaft schüttelst du den Himmel frei von Verwirrung und Manipulation. Du kannst dir in jedem Fall gewiss sein, dass deine Sanftmut den Emotionalkörper der Gemeinschaft klärt und energetisch anhebt!

WEITERE ANREGUNGEN

- Durch dich fließt die höhere Wahrheit, sobald du auf dein Herz vertraust.
- Herzensverbundenheit ist der neue Führungsstil.
- Authentische Kommunikation: Fühle die Verbindung von Herz, Zunge und Augen in einer einzigen Schwingung.
- Trage deine guten Energien ans Wasser, und töne deine Liebe in die feinen Bewegungen der Wellen.

WISSENSWERTES

Die Platane wurde im alten Griechenland und in Armenien als Orakelbaum verehrt und stand in Persien als Wächterbaum vor den Königspalästen. Sie ist ein langlebiger Baum, der seinen Weg aus Südosteuropa und Westasien auf die gesamte Nordhalbkugel fand. Die älteste Platane steht auf der Insel Kos, und bereits Hippokrates soll vor mehr als 2500 Jahren unter ihr die Anfänge der wissenschaftlichen Medizin gelehrt haben. Die Platane hat feste, 5- bis 7-lappige Blätter und stachelige, doch weiche Fruchtkugeln. Sie hält Umweltverschmutzungen stand, und ihr Stamm erscheint durch das Abblättern großer Streifen ihrer gefleckten Rinde in einem permanenten Wandlungsprozess. In Wien steht die »Mozartplatane« als Symbol für Mozarts Genialität, der mit zeitlosen, lichten Werken allen Vergiftungen seines Umfeldes trotzend über Jahrhunderte das Gemeinwohl erhellte.

Campherbaum/ Kampferlorbeerbaum

(Cinnamomum camphora)

Wächter am Tor der Reinheit und kosmischer Heilkräfte

Lange hast du nach dem wahren Spiegel gesucht. Dank meiner klärenden Kraft erscheint das Reich der kosmischen Heilströme, die dich befreien durch Erkenntnis und das Vermögen, Projektion von Wahrheit zu unterscheiden.

BOTSCHAFT

Der Campherbaum bietet uns größte Heil- und Transformationskraft. Er wird als Urtinktur und als homöopathisches Mittel zur Ersten Hilfe eingesetzt, denn er kann eine Umkehr zum Leben und Wiederbelebung einzelner Aspekte bewirken. Auch die Kunst, Unwahrheiten sowie Identitätsbelegungen nach einem Trauma zu erkennen, gehört zu seiner Bewusstwerdungsschule.

Wenn dir heute der Campher begegnet, erlaube seiner Kraft, dich zu beruhigen. Du bist außer Gefahr – du hast bereits Schlimmes überstanden. Vielleicht spürst du noch eine Erschöpfung als Folge der erlebten Not. Dies ist oft ein Hinweis auf einen abgekoppelten Anteil, der womöglich noch immer um das Überleben ringt. Gedankenfixierung, Schmerzen und nächtliches Herzklopfen sind oft Folgen von Verletzungen und Übergriffen auf die Immunität der individuellen Seelenfrequenz. Etwas steht Kopf, hat sich verkehrt, schaut nach hinten, wenn wir nach vorn gehen möchten – und die Gedanken kreisen um materielle Sicherheit oder unschönes Schicksal, wo wir doch gerade einmal entspannt genießen wollten. Im Körperlichen sind dann meist auch Darm und Gehirn in ihrem Stoffwechsel verschoben – das Nervensystem steckt noch im Flucht-, Totstell- oder Angriffsmodus fest. Durch Resonanz ziehen wir komische Situationen an, die nicht zu unserem Wesen passen. Um die Ganzheit und Freiheit unseres Energiesystems wiederherzustellen und so ein sicheres Lebensgefühl zu erlangen, ist es nötig, Fremdenergien aus ihm zu lösen und anschließend unseren verlorenen Anteil wiederzubeleben und zu integrieren.

Nutze die Campherbaumkraft, um dir selbst einen Moment des Nachspürens zu geben. Fühle, ob etwas von dem Gelesenen in dir anklingt. Falls ja, finde heraus, welche Art der Unterstützung dir bei der Rückholung deiner Kraft guttun könnte. Lasse den Campher diesen Prozess begleiten – er verheißt dir klärendes und ordnendes Gelingen!

WEITERE ANREGUNGEN

- Rufe dich zurück in dein Sein! Die Wahrheit will ans Licht.
- Reinheit und Unschuld im Sein sind alles, was über die Qualität unseres Miteinanders im Menschsein entscheidet.
- Reinheit und Klarheit heilen das kosmische Kind und lassen kommende Generationen wieder von ihrer schöpferischen Innenwelt lernen.
- Der dich betäubende Schrecken der Vergangenheit ist bereit, sich zu lösen – lade in den frei werdenden Raum die Rückkehr von Entschlussuns Lebenskraft ein!
- Vertraue deinem liebevollen Lichtwesen und deinem unversehrten Seelenkind!

WISSENSWERTES

Der immergrüne Campherbaum aus der Familie der Lorbeergewächse erreicht Wuchshöhen von über 30 Metern und kann mehr als 1500 Jahre alt werden. Alle Pflanzenteile riechen stark nach Campher und enthalten das ätherische Öl. Seine natürliche Heimat sind Südchina und Taiwan. Dort wird der Campher medizinisch wegen seiner die Muskeln entspannenden Wirkung genutzt. In der Thai-Massage wird er häufig vor der Behandlung als Wärmewickel angewendet. In der Homöopathie ist Campher das Umkehr- und Erste-Hilfe-Mittel bei Herzinfarkt oder Kollaps. Er wirkt auf das zentrale Nervensystem und die Nieren, ist durchblutungsfördernd und schleimlösend bei Ateminfekten. Eine Überdosis hingegen kehrt seine heilsame Wirkung um in Depersonalisation, Verwirrtheit, Déjàvus oder Amnesie!

Affirmation

Kosmische Heilkraft klärt meine Aura und ruft meine befreite Kraft in mich zurück.

Metasequoia/ Urweltmammutbaum

(Metasequoia glyptostroboides)

Zartbesaiteter Riese im friedvollen Fluss

Mit Sanftmut und Strahlkraft führe ich dich auf eine tiefere Ebene des Fühlens. Lade den Frieden ein, und lausche dem Fluss deiner Mitte: Hörst du das leise Spiel des Windes und des Wassers? Dort beginnt dein neues Sein.

BOTSCHAFT

Du hast deinen Seelenweg in der neuen Zeit bereits aufgenommen und dich darauf ausgerichtet, Frieden in diese Welt zu bringen. Manches befindet sich noch im Übergang, und du kannst den Eindruck gewinnen, es ginge nicht voran. Doch dann geschehen Prozesse im Unterbewusstsein jenseits des Verstan-

Affirmation

Ich erinnere mich an die tiefe Stille und bin dadurch selbst der Leuchtturm bei der Rückkehr in meinen seelischen Heimathafen.

des. In dieser stillen Umstrukturierung der Muster braucht es deine beständige Ausrichtung auf dein Vertrauen. Suche Plätze nahe dem Wasser oder Kraftorte auf, an denen wenige oder keine Fremdeinflüsse und elektromagnetischen Störungen auf den Heilungsprozess deiner Wurzeln im Nervensystem einwirken. Momentan ist für dich nicht die Zeit, Großveranstaltungen zu besuchen. Du brauchst die Natur jenseits der Zivilisation – so lange, bis deine Impulswahrnehmung und die Führung durch das Gewebe der Natur wieder übereinstimmen.

WEITERE ANREGUNGEN

› Plane eine Tour entlang einem Fluss oder durch Wald und Felder.
› Bewegung in ursprünglicher Landschaft bringt neuen Lebensfluss.
› Tai-Chi und stilles Qigong bewegen deinen inneren See und stärken die Wurzeln.
› In dir wirkt friedliches Sein jenseits von Zweckorientierung und Verstand, und Transformation geschieht jenseits der Worte.

WISSENSWERTES

Metasequoia, der Urweltmammutbaum oder auch Chinesisches Rotholz, kam aus China zu uns und wird seitdem in Parks und Gärten als Zierbaum angepflanzt. Sein Stamm fühlt sich weich an und besitzt eine graubraune Borke, die sich in langen Streifen ablöst und dabei die darunter liegende rotbraune innere Rinde freilegt. Wie die Lärche verliert der Metasequoia sein zartes Nadelkleid vor dem Winter in einem prächtigen Farbenspiel. Daher wird er auch Wasserlärche genannt, denn er steht oft nahe dem Wasser, mit dem er sich still zu unterhalten scheint. Er gilt als Urbaum und »lebendiges Fossil«. Auf der Insel Mainau befindet sich eine besonders schöne Allee hoher Exemplare.

Wacholder
(Juniperus)

Kraftvolle Lebendigkeit in allen Elementen

Sehnsucht nach Vitalität und den Ursprungselementen allen Lebens führen dich zu mir. Wie im Medizinrad die vier Himmelsrichtungen kann ich dir auf allen Ebenen die naturgegebene Urkraft für jede Anforderung zeigen.

BOTSCHAFT

Vielleicht fühlst du dich gerade überfordert damit, dass die wirtschaftlichen Ressourcen knapp sind und du dennoch dem Ruf deines Herzens folgen möchtest. Der Wacholder zeigt dir Wege kontinuierlichen, langsamen Wachstums. Er wächst in der Einöde der Wüste und bis zur Baumgrenze auf 3000 Metern Höhe – seine Anpassungskraft ist einzigartig! Zudem ist er seit jeher bekannt für seine alchemistischen Heilkräfte und die Fähigkeit, schlechte Einflüsse, Krankheiten und schädigende Energieübernahmen zu vertreiben. Kläre deine Aura! Rufe, klopfe oder trommle die Elemente in dir wach! Der Wacholder traut sich auch in Moorlandschaften und Regionen, in denen kaum ein anderer Baum wächst. Er kann deiner Seele ein wunderbarer Begleiter sein, wenn du in die Unterwelt reist. Sein Hain und sein Holz helfen dir, zu erkennen, wo es in deinem Leben der Klärung bedarf, sowohl im Zuhause als auch in Beziehungen. Sein Holz wird gern für Ruten und Amulette genutzt, und seine verräucherten Zweige desinfizieren Haus und Hof. Sei bei ihm aufmerksam: Er ist durch seine Wachsamkeit und Weitsicht oft einen Schritt voraus und kann dir zuflüstern, was tief in der Seele als Kraft spendender nächster Schritt gebraucht wird!

WEITERE ANREGUNGEN

- Gibt es noch Klärungsbedarf in vergangenen Beziehungen?
- Sei bereit für die Wandlung – selbst unter schwierigen Lebensbedingungen.
- Wähle Langsamkeit im Wachstum zugunsten der Stabilität und der Ausdehnung.

WISSENSWERTES

Der Wacholder ist als Zypressengewächs mit seinen 70 Arten der über alle Klimazonen und Höhenregionen weitverbreitetste Nadelbaum der Nordhalbkugel – von den Subtropen bis zur Arktis, von der Wüste bis ins Gebirge. Sein tiefes Wurzelwerk und sein langsa-

Affirmation
Ich diene mir und dem Leben in Beständigkeit und permanenter Anpassung an die Gegebenheiten.

mes Wachstum verleihen ihm Robustheit und Standfestigkeit, selbst auf dem Sturm ausgesetzten Felsen.

In Deutschland gibt es noch einige Regionen mit typischen Wacholderbeständen, u. a. in der Lüneburger Heide, am Dörnberg bei Kassel oder im Westerwald. Der bekannteste Wacholderhain liegt in Haselünne im Emsland. Er umfasst ein ca. 20 Hektar großes abgegrenztes Naturschutzgebiet mit frei weidenden Ziegen, Schafherden und Pferden. Auf einem besonderen Pfad um eine kleine Seelandschaft kann man sich von der klärenden Heilkraft des Wacholders überzeugen.

Beeindruckend sind auch die Wacholderlandschaften in Utah: Der westamerikanische Wacholder, Juniperus occidentalis, erschafft zusammen mit farbigen Felsgesteinen und der rot-korallfarbenen Erde ein atemberaubendes Bild. Hier kann der Wacholderbaum über 20 Meter Höhe erreichen, und viele der Baumältesten zeigen einen ungewöhnlich starken, drehwüchsigen Stamm und vom Wind zerzauste Kronen mit bizarren Trockenästen.

In der Mythologie gilt er als Hüter der Schwelle mit großer Heilkraft: Seine Beeren stärken die Nerven und die Nieren, desinfizieren den Verdauungstrakt und schenken gute Abwehrkräfte. Einige Zweige, an den Ofen gelegt, halten das Haus des Heilers klar. Der Zuckeranteil seiner Beeren von 30 Prozent und mehr ermöglicht eine Maischeherstellung für die beliebten Destillate Gin und Genever.

Arbutus/Erdbeerbaum

(Arbutus)

Tänzerin der weiblichen Führung auf indigenen Pfaden

Meine indianischen Wurzeln erreichen die Tiefe deiner Seele. Auf dem Pfad des natürlichen Gewebes im ewigen Geist heiße ich dich willkommen, denn ich sehe deinen Respekt für die Wissensschätze dieser Erde.

BOTSCHAFT

Da du mit aufrichtiger Beständigkeit und Wertschätzung für das alte Wissen dieser Erde nach immer tieferen Wurzeln in dir suchst, segnet der Arbutus dich mit einer aufschlussreichen Botschaft. Der »Erdbeerbaum« ist ein eher stilles Wesen, das sich mit seinem tiefsinnigen Ausdruck nur dem offenbart, der ein achtsames, echtes Interesse mitbringt.

Vielleicht hast du einige Rückschläge, Scheitern oder Stagnation empfunden, warst schon nahe dem Aufgeben – der Arbutus vermag nach Erschöpfung und den Prüfungen des Lebens deinen eigenen Tanz wiederzubeleben. Seine Kraft entfacht dein Lebensfeuer nach schwierigen Zeiten. Er versichert dir, dass du noch nicht am Ende bist, solange dein Herzenswunsch nicht erfüllt ist. Jeden Tag geht die Sonne wieder auf! Die Unterstützung durch das Universum geschieht nach einem höheren Zeitplan, auf nicht erkennbaren Ebenen eilt sie dir bereits entgegen. Tore für heilende Kommunikation öffnen sich, etwas aus der Tiefe arbeitet sich stetig in dein Bewusstsein empor. Sei zuversichtlich – es gilt, auch an trüben Tagen nicht zu verzagen.

WEITERE ANREGUNGEN

- Das indigene Wissen ist ein Schatz der Menschheit.
- Feuer und Wasser, Erde und Luft: Alles belebt dein Sein im Lebenstanz.
- Mal brauchst du im Leben einen Sturm, mal ein Feuer der Transformation – sei mutig und voller Vertrauen, und verlasse deine Komfortzone.
- Folge dem Ruf deiner Seele, und wage das echte Leben!
- Atme, und öffne dich der Weite des friedvollen Ozeans.

WISSENSWERTES

Arbuti sind immergrüne Bäume aus der Familie der Heidegewächse mit glatter, abblätternder, meist rotbrauner bis gelblicher Rinde. Diese Gattung umfasst elf

Arten, die vom Norden Amerikas bis Mittelamerika, auf den Kanaren und im Mittelmeerraum verbreitet sind, wo sie auch Hagapfel oder Meerkirsche genannt werden. In Mittelamerika kann der Arbutus in bis zu 3100 Meter Höhe wachsen, in Nordamerika braucht er die Nähe zum Wasser. Die roten, beerigen Früchte, die süßsauer und mehlig schmecken, werden gern zu Wein und Fruchtgelee verarbeitet. Der Arbutus mensziesii wächst an der Pazifikküste von British Columbia bis zur Baja California. Die Ureinwohner von Nordwestkanada nutzen Rinde und Früchte bei chronischen Erkältungs- und Schwächezuständen. Die Heilkraft entfacht stetig in der Tiefe ein Feuer, dessen Funken die Lebenskraft zum Wiederaufblühen aufrufen. Die Früchte enthalten viel Vitamin C. Der ganze Baum erscheint feurig und tanzend: Er schmiegt sich an seine Nachbarbäume Douglasie und Hemlocktanne an – als leuchtender Küstenlaubbaum unter Nadelgeschwistern. Am Mittelmeer wird seine Schwester, der Arbutus canarias, Madrona genannt. In der Serra de Monchique verzauberten die hellrosa glockenförmigen Blüten von Oktober bis Dezember die Winterwälder, bis ein großer Teil der Flora den Waldbränden zum Opfer fiel. Die Früchte des Winterblühers reifen sehr langsam und sind viel größer als die der nordwestamerikanischen Halbbrüder. Oft hängen sie mit der Blüte gleichzeitig am Strauchbaum. In Portugal wird aus der Frucht der hochprozentige Algarvenschnaps Medronho gewonnen.

Affirmation

Tief in mir verbunden mit der ursprünglichen Natur, meistere ich alle langwierigen Hürden und finde zurück zur Lebendigkeit.

Tannen und Fichten
(Abies und Picea)

Stärkende Lichtboten für ein liebevolles Wir

Unser tiefes, dunkles Grün zeigt dir Weite und eine höhere Perspektive des Zusammenwirkens auf allen Ebenen – von den himmlischen Sphären bis hinab ins Erdenreich mit seinem ewigen Wissen. Wage es, dich einzulassen!

BOTSCHAFT

Du bist vielleicht eher introvertiert und zögerst, deine Stärke in Gruppen zu demonstrieren. Nimm dir etwas Zeit für einen Waldspaziergang, und lausche der Stille der Nadelbäume. Auf den herabgefallenen Nadeln werden deine Schritte sanft und bedacht. Genau wie die Wildtiere befindest du dich in guter Obhut unter dem dichten, immergrünen Dach des Waldes. Hier kannst du klärende Luft einatmen, deinen Blick im Grün baden und deinen Organismus mit Lebenskraft auftanken. Wenn dein Kopf hier frei wird, kannst du dich rückverbinden mit unerschütterlichem kosmischem und irdischem Urvertrauen. Tannen und Fichten halten heftigem Sturm stand – aufrecht und würdevoll. Auch in dir besteht diese gewachsene Festigkeit, auch wenn du sie manchmal nicht spürst. Deine Zurückhaltung mag dich in mancher Situation ehren, doch zu anderen Zeiten ist es wichtig, dass du Begabungen und das Wissen um die Zusammenhänge in die Welt bringst, damit deine Seelengröße zum Vorschein kommt. Nimm eine klare Position ein – für dich selbst und das Anliegen, das dir jetzt am Herzen liegt. Besprich mit einfühlsamen Gleichgesinnten deine Visionen für eine Welt der wertschätzenden Beziehungen. Dann kannst du dich und andere daran erinnern, von einem »Ja, aber« zu einem kreativen »Ja, und« zu finden.

WEITERE ANREGUNGEN

› Es gibt das eine Leben. Der eine Atem pulsiert und fließt in allen lebendigen Wesen dieser Erde.
› Sei dir deiner selbst bewusst: Deine Beziehungsmuster und Umgangsformen sind klar auf Liebe und Wahrheit ausgerichtet.
› Die Klarheit des Sternenlichtes spiegelt sich im inneren See deines Geistes wider. Wage es heute, auszudrücken, was du in einer Situation wahrnimmst.
› Sei dankbar für deine Talente und dein klares Erkennen wesentlicher Zusammenhänge und Werte einer bewussten Gemeinschaft.

WISSENSWERTES

Nadelbäume besiedeln die Erde bereits länger als die Laubbäume. Große verbundene Waldgebiete blühen alle paar Jahre gemeinsam und gleichzeitig ungeachtet der Ländergrenzen! Fichten haben hängende Zapfen, die der Tanne wachsen gen Himmel, bei der edlen Weißtanne auf sehr erhabene Weise. Alle Knospen enthalten viel Harz und ätherische Öle, die die Umgebungsluft klären und keimtötend wirken. Daher kann man im Winter die Raumluft zu Hause mit einigen Fichten- oder Tannenzweigen in einer Vase deutlich verbessern. Das ätherische Öl kann auch in der Duftlampe, die Nadeln können zum Verräuchern genutzt werden. Tannen- und Fichtenpech, -teer und -harz werden noch immer im Hausbau zum Versiegeln und zum Erhöhen der Wetterbeständigkeit eingesetzt. Gekautes Tannenharz reinigt und desinfiziert Mund und Zähne. Die Hauptanwendung der Heilkraft in der Naturheilkunde liegt in der Behandlung von Rheuma und Gicht, Husten und Bronchialerkrankungen. Dabei kommen vor allem Bäder, Einreibungen und Salben zum Einsatz.

Unser Brauch der Weihnachtstanne – meist ist es eine Fichte – ist eine wiederbelebte Version der germanischen Mittwinterzeit. Zum Advent und den Rauhnächten erhellt sie das Haus und stärkt die Gemeinschaft der Familie und Freunde.

Affirmation:

Kosmisches Licht fließt in kristallinen Strukturen bis in das Innere meiner Zellen und erhellt alles Sein.

Eukalyptus
(Eucalyptus)

Affirmation

Ich finde die Songline meines persönlichen Traumpfades. Zur richtigen Zeit empfange ich unerwartet die Botschaft des nächsten Schrittes meiner Bestimmung aus dem natürlichen Gewebe der Natur.

Überlebenskünstler im stillen Alleingang

Ich lade dich ein, in dein Unterbewusstsein zu reisen. Lausche den Ursprungsräumen und den Zwischenwelten – dann meisterst du deine eigene Entwicklung, beherzigst die Elemente in dir und findest in jeder Situation deinen ureigenen Weg.

BOTSCHAFT

»Eukalyptus« bedeutet »versteckte Blütenknospe«. Dieser Baum teilt sein Wissen nur mit wenigen, die in Respekt vor der Weisheit der Ahnen, Mutter Erde und der Allverbundenheit zu ihm kommen. Dich empfängt er heute, um dich in eine Bewusstseinserweiterung zu begleiten, sofern du bereit bist, ohne Diskussion und Umschweife in achtsame Langsamkeit abzutauchen. Lausche in dich und gleichzeitig in die Weite der Welt. Da ist mehr Raum in dir, als du gerade lebst – und er möchte von dir entdeckt werden. Werde wach für dich selbst, und erwecke deine schlafenden Anteile! Der Eukalyptus unterstützt dich, indem er dir den Zugang zu den für die Wandlung nötigen Zwischentönen und Frequenzen verschafft. Öffne dich für eine unsichtbare Brücke zwischen den Extremen. Gehe durch deinen inneren Flusslauf, hinterlasse liebevolle Fußspuren auf Mutter Erde, und vor allem: Entspanne deine Atmung dabei. Weite den inneren Raum deiner Lungen, nimm die Zirkulation der Luft wahr, und lasse daraus Töne und das Wissen deines Herzens aufsteigen! Die Kraft des Eukalyptus klärt und befreit. Erkenntnis und unmöglich Scheinendes werden Wirklichkeit.

WEITERE ANREGUNGEN

› Die verborgene Blütenknospe kennt ihren Weg in die Jetztzeit.
› Sei spontan für einen neuen Traum bereit.
› Finde innere Weite, und dein Weg findet dich.
› Achte die Elemente in dir, lebe sie, und gesunde im Fluss!

WISSENSWERTES

Australien war der erste Erdteil, der sich vom Urkontinent Gondwana ablöste. Daher entwickelte sich hier eine ganz eigene Flora. Es gibt im Grunde nur eine dominante Baumart in vielfältigsten Erscheinungsbildern: den Eukalyptus. Er fand für jeden Standort eine Anpassung und Lösung für die Nährstoffzufuhr. Sein tiefes geomantisches Wissen ist eng verknüpft mit den australischen Ureinwohnern und ihrem Mythos von der Regenbogenschlange. Die Aborigines erlauben nicht, dass über dieses Urwissen des Eukalyptus geschrieben wird, und das sollte respektiert werden, denn dieses Wissen entspringt anderen Naturdimensionen. Dennoch möchte ich auf ein Phänomen eingehen: Der Eukalyptus wirft unvermittelt Äste ab. Er mahnt uns damit und rüttelt unser Bewusstsein wach: Die Kopflastigkeit unseres Zeitgeistes und die Manipulationen an seiner Art müssen wir vor Mutter Erde und den nächsten Generationen verantworten. Die Schnelllebigkeit, die aus einer einseitigen Verstandesbetonung resultiert, hinterlässt immer mehr Unverdautes, und die Ignoranz den elementaren Kräften gegenüber äußert sich in zunehmenden Schmerzen und Extremen. Wir sollten dem Eukalyptus, den Urwäldern und unseren inneren Elementen gut zuhören. Mit seinen von Termiten ausgehöhlten Ästen schenkt der Eukalyptus das Holz für Didgeridoos. Das Atemtraining mit dem Didgeridoo ist therapeutisch anerkannt. Wie viele Äste muss der Eukalyptus noch abwerfen, bis wir unsere Atmung weiten, in der Tiefe zirkulieren lassen und wieder aus dem Herzen tönen? Dann könnten wir gemeinsam die Verletzungen von Mutter Erde heilen und dem natürlichen Gewebe der Erde zuhören.

Banyanfeige
(Ficus benghalensis)

Heiliger Erleuchtungshain der tausend Wurzeln

Meine unzähligen Wurzelsäulen schaffen einen Ort der Stille und der Heiligkeit. Komme her, und setze dich zu meinen Füßen. In der Stille spreche ich das Gebet des ewigen Flusses und singe dir sein Lied.

BOTSCHAFT

Nach einer langen Reise kann man wunderbar unter der Banyanfeige ausruhen, bevor man öffentliche Plätze und Sehenswürdigkeiten besucht. Die großen Wurzeln sind ein guter Ort, um sich zu sammeln und so bei sich selbst anzukommen. Auch im übertragenen Sinn erinnert der Banyan an Heilwege. Er ist ein Schutzbaum für Schöpfungsprozesse und alles, was neu in die Welt kommt. Wenn du heute der Banyanfeige begegnest, brauchst du eher eine stille Besinnungsphase als große Unternehmungen. Hast du vielleicht schon lange die Idee, einen Meditationsplatz für dich einzurichten? Dann erschaffe ihn jetzt! Die Banyanfeige inspiriert dich zu einem neuen Gewahrsein für dich selbst. Vielleicht hat deine Seele lange darauf gewartet, dass sich ein Freiraum öffnet, du ein Projekt oder eine langjährige Verpflichtung abschließt. Sieh die Chance darin, die zusätzliche Zeit und den neuen Raum für die Entwicklung deines spirituellen Bewusstseins zu nutzen! Diese geschieht in der täglichen Ausrichtung auf seelisches Wachstum in kleinen Ritualen. Du selbst wählst die Klangfarbe deines Erlebens und bist niemandem Rechenschaft schuldig. Ergebenheit und Automatismen eines subtilen Gehorsams haben dich womöglich immer wieder gehemmt, anderen einen Wunsch auszuschlagen, obwohl du dir nicht sicher warst, ob du das wirklich selbst möchtest. Der Banyan lehrt dich, ein klares Ja und ein klares Nein zu erwidern, und ermutigt dich zu Selbstehrlichkeit und Selbsttreue. Du allein bist der Schöpfer deines Seelenweges. Hiermit erhältst du die Einladung, dich seelisch wahrhaftig weiterzuentwickeln.

WEITERE ANREGUNGEN

- Die Stille ruft dich. Rufe du dich in dich selbst zurück, und sei.
- Positioniere dich mit deiner Idee und deiner Auffassung – dann bist du in deiner Herzenswahrheit beschützt.
- Töne »Om«, um dein Kronenchakra für die Wärme und das Licht der Sonne und der Sterne zu öffnen.

› Die Wogen des Ozeans schwingen im Einklang mit dem Puls deines Seins: In Geborgenheit und Wärme sinkt dein Bewusstsein tiefer.
› Das Universum breitet seine Arme aus und heißt dich jeden Tag willkommen.
› Liebe fließt in deinen Freiraum und weitet die Flügel deiner Seele.

WISSENSWERTES

In Indien, Pakistan, China und Ostasien gilt die Banyanfeige mit ihren riesigen Wurzeln und großen, ledrigen Blättern als einer der heiligsten Bäume. Wie sein Ficusbruder Pipal wird er als Lebensbaum und Heiligtum der Erleuchtung betrachtet. Unter ihm versammeln sich Pilger und Erkenntnissuchende. Seit jeher hat er Tempel und Klöster gesäumt und wurde als Symbol des indischen Schöpfergottes Brahman und des Friedens verehrt. Wenn du einen solchen Baum aus der Ferne siehst, erscheint er wie ein kleiner Wald, denn alte Banyanfeigen können mehrere Hundert Säulenwurzeln ausbilden und Tausende kleinerer Luftwurzeln! Wie bei allen Ficusarten tritt bei Verletzungen seiner Äste oder seines Stammes die Baummilch hervor. Neue Blätter erscheinen zunächst zusammengerollt wie gebogene Stängel und sind von einer pergamentartigen, haut- bis rosafarbenen Hülle umfasst. Der Banyan duftet nachts angenehm und strahlt damit eine große Mystik aus, da er mit dem Sternenhimmel zu kommunizieren scheint. Seine vielen Wurzeln wirken in der Dunkelheit wie tausend Gliedmaßen, an denen sie das Sternenlicht hinunterfließen lassen.

Affirmation
Meditation ist das Ziel meiner Sehnsucht.

Olivenbaum
(Olea europaea)

Weiser Pionier der Fülle und des Friedens

Meine Präsenz möchte dich an deine eigenen Weisheiten langen Erdendaseins erinnern. Vielleicht bist du eine alte Seele wie ich – und erlaubst dir nun, deinen Wissensschatz in die Welt zu tragen.

BOTSCHAFT

Sei dir sicher, dass deine Gabe jetzt gefragt ist und dein Wissen in die Welt fließen möchte. Du brauchst keine spektakulären Auftritte, immer mehr Fortbildungen oder Statussymbole. Die Welt braucht dich in deiner Herzlichkeit und mit dem Wissen deiner Seelenerfahrung. Weisheit im Handeln erfordert beides: eine mutige, geerdete Impulsivität und überlegte Einfachheit. Gute Führungskräfte dienen dem großen Ganzen. Sie schlichten durch ihre Schlichtheit und ihre menschliche Wärme. Werde dir deiner individuellen Führungsqualitäten bewusst, und vollbringe Wunder, die anderen zur Inspiration werden. Wenn Menschen verzweifelt und von kriegerischen Dummheiten und Gier erschöpft sind und sich dann ihrer Demut besinnen, verkündet der Olivenbaum, dass das Leben neu beginnt – wie damals, als die Taube mit dem Olivenzweig im Schnabel zu Noah zurückkehrte. Die Wahrheit wird immer siegen, wenn unsere Bereitschaft zu Menschlichkeit und Vertrauen wieder friedvolle Anbindung gefunden hat!

WEITERE ANREGUNGEN

- Durch dich fließt auf wundervolle Weise der Lebensstrom der Fülle.
- Säe Samen, deren Früchte die nächste Generation als Frieden ernten kann.
- Die Welt braucht Absolventen der Universität des Friedens, Herzensgelehrte an der Seite der Unterdrückten und Sternengeschichtenerzähler in den Klassenzimmern unserer Kinder.
- Deine lichtvollen Friedensklänge erhellen das ewige Jetzt!
- Dankbarkeit öffnet das Herz.
- Vertrauen bringt Gedeihen und Fülle hervor.

WISSENSWERTES

Der mit ca. 4000 Jahren älteste Olivenbaum steht auf Kreta. Ursprünglich kommt der »echte Ölbaum« aus dem Mittelmeergebiet, dem Nahen Osten, der Schwarzmeerregion sowie Südafrika. Die Olivenkerne werden durch Vögel verbreitet. Kultiviert wird der

Affirmation

Ich bin voller Gaben, auf die die Welt ihre Hoffnung für ewigen Frieden legt.

Baum durch Stecklinge oder Pfropfen. Ernte trägt er nach dem Rhythmus der Alternanz, also meist im zweijährigen Rhythmus. In lockeren Böden können die Wurzeln bis zu 7 Meter tief wachsen, und jede ist einem Hauptast zugeordnet. Entfernt man diesen Ast, so verkümmert auch die zugehörige Wurzel. Ein direkter Spiegel von oben und unten!

Die Heilkräfte des goldenen Olivenöls sind vielfältig: Es enthält viele ungesättigte Fettsäuren und nur wenig Cholesterin. Es regt die Gallensekretion an und verringert die Gallensteinbildung. Magensäure kann durch das Öl reduziert werden, und die Oberbauchorgane Milz, Bauchspeicheldrüse und Leber werden tonisiert. Die in den Ölen kalt gepresster, naturbelassener »extra vergine«-Qualitäten erhaltene Oleinsäure senkt das LDL und wirkt so Arterienverkalkung entgegen. Zusätzlich weitet das Oleuropein die Arterien. Oleinsäure hat auch eine stabilisierende Wirkung auf den Blutzucker, ist stark antioxidativ und wird bereits in der Krebsforschung erkundet. Olivenöl stärkt Herz und Kreislauf. Als heilsames Mittel gegen Hautekzeme wird es in Salben angeboten. In vielen Kulturen und Religionen war Olivenöl das Öl der zeremoniellen Salbung sowohl der Könige und Priester als auch Sterbender zur Segnung für einen friedvollen Übergang. Natürlich ist das vitaminreiche Öl auch in der Kosmetikindustrie sehr beliebt.

Der Olivenbaum inspirierte van Gogh zu vielen Gemälden und auch die drei großen literarischen Werke von Michael Ende, die er in seinem Landsitz südlich von Rom schrieb.

Thuja/Abendländischer Lebensbaum (Thuja occidentalis)

Wiedererwecker des Lebensfunkens

Mein Stamm trägt das Erbe und das Wissen der Generationen. Bei mir kannst du Kraft tanken, um dich aus Schwere, Angst und Stagnation zu lösen. Erwecke das dir innewohnende Lebensfeuer und das Vertrauen wieder.

BOTSCHAFT

Womöglich erscheint dir ein Lebensprozess im Stillstand gefangen, und dieses Gefühl des Feststeckens ängstigt und erschöpft dich. Vielleicht legt sich Nebel auf deine Augen und fühlen sich die Beine schwer an, kaum in der Lage für den nächsten Schritt. Die Thuja hilft dir, denn sie ist eine Meisterin im Entfachen der Lebenskraft. Die brauchst du jetzt, um in Bewegung und Schwung zu kommen. Der Baum klärt ererbte Belastungen aus der Geschichte deiner Ahnen, aus kollektiven Glaubenskonzepten oder früheren Inkarnationen, er entlarvt Doppelmoral und Geheimnisse. Wenn du dich in die Kommunikation mit der Thuja begibst, wirst du mit reichen Träumen gesegnet. Sei sicher, dass deine Kraft nun wieder in Richtung Lebendigkeit findet: Aus einer schwachen Glut entfacht dein Lebensfeuer und mit ihm die Fähigkeit, Altes loszulassen und dich neu zu erkennen.

WEITERE ANREGUNGEN

› Das Feuer erneuert dein Leben.
› Die Weisheit des Inneren Kindes kommt zurück ins Licht!
› Löse dich von allem, was deinem höheren Bewusstsein entgegenwirkt.
› Besser spät als nie.

WISSENSWERTES

Die Thuja gehört zu den Zypressengewächsen. In Kanada und den USA ist sie als bedeutendste Waldbaumart verbreitet. Sie wächst besonders gut auf nassen Böden und in Küstengebieten. Die Thuja wird von den nordamerikanischen Ureinwohnern bis heute als zeremonieller Baum genutzt. Rinde, Zweigspitzen und Zapfen sind giftig und können bei Allergikern schon durch Berührung Hautreizungen verursachen. Die Thuja ist in der Homöopathie bekannt als großes Umstimmungsmittel und gegen unerwünschte Auswirkungen nach Impfungen. Warzen lösen sich durch Globuli-Einnahme und das Auftragen der Urtinktur oft auf. Thujaduft ist angenehm zitronig und befreit auch als ätherisches Öl aus Stagnation und Schwermut. Die rundlichen Blütenknospen schimmern golden in der Sonne. Thujaholz ist wertvoll aufgrund seiner rotbraunen Maserung mit kraftvoller Ausstrahlung. Holz und Harz sind für aromatische Räucherungen geeignet.

Affirmation

Ich steige aus dem Sumpf der Schwere und auferlegter Moralvorstellungen. Durch den Nebel hindurch gelange ich nun ganz zu mir selbst.

Eibe (Taxus)

Ewig fließender Wandelhain der Seele

Ich begleite dich in den Raum der tiefen Transformation. Wir begeben uns auf eine innere Reise jenseits dieser Welt, in Bereiche, wo Leben und Sterben als ewiger Wandel in Natürlichkeit miteinander tanzen.

Affirmation

Ich gehe meine Heilschritte langsam, damit sich die zurückgeholten Anteile und Energien gut erden und integrieren können.

BOTSCHAFT

Momentan erbittet eine sehr alte Seelenwunde dein Gewahrsein. Durch eingefrorene Reflexe verlieren wir oft Anteile des Selbst an Gefangenschaft und Starre. Wir empfinden uns im Bann einer Dynamik, die unserem Wesen fremd ist, aber mit uns zu tun haben muss. Manchmal fällt es in solchen Zuständen sogar schwer, zu fühlen, was fremd und was unser Eigenes ist. Mit der Eibe findest du schutzvolles Geleit – auch in der schamanischen Reise in die Unterwelt –, um aus dem Schmerzkörper dieser alten Verletzung hinauszutreten. Vertraue deinem Herzen! Du erfährst die Unterstützung und Heilung, auf die deine Seele so lange wartet, will sie doch durch alle Schichten hindurch und ins Licht wiedergeboren aus dem Schatten aufsteigen. Die Eibe kann dich von dem befreien, was dich lange Zeit in Schwere und Unbeweglichkeit gehalten hat, denn vermeintliche Schuld und überholte Verpflichtungen werden aufgelöst. Du kannst jetzt den Schlüssel in deinem kindlichen Anteil, seiner Reinheit und Liebe, wiederfinden. Nimm dir Zeit für den Prozess, lasse dich begleiten, und sei gewiss, dass die Zeit für die Rückholung deiner Seelenanteile und Energiekörper reif ist! Eiben wachsen langsam, doch dafür halten sie für uns die Erinnerung an ewiges Leben.

WEITERE ANREGUNGEN

- Erlaube dir, dich mit deinen bedürftigen Anteilen zu zeigen.
- Deine Geduld erschafft Beständigkeit und Tiefe.
- Du kannst dich nun mit einem wesentlichen Wandlungsschritt von alten Lasten befreien und dich entwickeln.
- Vertraue darauf, nun durch den Schatten hindurch wiedergeboren zu werden.
- Ahnenkraft und Helfer begleiten dich in der Tiefe deines Prozesses.
- Lausche in der Stille deinem wiedergewonnenen Puls.

WISSENSWERTES

Eiben wachsen langsam und erneuern sich über ein Innenwurzelbildnersystem in ihren Hohlstämmen. So ermöglichen sie das Wachstum mehrerer Generationen in stetigem Regenerationsfluss. In der Mythologie verkörpert die Eibe daher ewiges Leben, Wiedergeburt, den Zugang zur Ahnenkraft und die Kommunikation mit anderen Ebenen. Im Germanischen und Keltischen galt sie als heiliger Baum und als Schutz vor dunklen Mächten, der zu Zeremonien und Visionsreisen aufgesucht wurde. Die Eibenhaine strömen einen intensiven Duft aus und wirken dunkel und ernst. Ihre geschwungenen, rotbraunen, schuppig abblätternden Stämme setzen diesem Eindruck wenig entgegen, da sie knorrige Gestalten in unsere Wahrnehmung heraufbeschwören können. Doch die Eibe macht sich nichts aus den schaurigen Bildern, die die Menschen seit jeher auf sie projizieren. Sie sind vielmehr ein Grund, sie aufzusuchen, um den Hintergrund für hemmende Ängste und diffuse Wahrheiten zu klären! Mit ihrer stoischen Geduld und Weisheit ist die Eibe bereit, den Mutigen zu empfangen und durch Transformationen hindurch zu dessen erlöstem Selbst zu geleiten.

Die Eibe ist die älteste europäische Baumart und war ursprünglich in Süd-, West- und Mitteleuropa, im Atlasgebirge, dem Baltikum sowie Kleinasien und Nordiran verbreitet. Heute stehen die größten Bestände an der türkischen Mittelmeerküste und im Kaukasus. Im Schweizer Jura stehen einige tausendjährige Eiben. Die Steibis-Eibe ist Bayerns ältester Baum.*

Das Eibenholz war aufgrund seiner außergewöhnlichen Härte und Zähigkeit zum Bau von Speer und Bogen begehrt, was die Bäume in langen Kriegsepochen vielerorts ausgelöscht hat. Es wurde in unseren Breiten früher als das »deutsche Ebenholz« gehandelt.** Eiben sind die einzigen Nadelhölzer, die keine Harzkanäle besitzen und auch keine ätherischen Öle ausbilden. Alle ihre Pflanzenanteile, außer der roten Samenschale der Frucht, enthalten das giftige Taxin. Im 20. Jahrhundert war sie in den USA gefährdet aufgrund der hohen Nachfrage nach ihrem Wirkstoff Taxol für die Chemotherapie, der heute glücklicherweise halbsynthetisch oder in einem speziellen Hybridverfahren hergestellt wird.

---

* Vgl. Fred Hageneder: Die Eibe in neuem Licht. Neue Erde, Saarbrücken 2007.

** Vgl. Hermann-Josef Weidinger: Mensch und Baum. Kosmos, Stuttgart 2018.

Mittelmeerzypresse
(Cupressus sempervirens)

Himmelsbotschafter entlang dem Seelenweg

Mein Wesen strebt zum himmlischen Geist. Welche Werte möchtest du mit Begeisterung in höhere Sphären heben? Ich säume schützend deinen Seelenweg und gebe dir lichtvolles Geleit – als Bote der göttlichen Reinheit.

BOTSCHAFT

Vielleicht möchtest du schon seit längerer Zeit deine Lebenserfahrung und Herzensweisheit zum Wohl der Gemeinschaft einbringen oder hast mit dieser Aufgabe deine Berufung angetreten. In jedem Fall ermutigt dich die Zypresse dazu, deinen Wirkungskreis zu erweitern, indem du deine Botschaft an Multiplikatoren und Gleichgesinnte heranträgst. Gemeinschaft im Anliegen kann die Schwingung des gesamten Feldes erhöhen.

Affirmation

Dankbar begebe ich mich auf menschlichen Wandelpfaden in die Hände lichtvollen Schutzgeleits und vertraue auf die Botschaft der göttlichen Reinheit.

Die Ausrichtung auf das Wesentliche klärt deinen Geist und stärkt dein Gefühl der Selbstwirksamkeit. Vertraue darauf, dass die neuen Pfade deines Lebens schützend gesäumt sind, sodass du dich auf dein Ziel fokussieren kannst. Denke an die säulenförmigen Zypressen an den Serpentinenstraßen der Toskana und die uralten Alleen in der französischen Provence. Genieße deine Reise im Licht und das Durchschreiten der Bewusstseinstore mit Gleichgesinnten.

WEITERE ANREGUNGEN

› Das Licht des Himmels erinnert dich jeden Tag an die Auferstehung und die Unsterblichkeit der Seele.
› In der Treue zu dir selbst reift dein spirituelles Wesen in deine Persönlichkeit hinein.
› Verbinde dich mit anderen, die ihren Herzensanliegen treu sind.
› Lasse alles los, was die Ausrichtung in dir und die Umsetzung erschwert.
› Sei eindeutig in der Vermittlung deiner Herzensbotschaft.
› Empfange die Botschaften des Lichtes in Dankbarkeit, und leite sie weiter an die, denen sie auf ihrem spirituellen Weg dienlich sind.
› Du bist beschützt im göttlichen Lichtstrahl entlang deinem Weg.

WISSENSWERTES

Die Zypresse ist wie die Olive ein biblischer Baum, der bereits im Alten Testament vielfach als guter Geist geehrt wurde. Sein teures Holz rahmt zusammen mit dem der Zeder und des Wacholders die Tore von heiligen Stätten, Tempeln und Palästen. In Israel, in der Toskana und in der Provence gibt es Zypressen, die auf über 3000 Jahre geschätzt werden.

Die Zypresse erinnert in ihrer Signatur an Säulen und Obelisken. Viele Künstler wurden durch ihr pyramidenförmiges Aufwärtsstreben inspiriert. Sie hält unseren Weg in zentrierten Bahnen und vermittelt so Halt und Schutz. Ihre Heilkraft hilft Lungenkranken und stärkt die Nerven. Das Öl ihrer Früchte als Einreibung lindert Krampfaderleiden. Ihr Harz wird in China zur Steigerung der Lebenskräfte gekaut, und ihre Zweige werden zum Räuchern zur Klärung von Geist und Räumen angewandt. Für Japaner ist die Zypresse mit ihren immunstärkenden Phytonziden die beliebteste Baumart beim »Waldbaden«.

Zeder (Cedrus)

Weiser Segen der inneren Führung

Meine prachtvoll gestuften Flügelschwingen schenken dir Struktur, Aufrichtung und klare Erkenntnisse. Die endlose Weite des himmlischen Gestirns leuchtet durch die Inkarnationen deines Seelenweges hindurch.

BOTSCHAFT

Dein Leben begrüßt gerade neue Struktur und Ausdehnung, denn du hast dich für eine klare Haltung auf deinem spirituellen Weg entschieden. Vielleicht haderst du damit, dass sich dein Freundes- oder Wirkungskreis verändert. Die Zeder ermutigt dich, zu erkennen, dass jeder Wandel und jede Weiterentwicklung ihren Preis und ihren Lohn in sich trägt. Du kannst sicher sein, dass der Aufstieg in neue Bewusstseinsstufen dir Weite und Schönheit verspricht. Die schirmförmige Krone der Zeder fächert sich in deiner Seele auf. Wenn dir die Welt mit ihrer materiellen Orientierung grob und funktionell begegnet, nimm bewusst deine Aufrichtung in den vier transversalen Ebenen des Körpers wahr: Fußbogenspann für deinen Bodenkontakt, Beckenboden, Zwerchfellbogen und Mundgaumenbogen brauchen jetzt bewusste Aufmerksamkeit. Vielleicht findest du eine stärkende Farbe für ihre Visualisierung. Nutze das Zedernholzöl zur Desinfizierung deines Umfeldes und zu deiner Desidentifizierung von Energien, die dir nicht weiter dienlich sind.

WEITERE ANREGUNGEN

- Vertraue der Kraft deines Seelenwachstums.
- Wählerisch zu sein, können wir uns erlauben, wenn dies der Weisheit des Herzens und der Liebe entspringt.
- Deine Aufrichtigkeit befreit dich von allem Substanzlosen.
- Gerechtes und menschenwürdiges Handeln wandelt jede Krise.

WISSENSWERTES

Es gibt nur vier Arten echter Zedern: Cedrus atlantica, die bläuliche Zeder Nordamerikas, brevifolia, eine Mittelmeerart Zyperns, deodara, die Himalayazeder, und libani, die Libanonzeder. Letztere ist Staatswappen als Segensbringer der Fülle. Einst war sie in den libanesischen Gebirgen mit großen Beständen vertreten, heute sind leider nur rudimentäre Reste dieses Reichtums übrig.

Affirmation

Ich stelle mich mit meinen Herzenswerten den Herausforderungen des Lebens. Aus meinen Seelenerfahrungen und meiner inneren göttlichen Führung schöpfe ich die Weisheit für jeden Schritt.

Die immergrünen Nadeln wachsen in kleinen Büscheln wie feste Antennen in alle Richtungen. Die unterschiedlichen männlichen und weiblichen Zapfen stehen aufrecht und drücken Kraft und Stolz aus. Die Zeder verschenkt mit dem Loslassen der Zapfenbasis hölzerne Zedernrosen. Daher ist die Zeder auch Sinnbild für die Liebe, die Schönheit und tiefe Gefühlsreife. Sie symbolisiert seit jeher außergewöhnliche Führungs- und Klärungsqualitäten. Zedernholz wurde wegen seiner Festigkeit, seiner besonderen strahlenden Farbe und seines Duftes immer gern für die Herstellung von Toren, Türen und Möbeln sowie im Schiffsbau benutzt. Auch die Tempel und Paläste der alten Zeit waren aus Zedernholz, etwa Salomos Tempel in Jerusalem. Das Öl des Holzes imprägniert und vertreibt zudem Insekten. Es heilt Lungen- und Harnwegsinfekte, und, mit Olivenöl eingenommen, beruhigt es die Nerven. Als Einreibung hilft es bei Hautekzemen.

In Weinheim an der Weinstraße steht Deutschlands größte Libanonzeder vor dem Schloss. Der Schlossgarten in Bad Homburg beherbergt ebenfalls eine besondere Zedernschönheit, die einem kleinen, besinnlichen Cafégarten die erhebende Kraft ihres breit gefächerten Schirmdaches schenkt.

Bodhi/Pipalbaum/heilige Pappelfeige (Ficus religiosa)

Erleuchtung und gemeinsamer Bewusstseinsaufstieg

Wenn ich dir jetzt erscheine, so lausche: Werde still, und höre in die Weite und Ruhe der Unendlichkeit des Universums hinein. Du bist diese Stille – im ewigen Moment des Jetzt.

BOTSCHAFT

Deine Seele weiß um dein Einssein mit allem und um die Verbundenheit aller Menschen auf höheren Ebenen. Schaue dir das Bodhiblatt an: Es erinnert dich an deine Anbindung zum Höheren Selbst. Dazu braucht es deine Präsenz, deine Offenheit und dein Stillwerden. Dein Erwachen ist in der Saat deines Seins angelegt! Es braucht kein Verändern oder Tun.

Alles, was sich in Hast und Eifer verströmt hat, möchte von dir in deine Mitte zurückgerufen werden und in dein Inneres heimkehren. Im Fluss der Mitte sind wir mit vielschichtigen Dimensionen vernetzt. Durch Synchronizität – einem göttlichen Gewebe unsichtbaren Wurzelwerks ähnlich – finden unsere Seelen einander in Resonanz mit dem morphogenetischen Feld. Dies ermöglicht uns eine Kommunikation jenseits der herkömmlichen Sprache.

In der heutigen Übergangszeit lüften sich die Schleier: Wir erkennen, dass Erleuchtung nichts mit der einzelnen Person zu tun hat. Ein Mensch ist mehr als der kleine Ausschnitt, den wir aus unserer persönlichen Betrachtung heraus wahrnehmen. Wenn wir uns in unser Herz hinein öffnen, erkennen wir das Christusbewusstsein, das Weltenherz, die Ganzheit der Seele – ja, den Buddha in uns und zugleich im anderen!

WEITERE ANREGUNGEN

- Erleuchtung ist ein Aufstieg des Menschseins ins All-eins-Sein.
- Frieden in dir schafft Frieden in der Welt.
- Je höher sich unser Bewusstsein aufschwingt, desto wahrnehmungsfähiger werden wir für Synchronizität und neue Dimensionen.

WISSENSWERTES

Der Bodhi oder Pipalbaum gilt in Indien und Asien bis heute als heiliger Baum. Es heißt, dass der Prinz Gautama Siddhartha 49 Tage unter ihm meditierte, bevor er Erleuchtung erlangte. Buddhisten glauben, dass Buddha in der Lage war, von den Kräften des Baumes, die in das Wurzelreich und Erdgeflecht fließen und dann wieder aufsteigen, die Energie des erwachenden Geistes zu schöpfen, die er für die vielen Tage der Meditation benötigte. »Bodhi« bedeutet »Baum des Erwachens«. Seit Siddharthas Erleuchtung zu Buddha gedieh der riesige Bodhi von Bodh Gaya in der Provinz Bihar noch bis ins 7. Jahrhundert. Er wurde als Sinnbild buddhistischer Erleuchtung von Zehntausenden Pilgern in farbenprächtigen Zeremonien verehrt. Heute stehen hier seine Abkömmlinge. Das Bodhiblatt ist herzförmig und verjüngt sich nach oben wie eine Antenne. Es erinnert an die Form einer Tempel-Stupa. Der Bodhibaum gehört zu den über 700 Arten der Gattung Ficus, unter denen sich viele religiös verehrte Bäume befinden, auch die echte Feige und die Banyanfeige. Die Buddhisten bringen Opfergaben und Räucherwerk zu den Bodhibäumen und kleiden sie mönchsähnlich in orange oder rote Tücher. Auch im Hinduismus hat der Bodhibaum eine ehrenwerte Bedeutung: Unter ihm wurde die Göttin Vishnu geboren, weshalb die Gläubigen Glocken und bunte Tücher in ihn hängen. Seinem botanischen Namen Ficus religiosa kommt er also gleich doppelt nach.

Affirmation

Stille und großer Frieden klingen in mir. Alles kehrt in erleuchteter Verbindung zum göttlichen Quell, in die Mitte allen Seins zurück.

Kapitel 5:

Acht Samen meisterlicher Schutzbäume

Espe/Zitterpappel (Populus tremula)

Weißer Erdenhüter im Aufwind zum Lichteren

Dein Inneres Kind findet in meinem Hain Beruhigung und Schutz. Der Wind singt in meinen Blättern das Lied, das dich durch deine ungreifbaren Ängste hindurch zurück ins Vertrauen trägt. Auch im Angesicht der Dunkelheit bist du sicher im Göttlichen gehalten.

BOTSCHAFT

Die weiß strahlenden Lichtsäulen der nordamerikanischen Espenwälder zeigen in vielen indianischen Territorien einen großen Flächenverbund von heilenden Hainen. Doch auch im Alleinstehen leuchtet die Espe als anmutiger weißer Lichtbaum und eröffnet ein Gefühl der Erhabenheit, der Verspieltheit und des Aufschwungs gleichermaßen. Die indigene Kultur ist eng verknüpft mit der Espe, und in den Sonnenritualen der unterschiedlichsten Stämme repräsentiert sie oft die zentrale Bezugsachse.

Wenn dir heute die Espe entgegenstrahlt, sei in der Tiefe deines Seins beruhigt. Dunkelheit mag sich im Außen auftürmen und dich verunsichern, die Welt voller Düsterheit und Bedrohung erscheinen lassen, doch vieles ist nur ein mentales Ungetüm substanzloser Elementale und Angstgebilde. Gehe mit der Lichtkraft der Espe durch deine diffusen Ängste, und erwache in deinen unangreifbaren Instinkt und das Getragensein vom Göttlichen. Singe mit der Espenkraft, lasse dich in der Visualisierung von einem Pferd durch die Weite der Naturlandschaften tragen und den Wind die Furcht und das Substanzlose aus deiner Aura pusten. Bitte die Geistige Welt, dass

sich Ängste aus Vorzeiten von dir lösen. Bitte um die heilende Stärkung der inneren Verwurzelung und der Heimat in deinem Stamm und um natürliche Ordnung in deinem Stammbaum.
Die Espe kann dir auch helfen, aus ideellen und spirituellen Lehren die eigene Wahrheit für dich herauszukristallisieren. Manchmal musst du verklärte oder mehrdeutige Einflüsse von Lehrmeistern und »Gurus« ausfiltern, die sich dahin geschlichen haben, wo eine Suche nach Zugehörigkeit ungestillt blieb. Diese Sehnsucht kann sich nicht im Außen, sondern nur im Inneren aus der eigenen seelischen Verwurzelung heilen.

WEITERE ANREGUNGEN

- Dein Lachen und das anmutige Lied deiner Seele schwingen dich wieder auf zu höherer Anbindung.
- Habe keine Angst vor den ungreifbaren Einflüssen, sondern lasse sie vertrauensvoll durch dich hindurchfließen, während du mit heilsamen Farben deine Aura aufschwingst.
- Befreie dich durch Singen, Tanzen, Springen und Schütteln von Beklemmungen – am besten draußen im Wind.
- Wenn du in dein Vertrauen zurückfindest, erkennt dein Herz den Weg zu Geborgenheit und innerem Halt.

WISSENSWERTES

Die Pappeln kommen aus der Familie der Weidengewächse. Alle Arten streben auffällig dem Licht zu – sie kennen keine herabhängenden Äste. Die Zitterpappel ist durch ihre gestielten Blattansätze ein Instrument des Windspiels: Bereits auf geringste Luftbewegung reagiert sie mit Rascheln. Doch ihre zweite Qualität ist ihr fester Halt durch die tiefe Verankerung in der Erde.
Aus Pappelknospen kann man einen wundheilenden Balsam herstellen, der ätherische Öle, Harz, Wachs und Mineralien enthält. Die Bienen bedienen sich dieses Balsams für das Auskitten ihrer Bienenstöcke. Durch die Beimengung zusätzlicher Stoffe wird daraus das antibakteriell wirksame Propolis, das unser Immunsystem stark gegen grippale Infekte macht und antibiotische Effekte zeigt.
Rituell wurden Espenblätter bei indigenen Völkern in Waschungen zum Schutz und zum Rauchen eingesetzt.

Affirmation
Ich bin in meinem Körper zu Hause und erlebe die Erdung durch das natürliche Gewebe. Ich wachse über mich und meine bisherigen Grenzen hinaus, indem ich mich für neue Sichtweisen und geistige Frische öffne.

Eberesche
(Sorbus aucuparia)

Überbringerin der Seelenbotschaften aus höherem Lebensbogen

Deine Seele hat meine leuchtend roten Beeren entdeckt, denn sie möchte sich tiefer hineinbegeben in die Wünsche und Sehnsüchte deiner Bestimmung. Werde still, und horche: Etwas kündigt sich an und möchte dir Flügel verleihen, neue kreative Räume für deinen Seelenklang zu erobern!

BOTSCHAFT

Durch die Vögel, die die Früchte der Eberesche so sehr lieben, findet die auch Vogelbeere genannte Lebenskünstlerin immer wieder neue Räume. Ihre Bescheidenheit und Schlichtheit lässt sie auf felsigen Hügeln wachsen und mit wenig Raum am Flussufer oder Waldesrand zufrieden sein. Ihr Wesen jedoch greift im Kontakt tief in die Verbundenheit mit der Erde hinein.

Wenn dir heute ihre leuchtend roten oder orangen Früchte entgegenstrahlen, sei offen für eine Eingebung oder einen augenöffnenden Rat: Es könnte Zeit sein, vielleicht an einem neuen Ort, eine deiner wundervollen Gaben voller Selbstbewusstsein zum Ausdruck zu bringen. Bist du bereit, den Mut aufzubringen und mit Zuversicht und Abenteuerlust einen Schritt aus deiner Komfortzone in neue Zeiten zu setzen?

Mit der Eberesche sind dir der nötige Schutz und eine lichtvolle Aurabeschwingtheit gewiss. Entbehrungen werden von der Fülle deines Selbstausdruckes und der Verbundenheit mit dir selbst und der Gemeinschaft aufgewogen. Nun kommt für dich eine Zeit der Verwirklichung deiner schöpferischen Kräfte und deiner lang schlummernden Träume. Öffne dich für innere Bilder und Ideen. Mit der Eberesche entdeckst du auch neue Wege der Kommunikation jenseits der Worte, in feinsinnigem telepathischem Austausch mit Gleichgesinnten. Sie offenbart dir den nächsten Schritt zu Wagemut im Selbstausdruck!

WEITERE ANREGUNGEN

› Springe zuversichtlich in den ersten Schritt einer neuen Umsetzung deiner Begabung.
› Sei authentisch, kühn und auf Freude eingestellt!
› Deine Aura leuchtet, sobald du deinen Träumen und deinem Herzen folgst und Neues wagst.
› Jetzt du!

WISSENSWERTES

Die Eberesche gehört zur Gattung der Mehlbeeren innerhalb der Familie der Rosengewächse. Vögel tragen mit ihrer ausgeprägten Vorliebe für die Beerenfrüchte zu ihrer Verbreitung bei, indem sie die Samen an den unterschiedlichsten Orten ausscheiden. So besiedelt die Eberesche Brachland und Lichtungen und wächst im Gebirge bis an die Baumgrenze. Die Winterknospen sind dunkelviolett und oft weißfilzig behaart. Von Mai bis Juli blüht die Eberesche in Schirmrispen, in denen 200 bis 300 Blüten vereint sein können. Die orangefarbenen bis leuchtend roten Beeren sind gegenläufig zur herkömmlichen Meinung nicht wirklich giftig, isst man mehr als 8 bis 10 davon, kann dies jedoch die Magenschleimhaut reizen.

Die Eberesche war für die Kelten der Lebensbaum, da er als Symbol für die Wiedererweckung der Natur nach dem Winter galt. Aus seinem Holz wurden vielfach Talismane geschnitzt. Zweige wurden bei der Bestattung als Geleit auf die Reise mitgegeben. Lange Zeit durften seine Zweige ausschließlich zu rituellen Zwecken gebrochen werden. Der englische Name für Eberesche ist »Rowan« und bedeutet »ein Geheimnis« oder »zuflüstern«* – so galt der heilige Baum auch als Botschafter der Seele und als voraussehender Ratgeber auf dem Seelenweg. Er stärkt die Aura und lässt sie leuchtender erscheinen. Daher stammt wahrscheinlich auch sein Ruf, er könne die Alten verjüngen.

Die Vitamin-C-reichen Beeren verlieren durch Einkochen ihre magenreizende Eigenschaft. Die Beeren und ihr Saft wirken blutreinigend und stärkend. Für Sänger und Redner wird das Kauen von 3 bis 5 frischen oder getrockneten Beeren täglich empfohlen, da dies die Stimmbänder besonders geschmeidig hält. Bei Halsschmerzen und Heiserkeit kann ein Absud der Beeren als Gurgellösung, dreimal täglich angewendet, Wunder wirken.

Affirmation

Ich bin beschützt und im Kontakt mit meinem Selbstbewusstsein und meiner lichtvollen Ausstrahlung. Jetzt ist die Zeit, nach innen zu horchen, dem Ruf meiner Bestimmung zu folgen und meine kreative Heldenreise anzutreten.

* Vgl. Fred Hageneder: Der Geist der Bäume. Neue Erde, Saarbrücken 1998.

Schwarzdorn/Schlehe
(Prunus spinosa)

Wegbereiter in die Tiefe der Seelenkraft

Wenn ich dir heute am Wegesrand erscheine, halte inne. In meinem Dickicht liegt ein Schatz verborgen – vielleicht sogar tief vergraben in deine Lebensgeschichte. Sei mutig, und vertraue darauf, dass ich dir mit lichtvollem Schutz den Weg zurück in deine Kraft zeige.

BOTSCHAFT

Auch wenn die Schlehe dir unscheinbar und struppig vorkommt, hat sie dir den Ruf nach einer neuen Integrität deines inneren Systems zugeflüstert. Ein alter Mythos deiner Lebensgeschichte wird womöglich sterben und fügt sich nun in die Erkenntnis eines viel größeren Lebensbogens ein. Die Schlehe zeigt alte Verletzungen und seelische Wunden auf: Wenn du an einem vergangenen Leid festhältst, zahlst du einen zu hohen Preis durch das fortwährende »Nein« der Angst und verbissenen Widerwillen. Dein Schatten hat dich möglicherweise in schwere Arbeit und Leistungsdruck gezwungen. Vielleicht sind dein Wissen und deine Begabungen in den Abgrund eines Schreckens gesunken. Alles sollte nur noch schlafen und niemals mehr erwachen.

Manchmal lässt eine unbewusste Angst vor Verletzlichkeit bestimmte Bereiche im Leben sich gar nicht erst entfalten. Dann bist du zuweilen selbst über dein leichtfertiges, etwas saloppes Verhalten überrascht. Beobachte, ob du in bestimmten Zusammenhängen in den Witz oder die Ablenkung ausweichst. Das Aufrechterhalten von Oberflächlichkeit nimmt uns nicht nur selbst die Chance für tiefere Beziehungsqualitäten und verletzt unsere eigene Seele damit, es kann auch andere verletzen, weil es ihnen nicht die ihnen gebührende Würde schenkt. Überspiele deine innere Verunsicherung, die aus einem frühen Schock entstand, nicht mit Eitelkeit oder der Suche nach Bestätigung deiner Leistungsfähigkeit.

Der Schlehenbusch hält dich heute liebevoll an, deine – vielleicht unbewussten oder automatisierten – Vermeidungsstrategien zu betrachten. Habe den Mut zu tieferen, auch unangenehmen Einsichten in dein Inneres. Ein Clown, der nichts Schlimmeres als Ablehnung befürchtet, überdeckt die Angst auf der Hut vor erneutem Schmerz hinter einer Maske. Die Schlehe spricht die Einladung aus, deine verlorenen Seinsdimensionen nicht weiter in Starre zu halten und dadurch dein Leben bedingen zu lassen. Es ist an der Zeit, mit reinem

Herzen und Mitgefühl bis zur Selbsterkenntnis beim eigenen Schatten zu verweilen. Dann wirst du deinen eigenen Part an der Geschichte erkennen und kannst dich selbst befreien! Liebevolle Schwingungen des Getragenseins und der Selbstannahme finden durch das Dickicht hindurch den lang ersehnten Seelenkontakt. Der einst erschütterte Seelenanteil kann jetzt ins Licht hervortreten, und du holst ihn zurück zu dir!

WEITERE ANREGUNGEN

- Höre auf deine zarteren, tiefen Gefühle!
- Vertraue: Lebendigkeit und Raum in dir wollen wiedergefunden werden! Suche dir gegebenenfalls lichtvolle Unterstützung im Integrationsprozess.
- Achte deine eigenen Grenzen und die Grenzen deiner Nächsten. Lade die Freude eurer Verbindung in neue Höhen und Tiefen ein!

WISSENSWERTES

Der Schwarzdorn ist ein kleiner, dichtdorniger Baum mit einem zauberhaften weißen Blütenkleid von großer Strahlkraft und Reinheit. Es heißt, dass seine abwehrstärkende Qualität sich bei einem Verzehr von nur drei Blüten entfaltet – und gute Widerstandskraft für das gesamte Jahr gibt.

Durch die struppige Verflochtenheit von Blüten, Ästen und langen, scharfen Dornen ist der Schwarzdorn in der Tat undurchdringlich und daher ein hervorragender Schutz für die Brutstätten von Vögeln aller Art sowie ein Versteck

Affirmation

Es ist Zeit, meine Bedürfnisse zu erkennen und zu ehren, um mich selbst in Ganzheit anzunehmen. Ich darf Grenzen setzen und respektiere die Grenzen der anderen, ohne mich in Projektionen zu verflechten.

von kleinen und robusten Waldtieren. Er dient durch seine Dichte auch als Sturmwall zwischen Feldern. Seine im Oktober reifen blauen Beeren sind herb und roh eher ungenießbar. Schlehensaft wirkt harntreibend, blutreinigend, immunisierend und hilft bei Mund- und Halsentzündungen. Ähnlich wie der Holunder wird der Baum mythologisch als großer Schutzbaum von Reinheit und Wandlungskraft angesehen, der sein Spektrum im Ausgleich von Licht und Dunkelheit aufzeigt.

Die Schlehe birgt eine große Kraft für die Bewusstwerdung unserer eigenen Schattenseiten und deren Wandlung in bewertungsfreiem, tiefem, stillem Prozess. Sie ist der Begleiter beim Hinabsteigen in die Unterwelt und kann daher innere Reisen und Integrationsprozesse der Seele unterstützen.

Akazie (Acacia)

Sanftmütige Befreierin ins neu erwachende Licht

Deine Seele hat lang darauf gewartet, das Gefühl von innerer Heimkehr und Ganzheit wiederzufinden. Nun erwacht die Liebe im Licht der Selbstvergebung und Selbstannahme: Die Wunden sind geheilt, aus vorheriger Illusion steigen Aufklärung und Erkenntnis auf. Ich schütze dich im Übergang und in der Zeit des Loslassens. Dir sind Milde und Aufschwung in die Freiheit gewiss.

BOTSCHAFT

Die Akazie ist ein alter Schutzbaum aller Religionen. Wenn sie dir heute ihr verspieltes Federkleid und den feinen Duft ihrer Blütenkugeln und -fächer entgegenschwingt, brauchst du im wahrsten Sinne einen Platz an der Sonne. Atme tief aus, und lasse die Sonnenstrahlen und das Licht von oben nach unten in dich einsinken! Vielleicht solltest du dir heute erlauben, etwas einmal ganz anders zu machen. Deine Tagespläne spontan auf Entspannung und Muße umzuschalten. Handle ganz nach dem, was dich glücklich macht. Löse dich aus den Zwängen der Funktionalisierung und der Anforderungen – zumindest in Oasen des Alltags –, um deine Seele angemessen zu würdigen für das, was sie bereits an Transformation durchlebt hat. Die Akazie verschafft Schutz und Erleichterung, weitet den Raum für deine feinen Antennen und Wahrnehmungsweiten: Dir wird etwas deutlich, was größer ist, als du je zu glauben gewagt hättest. Vielleicht ist es ein Wunder der Synchronizität, die Wiederzusammenführung einer früheren Verbindung. Die Integration verloren geglaubter Schätze deiner Geschichte ist nun vollbracht! Zeige der Welt deine Dankbarkeit und Freude, und lasse sie teilhaben an deinem Wachstum, denn das, was du zu erzählen hast, ist auch für andere von großer Bedeutsamkeit und besitzt Wandlungskraft. Wir müssen uns gegenseitig daran erinnern, warum wir auf die Erde gekommen sind und welche Botschaft durch uns in den großen Wandel einfließen möchte.

WEITERE ANREGUNGEN

› Du bist beschützt und gesegnet mit neuen, für dich vielleicht überraschenden Erkenntnissen!
› Öffne dich für dein Gedeihen und deine volle, klare Entschlusskraft!
› Vertraue auf die Synchronizität und Eingebungen genau zum richtigen Zeitpunkt.

- Geduld und Beständigkeit finden ihre Belohnung in einer unerwartet eintreffenden Friedensbotschaft oder Erkenntnis.
- Sanft, leise, fein, fließend.

WISSENSWERTES

Die Echte Akazie, auch Wattleseed, gehört zur Unterfamilie der Mimosengewächse innerhalb der Familie der Hülsenfrüchtler. Es gibt über 1200 Arten von Sträuchern und kleinen Bäumen, die von den Subtropen bis in die Tropen wachsen. Bereits im alten Ägypten war die Akazie, insbesondere die Nil-Akazie, ein heiliger Baum, der seinen rituellen Platz neben den offenen Altären fand. Sie verkörperte die Wiederauferstehung und verhieß neue Hoffnung nach Zeiten des Todes und der Dunkelheit. Die Sahara-Akazie war ebenfalls sehr begehrt wegen ihres besonders harten und termitenresistenten Holzes. Selbst in den widrigen Wüsten der Sinai-Halbinsel gelang der Akazie aufgrund ihrer vielzähligen Blütenpracht das Überleben. Bis in unsere Zeit ist es in den arabischen Ländern nicht erlaubt, einen Zweig dieser Bäume zu brechen.

Die Akazie war in allen Religionen ein Ritualbaum: Die Bundeslade, der Tabernakel, in den Moses die Schriften der zehn Gebote legte, war aus Akazienholz. Die Hawaiianer verehren die Fruchtbarkeitskraft des Baumes und geben ihren Kindern Asche der Koa-Akazie in den Mund, damit sie gut gedeihen.

In Europa wird die Echte Akazie oft mit der Robinie, der »Scheinakazie«, verwechselt. Beide Arten sind aber nur sehr fern verwandt. Die Robinie ist bei uns ein häufig angepflanzter, laubabwerfender Baum mit weißen, herunterhängenden, duftenden Blüten, die im Frühjahr erscheinen. Die Echte Akazie hingegen wirft nur aufgrund von anhaltender Trockenheit ihre Blätter ab. Sie blüht im Herbst. Bei uns wachsen die größeren Silberakazien als Bäume.

Besonders beliebt sind Akazien wegen des bezaubernden Blütenduftes. Diesen schätzen glücklicherweise auch viele Bienen, wodurch wir in den Genuss des feinen Akazienhonigs kommen. Aus Akazienblütenblättern und Akazienhonig wird mit Alkohol ein Likör hergestellt, der bei Magen- und Darmentzündungen als Heiltrunk empfohlen wird.

Affirmation

Ein milder Lichtstrahl erhellt meinen Raum – im Innen und im Außen zieht Frieden ein. Ich erlaube mir, tief auszuatmen und das Licht stufenweise von oben nach unten auch in meinen physischen Körper einsinken zu lassen. Ich wachse in meine wahre Seelengröße hinein.

Hainbuche (Carpinus)

Heitere Weise des schützenden Waldes

Mein Hain bündelt deine Energien unter seinem schützenden Dach. Ich bringe dir klare Gedanken und leite deine Ideen zurück in den Fluss des Wesentlichen. Von mir erfährst du, was du in der Tiefe längst weißt: Gedankenkreise und geistige Stagnation können nicht durch Denken verändert werden, sondern durch deine Öffnung zu feineren, höheren Energien hin.

Affirmation

Selbst inmitten unruhiger Gedankeneinflüsse des Außen finde ich den Ort meiner inneren Mitte und Geborgenheit und begebe mich von hier aus sanft in neue Ideen und den sich neu verbreitenden Lebensfluss.

BOTSCHAFT

Im Hain der Hainbuche findest du viele Grüppchen oder Familienverbunde, die zusammenstehen und sich ein wenig tanzend emporstrecken. Wenn du heute in diesen Wald eintauchst, sei dankbar für die Liebe und den Schutz, den dir die schlanken Bäume schenken. Öffne dich in ihrer Betrachtung für die unterschiedlichen Seiten und Annäherungen an ein Thema und für neue Aspekte deiner seelischen Ganzheit. Bündle deine aktuellen Lebensthemen, sodass dein Geist zur Ruhe findet. Sei offen für völlig neue Sichtweisen und Eingebungen, aber erwarte keine direkten Antworten. Verbleibe einfach in offenem Gewahrsein. Die Hainbuche holt neues Bewusstsein auf die Erde. Schattenthemen können auftauchen und sich ins Unsichtbare auflösen. Die Hainbuche beschützt auch unsere blauäugigen, unbedarften oder verblendeten und dadurch orientierungslosen Anteile. Es kann vorkommen, dass Veränderung durch sie still und unbemerkt geschieht – und wir manchmal ein wenig märchenhaft verträumt und doch endlich geerdet agieren.

Der Hain begrüßt sämtliche feine Energiebewegungen wie im Tai-Chi, im Qigong oder in der Meditation, denn er unterstützt den Fluss und die achtsame Bewegung in Stille. Die Hainbuche bietet einen mystischen Umhüllungsgeist, der beschwingt und neue Ideen feinsinnig erdet. Wenn du dich durch äußere Einflüsse von deiner Mitte entfernt hast oder die Anhäufung deiner Gedanken und Anforderungen dich deinen Fokus hat verlieren lassen, bist du bei der Hainbuche genau richtig. Kehre zurück zum Ausgangspunkt deines Herzensanliegens, und beginne nach deinem Besuch im Wald erfrischt und bestärkt mit neuer Inspiration.

WEITERE ANREGUNGEN

› Du findest zurück in deine Mitte. Mache mehr von dem, was dich kreativ und sanft in Bewegung und Fluss bringt.
› Erhole dich von geistiger Erschöpfung, und reflektiere dein aktuelles Anliegen an einem stillen Ort, an dem du in Geborgenheit und Meditation verweilen kannst.
› Dein Herzenswunsch wird von höherer Ebene beschützt und gesegnet.
› Achte auf Pausen von elektromagnetischen Feldern und digitalen Dauerbelastungen.

WISSENSWERTES

Die Hainbuche gehört zur Familie der Birkengewächse und ist näher verwandt mit Hasel, Erle und Birke als mit den namensähnlichen Buchen. Sie stammt aus Europa und Kleinasien und wächst in der gemäßigten Zone. In China sind mehrere Arten verbreitet. Ihr leicht geschlängelter, geriffelter Stamm und ihr Kronendach mit den gezackten Blättern wirken mystisch und ein wenig bizarr. In der Geschichte gehörte die Hainbuche zusammen mit Hasel, Erle und Holunder zu den »Hexenzauber-Bäumen« der weisen Frauen, weil ihnen magische Kräfte zugesprochen wurden. Der zweite Name der Hainbuche ist Hagebuche, da sie im offenen Feld gern als Windschutz wie ein Hag, ein umgebender Zaun, angepflanzt wurde.

Als Schutzgehölz ist die Hainbuche bei Singvögeln und Kleintieren für den Nestbau sehr beliebt, da ihr Geäst stark verzweigt ist und hängen bleibende braune Blätter sogar im Winter einen blickdichten Schutzwall bieten. Wegen der nährstoffreichen Blätter ist die Hainbuche für sämtliche Tiere ein beliebter Futterbaum. Ihre stark verzweigten Wurzeln wachsen langsam, sind aber sehr fest in der Erde verankert, was sie auch an Böschungen gut gedeihen lässt. Ihr Holz ist sehr hart und verbrennt so heiß, dass es bei der Eisenschmelzung eingesetzt wurde, weshalb es auch Eisenholz genannt wurde. Aus ihm werden Werkzeuge hergestellt, die besonders widerstandsfähig gegen physikalische Einschläge sein müssen, und es ergibt eine sehr gute Kohle. In der Bachblütentherapie gibt man »Hornbeam« Menschen, die sich durch mentale Einseitigkeit und Routine geistig erschöpft fühlen. Dadurch öffnen sich neue Räume und Talente, die über lange Lebensabschnitte hinweg brachlagen.

Buchsbaum (Buxus)

Segensreiche Einfachheit in der Öffnung nach innen

Meine Blüte mag dich überraschen, denn du hast mich an dieser Stelle nicht erwartet. Nun begegnen wir uns in zarter Einfachheit und sanfter Öffnung im Mondenschein. Habe Mut, und verstecke dich nicht gleich wieder. Deine Seele hat lang darauf gewartet, sich mit ihrer feinen, verletzlichen und doch so kraftvollen Liebe zu zeigen. Ich schenke dir Schutz auf deiner Reise in liebende Verbundenheit.

BOTSCHAFT

Nachdem Menschen der Erde und einander so viel Schmerz und Verletzungen zugefügt haben, ist es kein Wunder, dass Intimität mit seiner tiefen Herzensberührung unerlösten Schmerz aus den Tiefen der Seele und des zwischengeschlechtlichen Beziehungsraumes auftauchen lässt. Wenn dir heute – vielleicht sogar überraschend – der Buchsbaum begegnet, eröffnet sich dir ein neuer Pfad zu einem alten, weisen und doch seit Langem zurückgezogenen Teil in dir. Der Buchsbaum ist ein schlichter, nahezu unscheinbarer Baum, den die Menschen sich in viele Formen gestutzt und zurechtgeschnitten haben. Doch in sich hegt er viel Nachsicht, Mitgefühl und Liebe, sodass er es ihnen nicht nachträgt. Im Gegenteil, er weiß, dass er im Inneren die Größe hat, all diesen ihm zugeteilten Aufgaben gerecht zu werden und dabei von seiner Ausdauer und Festigkeit getragen zu sein. Er ermutigt dich, deiner sanften, wärmebedürftigen Seite deine Aufmerksamkeit zuzuwenden. Lasse den Duft der Buchsbaumblüten und das Mondlicht in dich einfließen, und öffne dich nach innen. Lange hast du gegeben, bis zur völligen Erschöpfung hast du das Außen mit deiner Fülle genährt, warst selbst ganz bescheiden und schlicht. Nun fühlst du deinen tiefen Wunsch, dein Licht in der Liebe reflektiert zu bekommen, und so wagst du dich vorsichtig aus deinem Versteck hervor. Vertraue dem Leben, und fließe mit der Einladung des Buchsbaumes langsam und ehrlich in das sich Öffnende. Es wird dich jetzt nähren.

WEITERE ANREGUNGEN

- Einfachheit siegt, denn sie ist ausdauernd und bodenständig.
- Vermeide für die nächsten Tage jede Ablenkung. Gib dich stattdessen deinen tieferen Gefühlen hin.
- Erlebte Glücksmomente bewahre dir als Schatz in deinem Herzen – sie

sind ein vergängliches Geschenk an die Ewigkeit.
› Die Liebe erlaubt Zugeständnisse, damit Wachstum in der Gemeinschaft entstehen kann.
› Freiheit bedeutet, im Licht und der Anmut des Mondes zu tanzen.

WISSENSWERTES

Der Buchsbaum gehört zur Gattung Buxus und ist in Südwest- und Mitteleuropa, in Nordafrika und Westasien zu Hause. Dieser eher schlichte Baum mit seinen kleinen, tiefgrünen, stumpf elliptischen Blättern blüht erst nach langer Wachstumszeit. Bekannt ist der Buchsbaum heute eher aus Gärten und Parkanlagen, denn er lässt sich leicht in die unterschiedlichsten Formen schneiden und wird daher für Labyrinthe und Heckenwindungen genutzt. Glücklicherweise gibt es auch immer noch Orte, an denen der Mensch ihm erlaubt, einfach so zu wachsen, wie es seiner Natur innewohnt. In dieser Wildform finden wir ihn meist versteckt im Wald. In Weinheim an der Bergstraße säumen hohe, naturbelassene Buchsbäume den Schlosspark mehrere Meter entlang der Gartenmauer. Früher war der Buchsbaum auch bei den Bauern beliebt, weil er bodenständig und bescheiden ist und für Ausdauer und eine gute Kraft steht. Seine Blätter sind lederartig und immergrün, seine Blüten erscheinen im Frühjahr gelbgrün, manchmal in einer umhüllenden Kapsel. Sie verströmen einen besonders inspirierenden Duft, vorwiegend zur Abendstunde und bei Vollmond nachts. Die Frucht bildet eine Kapsel. Der Buchsbaum hat ein hartes Holz und symbolisierte früher Standhaftigkeit als Griff des Hammers der Freimaurer.

In christlichen Zeremonien wird der Buchsbaum ebenfalls eingesetzt, etwa zusammen mit Weidenzweigen als Segen zu Palmsonntag. Er gilt als Schutzbaum für den Übergang zwischen Leben und Tod, aber soll auch vor Krankheit, Blitzschlag, bösen Geistern und Dämonen bewahren. Hildegard von Bingen empfahl ihn, um Kopf und Augen klar zu halten. Seine lichte, bescheidene Wesensart führt die Menschen zu den feineren Ebenen in sich. Er unterstützt sie dabei, sich nach außen abzugrenzen und sich gleichzeitig nach innen zu öffnen. Zudem spricht man ihm radiästhetisches Entstörungsvermögen zu und die Fähigkeit, Widerstandskraft bei Luftverschmutzung zu entwickeln.

Affirmation
Der Größe meiner Seele entspringen meine Herzensoffenheit und mein Dienst an der Menschheit.

Durianbaum (Durio)

Schutz für deinen freien Aufstieg in neues Bewusstsein

Wenn ich heute mit meinen außergewöhnlichen Früchten, meinem durchdringenden Geruch und all der Dichte meines Bewusstseins auftauche, sei gewiss: Es ist Zeit, die Macht der Gewohnheiten, die deiner Entfaltung entgegenwirken, zu sprengen. Ich erlaube dir kein Ausweichen, sondern begleite dich geradewegs durch die Stürme deiner Innen- und Außenwelten. Du wirst geklärt, neu ausgerichtet und selbstbestimmt wieder auftauchen.

BOTSCHAFT

Die vehemente Kraft des fernöstlichen Durianbaumes zeigt dir womöglich, dass es eine tief wallende Empörung in dir gibt. Vielleicht kennst du die Gründe dafür, vielleicht liegt der Konflikt aber auch im unsichtbaren Feld des Kollektivbewusstseins. In jedem Fall bahnt sich eine Dynamik an, die geeignet ist, einen alten, zu eng gewordenen Rahmen oder eine drohende Einengung deiner inneren Freiheit zu sprengen. Mit dem Durianbaum kannst du einen Weg finden, deinen Unmut auszudrücken, ohne dich darin zu verlieren. Prüfe, ob du dich durch kollektive Sichtweisen oder Projektionen von anderen Menschen auf dich oder dein Werk bedrängt fühlst. Bewerte die andere Seite nicht, sondern nutze die Gelegenheit, dich von Einflüssen zu klären, die dir nicht oder nicht mehr entsprechen. Stelle dich selbst in einen Kreis und in einen weiteren Kreis dir gegenüber beispielsweise die Haltungen des Kollektivs, des westlichen Wirtschaftssystems, der Politik, der Pädagogik … Lasse mithilfe deiner Geisthelfer die Verantwortlichkeiten beider Seiten sortieren und die Energien zurück in die Ordnung der höheren Wahrheit fließen. Verabschiede dich dann von allen Umgangsformen, die dir nicht entsprechen, und von allen Projektionen und Sichtweisen, die nicht mit deinen Werten übereinstimmen. Fülle nun die in dir frei gewordenen Räume mit deinen authentischen Herzensqualitäten und Werten auf. Je höher unser Bewusstsein schwingt, desto größer ist auch die Dichte, die wir den kollektiven Glaubensfeldern entgegensetzen. Aus der Klärung erwächst langfristig eine große innere Wandlungskraft in dir.

WEITERE ANREGUNGEN

- Durchbrich dein Sein und deine Ganzheit einschränkende Grenzen, und manifestiere den Raum deiner Selbstbestimmtheit.

- Du bist der Schöpfer deines Selbstausdruckes und deiner Selbstwirksamkeit.
- Die Freiheit und die Würde des Menschen sind unantastbar.
- Stärke deine Aura mit Klängen oder Farben. Bitte gegebenenfalls die Engel, dich bei der Heilung zu unterstützen.
- Sei bereit, Geschenke und neue Sphären in deinem Leben anzunehmen.

WISSENSWERTES

Der Durian- oder Zibetbaum wird in Asien »König der Früchte« genannt. Er ist eine Baumart der Malvengewächse mit Ursprung in Indonesien und Malaysia und gedeiht nur im tropischen Flachland. Die Frucht kann bis zu 3 Kilogramm schwer sein und hat Stacheln. Das weiße, angegorene Fruchtfleisch hat einen starken Geruch, der von vielen als unangenehm empfunden wird, weshalb die Frucht inoffiziell auch als Stinkefrucht bekannt ist. Ihr Geschmack allerdings überrascht oft: Er ist leicht karamellig und aromatisch. Es gibt auch Durianfruchtsorten, die nicht so streng nach Käse oder alter Seife riechen, aber dennoch erlauben öffentliche Verkehrsmittel vor Ort den Transport und Hotels den Genuss der Frucht nicht – bei Verstoß muss das Hotelzimmer eine weitere Woche fürs Lüften bezahlt werden! In ganz Asien wird Durian als Delikatesse gehandelt. Für den Export ist er aus genannten Gründen nur tiefgefroren oder als Konserve geeignet.

Alle Pflanzenbestandteile werden zur Behandlung von Fieber und Hepatitis eingesetzt. Außerdem gilt die Frucht als Aphrodisiakum. Durian enthält viel Vitamin C, Kalium und Kalzium, Mangan, Folsäure, Eisen und Kupfer. Sie wirkt sich positiv auf die Bildung von roten Blutkörperchen aus, harmonisiert den Blutdruck und ist generell immunstärkend. Durch ihre wertvollen Enzyme unterstützt die Frucht den Stoffwechsel und findet in der veganen Ernährung einen wichtigen Platz. Sie wird des Öfteren mit der heute auch als Fleischersatz beliebten, kleinstacheligeren, aber größeren, nicht riechenden Jackfrucht verwechselt, die ursprünglich aus Indien stammt und den Maulbeergewächsen angehört.

Affirmation

Ich übernehme das Ruder meines Seelenbootes mit Selbstbestimmtheit. Durch Sturm und hohe Wellen hindurch werde ich von der Wahrheit zu neuen Ufern getragen.

Drachenbaum

(Dracaena)

Innerer Drachenfreund am Tor der Führungsdimensionen

Erwache in dem Wissen, dass deine Drachenkraft zurück in dein Leben finden will. Mache dich auf den Weg, und pilgere zu mir. Die Reise erlöst dich von allen Weisungen, die nicht weise sind, und führt dich aus Zwängen, die in Systemen des Machthungers und der Unverbundenheit entstanden sind. Du gelangst zurück zu dir durch den direkten Kanal der Urquelle.

BOTSCHAFT

Vielleicht ist es ein Traum, der dich zum Drachenbaum geführt hat. Oder es ist plötzlich ein Drache vor deinem inneren Auge erschienen, und du hast dich und dein Umfeld völlig anders wahrgenommen. Aus einem ganz anderen Blickwinkel und neuer Raumdimension bist du in ein unbekanntes Land der Erkenntnis geflogen. Das fühlt sich an, als würdest du neu geboren, und tatsächlich ist es so, dass du gerade mit neuem Blick aus neuen Augen schaust. Ein Wissen, das dir unzugänglich und verloren erschien, erwacht nun in deiner neuen Lebensphase, denn du hast erkannt, dass du dich nicht mehr in Bereichen einbringen willst, die von Gier und einseitiger Selbstbezogenheit gekennzeichnet sind.

Der Drachenbaum steht auf wundersame Weise in stillem, fortwährendem Kontakt mit den Weiten des Kosmos und gleichzeitig mit der heilsamen, neutralisierenden Kraft des Ozeans. Die Wale scheinen ihm Vertraute des anderen Elementes zu sein. Er selbst repräsentiert das Feuerelement mit all seiner Transformationskraft. Im Sein des Drachenbaumes gibt es nichts, was sich der Einheit verschließt. Er hilft, neue Entschlüsse zu fassen, um das zu stärken, was wir wahrhaftig erstreben. Er wird dein Begleiter sein, um durch die Gefangenschaft des Verstandes und konditionierte Identitäten hindurchzusehen – und darüber hinauszugehen. Dank ihm bleibst du fokussiert auf deine wahren Herzensanliegen. Dadurch klärt sich auch der Schmerzkörper des Kollektivs, weil wir ihn nicht mehr nähren. Das ist deine Chance, hier und jetzt, dich befreit und führungssicher zu erleben.

WEITERE ANREGUNGEN

› Behalte das Licht und die Liebe im Auge, und nimm den nächsten Schritt für deine Werte und Herzensanliegen.

› Wenn du aus der Dunkelheit erwachst, kommst du in Kontakt mit deinem eigenen Seelenstern.

› Musik, Klänge und Gesang sind die heilende Pforte auf dem Weg zum Sternentor des Einheitsbewusstseins. Über dieses stehen wir stets mit den reinen Seelen unserer Ahnen in Kontakt.
› Die Reichweite deiner Wahrnehmung wächst. Lasse sie bis in deine Finger einfließen, und berühre alles mit neuem Fingerspitzengefühl voller Dankbarkeit für dieses Geschenk.

WISSENSWERTES

Der Drachenbaum hat mehrere Erscheinungsformen: Wir finden ihn in Mexiko, in Kuba und dem restlichen Zentralamerika als mexikanischen Drachenbaum, in Asien und in Afrika, insbesondere in Marokko, im Jemen und auf den kanarischen Inseln. Hier heißt er kanarischer Drachenbaum und zieht als das Wahrzeichen El Drago alljährlich Naturpilger an. Auf La Palma befinden sich besonders alte Exemplare in Las Tricias, auf La Gomera steht ein umzäunter, besonders alter Baum in Agalan. Und auf Teneriffa gibt es den bekanntesten Drago in Icod de los Vinos. Die Ureinwohner der Kanaren sahen ihren Drago als göttliche Pflanze und ehrten seine Heilkräfte. In Granados auf La Gomera ist diese Verehrung auf dem hochgelegenen Friedhof sichtbar: Hier wachsen gleich vier große Drachenbaumwächter und umhegen gemeinsam mit Wacholder als Schwellenhüter die Seelen der Ahnen. Das vielarmige Geflecht des Stammes erinnert an einen Familienstammbaum und verdeutlicht, dass wir letztlich alle aus einer Quelle stammen.

Affirmation

Ich kämpfe nicht – ich bin. Ich bin das Licht, das seiner Ausdehnung und Erfüllung in Gewissheit und Klarheit entgegenstrebt. Bedingungslosigkeit und die Wahrung der tiefen Urverbundenheit in Liebe sind mein Wesen.

Der Drachenbaum ist im Grunde kein Baum, denn er hat keinen selbsttragenden Stamm. Er ist eine baumähnliche Lebensform, die zu den Spargelgewächsen gehört, die auch als Agavengewächs gesehen werden können. Seine Herkunft liegt in den Tropen der alten Welt, der Paläotropis. Sein Name Dracaena kommt aus dem Griechischen und heißt »weiblicher Drache«.
Der Drachenbaum sondert ein rotes Blutharz ab, das gern zum Räuchern genutzt wird, da ihm eine starke Klärungskraft zugesprochen wird. Seine Blüten sind rispenähnlich, und er wirft seine kleinen, dattelähnlichen Früchte ab. Seine langen Blätter haben an ihrem Ansatz eine orangerote Kronenausbuchtung, die in ihrer Form an die Schwanzflosse eines Wales erinnert.

Kapitel 6:

Baumpaar-Sinfonien

Catalpa & Jacaranda: Zwei Trompetenbäume Amerikas

Catalpa (Catalpa bignonioides)

Herzensbaum des gemeinsamen Lichtkanals

»Wir sind eins – wir sind alle zusammen«, lautet meine Botschaft für die Menschen. Nimm eine höhere Perspektive auf die Gemeinschaft ein, und öffne dich für deinen Platz und deine Bestimmung darin. Du findest mit meinem Erscheinen die Initiation zu deinem innovativen Aufbruch! Löse dich davon, andere Menschen mit deren Mustern zu identifizieren. Bedingungsloses Annehmen des anderen als gleichwertiges göttliches Wesen wird möglich.

Affirmation

Ich öffne mich für mein großes Ich im Einklang mit der Weltenseele. Unser aller Herzenswille geschehe.

WISSENSWERTES

Der Gewöhnliche Trompetenbaum ist ein Laubbaum mit weißen, glockenförmigen Blüten, die von Juni bis Juli erscheinen, und einer ausladenden, unregelmäßigen Krone. Seine Blätter sind herzförmig, dünnlappig und an der Unterseite hellgrün und leicht behaart, auf der Oberseite sind die Blätter dunkelgrün. Im Herbst fallen sie vom Baum, ohne sich zu verfärben. Als Früchte werden zahlreiche längliche Kapseln gebildet, die über den Winter am Baum bleiben und sich erst im Frühjahr öffnen. Sein ursprüngliches Verbreitungsgebiet liegt in den USA, doch als Zierbaum findet man ihn heute überall in europäischen Parks und an Straßen. Alle Teile des Baumes sind leicht giftig.

Jacaranda/Palisanderholzbaum (Jacaranda mimosifolia)

Sonniger Fruchtbarkeitsbringer im schwingenden Federkleid

Mein Segen streichelt dir als weiche Sommerbrise über das Haar und schützt deinen Geist in seiner Empfänglichkeit. Mit mir zusammen kannst du dein Herz mit dem Herzen der Erde verbinden und auf lichtvoll fruchtbare Fügungen vertrauen. Alles noch so Komplexe ordnet sich neu, zuerst in deinem Innen, dann trägt es sich nach außen.

WISSENSWERTES

Der Jacaranda ist eine Gattung mit etwa fünfzig Arten innerhalb der Trompetenbaumgewächse. Ursprünglich kommt er aus Mexiko, Mittel- und Südamerika und gedeiht im tropischen bis subtropischen Klima. Seine Statur ist mittelgroß, er kann immergrün erscheinen oder seine Blätter auch im Winter abwerfen. Die schönen, glockenförmigen Blüten sind meist fliederfarben, seltener rot oder weiß. Die pompöse Blütenpracht verzaubert über 2 bis 3 Wochen mit einem vanilleähnlichen Duft ihre gesamte Umgebung. Er hat dazu beigetragen, dass der Jacaranda als Zierbaum in die Städte der Welt hinausgezogen ist. Die meistgepflanzte Art ist der Palisanderholzbaum (Jacaranda mimosifolia). Im Mittelmeerraum steht der recht anspruchslose Jacaranda oft in grauen, dicht besiedelten Hochhausblöcken, in denen er alljährlich zur Blüte eine Welle der Farbenpracht und Zuversicht durch die Straßen weht. In jedem Fall aktiviert er die Inspiration über das Kronenchakra des Menschen und weckt die Erinnerung an unsere Träume und unser Schöpferpotenzial.

Affirmation

Ich lade den Fluss der Kreativität, der Musik und fruchtbarer Entwicklungen in mein Leben ein. Im Hintergrund entfaltet sich ein farbenfroher, multidimensionaler Lebensraum.

Lorbeer & Erika: der bärtige, mystische Regenwald der Kanaren

Echter Lorbeerbaum (Laurus nobilis)

Segenbringende Rückanbindung an die reine Quelle

Mein duftendes Lorbeerdach hebt sich federnd über dein Haupt und lädt dich ein, unter ihm den Zugang zu inneren Räumen der Weisheit zu finden. Bei mir können deine Lungen sich entspannt ausdehnen. Die Stille erweckt in deinem Inneren ein mystisches Echo. Ich befreie deine Gedankenwelt und führe dich in eine lichtvolle tiefere Ebene des Bewusstseins.

WISSENSWERTES

Der immergrüne Echte Lorbeerbaum gehört zur Familie der Lorbeergewächse und wird »Laurus nobilis« genannt. Wir finden ihn in den erweiterten Küstenregionen des Mittelmeerraumes sowie in der besonderen Lage der nebligen Bergregionen der kanarischen Inseln. Auf La Gomera erlebt man den Lorbeerbaum in kraftvoller Sinfonie mit der Baumheide. Die Kronen der beiden Baumarten scheinen ausgewogen ineinanderzuragen und verzweigen sich vielfach filigran. Von beiden Bäumen hängen lange, zottelige Bartflechten herab und beleben den Wald mit tausendfachen Gesichtern und Zaubergestalten, über denen die Krone des Lorbeerbaumes im Sonnenlicht und dem aufgestiegenen Atlantikdunst auf mystische Weise schimmert. Wir kennen den antiken Brauch, nach siegreichem Kampf und Erfolgen die Athleten, Krieger oder Künstler mit einem Lorbeerkranz zu krönen. Lange galt der Lorbeer als heilige Pflanze und wurde in religiösen Riten auch wegen seiner Orakelkraft genutzt. Den Lorbeerblättern sagte man anregende, die Hellsicht erweckende und sogar zu Prophezeiungen hinführende Kräfte nach. Ein Tee aus Lorbeerblättern löst Krämpfe, erwärmt und regt den Appetit und die Verdauung an. Er reinigt die Blutgefäße als Tonikum und beugt Arteriosklerose vor. Seit vielen Generationen wird die Zugabe von Lorbeerblättern, Wacholderbeeren und Gewürznelken in unserer winterlichen Küche genutzt, um neben dem Geschmack auch die Abwehrkräfte, die Körperwärme und den Stoffwechsel zu stärken.

Affirmation

Ich folge dem Ruf meiner Seele nach Stille in meine inneren Welten, wo ich auf den Raum hinter meinem logischen Verständnis lausche.

Erika/Baumheide (Erica arborea)

Zu Glückseligkeit und Authentizität erwachende Kinderseele

Wie auf den sanften Sohlen des Erzengels Sandalphon habe ich mich deiner Seele genähert. Es ist Zeit, zu heilen und dein Inneres Kind zu umarmen. Da, wo die Unschuld reinen Wissens in deinen inneren Weiten über den Klang allen Seins kindlich staunen kann, findet deine Seele die Obhut, nach der sie sucht.

WISSENSWERTES

Die Baumheide ist eine Pflanzenart aus der Gattung der Heidekräuter und wächst nur noch auf der kanarischen Insel La Gomera mit ihrem dichten Bestand zu Baumhöhe. In anderen Mittelmeerregionen sowie im Gebirge Zentralafrikas finden wir nur wenige Exemplare bis zu einer Höhe von 1,80 Metern – sie ist dort also eher ein immergrüner, buschig verzweigter Strauch. Die Rinde junger Zweige ist weiß behaart, später wird sie rotbraun. Die nadelartigen Blätter sind bis zu 5 Millimeter lang und nur 0,5 Millimeter breit. In manchen Mittelmeerländern wurde das Holz der knollenartigen Wurzeln der Erika für Tabakpfeifen und Messergriffe genutzt. Dazu kocht man die mit 30 bis 60 Jahren etwa fußballgroßen Knollen zunächst über einige Stunden in Kupferkesseln und lässt sie im Anschluss mehrere Stunden trocknen. Das Holz ist wunderschön gemasert, aufgrund vieler eingelagerter Mineralien hart und hitzebeständig genug. Zudem gibt es sein ganz eigenes Aroma hinzu.

Unsere Heide stammt ebenfalls aus der Familie der Ericaceae und ist ein beliebter Stimmungsaufheller des Herbstes. Die Heidelandschaft hat einen Zauber und eine Mystik, die uns, ähnlich wie der Lorbeer, an andere Welten erinnert: Er schwingt Leichtigkeit, Reinheit und Beflügelung in unser Sein mit der Erde … und eines Tages gesellt sich in unseren feinsinnigen inneren Welten vielleicht die Kraft des Pegasus zu uns.

Affirmation

Ich finde zurück in die Sicherheit eines von der Erde getragenen Seins und tauche tief ein in die ewig währende Beflügelung des reinen Geistes der Seele.

Kakao & Kaffee: Sonnenkraft vermittelnde Genussbringer

Kakaobaum (Theobroma cacao)

Sanfte Erweckerin der inneren Sonne und des spirituellen Pfades

Deine Seele trifft auf ihrer Suche nach Herzenswärme und Geborgenheit auf meine Kraft. In dem warmen Trunk meiner Fruchtsamen umhüllt dich das gespeicherte Licht wohltuend und erfüllt die Räume deiner Seele mit neuer Helligkeit und Wohlgefühl. Genieße dein Sein – lasse dich auf den Rhythmus des Kosmos ein, und tanze in Hingabe ans Leben.

WISSENSWERTES

Der Kakaobaum gehört mit rund 20 Arten immergrüner Büsche und kleiner Bäume zur Gattung der Theobroma in der Familie der Malvengewächse. Sie wachsen, abgesehen von den Plantagenbäumen, im Unterholz der tropischen Regenwälder. Ein Baum kann Tausende von Blüten hervorbringen, die Bestäubung ist jedoch nur bei 5 Prozent von ihnen erfolgreich, und nur ein Viertel davon entwickelt sich zur reifen Frucht. Es gibt zwei Hauptarten: Criollo – der »Einheimische« mit weißen Samen in spitz zulaufender Form. Er ist der ursprüngliche und hochwertigere Baum, der auch für die Kakaozeremonie (S. 202) verwendet werden sollte. Und Forastro – der widerstandsfähigere, gezüchtete »Fremdling« mit breiteren und glatteren Früchten, die dunkelviolette Samen enthalten. Theobroma cacao heißt übersetzt »Speise der Götter«. Die Göttin Cacao wird in Lateinamerika seit den alten Kulturen der Olmeken, der Maya und der Inka als mächtige spirituelle Kraft verehrt. Die Kakaozeremonie wurde als schamanisches Ritual von Generation zu Generation weitergegeben. Kakao regt die Produktion der stressreduzierenden »Glückshormone« Serotonin und Endorphin an. Zudem enthält er Anandamid, das »Bliss Chemical«, und harmonisiert und beglückt daher unser Gemüt.

Affirmation

Sanft öffnet sich mein Herz in Verbundenheit mit meinem Höchsten Selbst.

Kaffeebaum (Coffea)

Urwaldkraft der höheren Sinne und der Umkehr zu Licht und Balance

Jeden Tag ersehnen die Menschen den Trunk meiner Früchte – deine Seele ist nun bereit, tiefer in die Botschaft meines Wesens zu blicken. Sie lehrt dich, Zugehörigkeit und Feinsinnigkeit zu erfahren. Meine Weisheit entspringt dem Urwissen von der Befreiung und der gemeinsamen liebevollen Bewusstseinserhebung aller Menschen als spirituelle Wesen. Ich geleite dich aus Leistungs- und Funktionalisierungszwängen zurück zu Herzensverbundenheit und -öffnung!

WISSENSWERTES

Interessanterweise liegen die Wiege des Menschen und der Ursprung der ersten Kaffeebäume, deren Bohnen in die Welt zogen, beide in Äthiopien. Forscher aus Amerika und Äthiopien fanden dort die 4,2 Millionen Jahre alten Knochen von »Lucy«, in deren direkter Ahnenreihe der Homo sapiens steht. Der Kaffee kommt aus dem Regenwald der Bonga-Region. Sein Bergregenwald wurde von der UNESCO zum 1. Kaffee-Biosphärenreservat erklärt. Hier wachsen die Wildbäume des Kaffees auf mehr als 1500 Metern Höhe und zeigen eine Vielfalt von 6000 Varietäten. Die Kaffeebohnen wachsen als rote Kirschfrüchte am Baum. Ursprünglich wurden sie manuell gepflückt und aus ihrer Schale gelöst, dann in der Sonne getrocknet und schließlich von ihrer Pergamenthaut befreit. Einer Legende zufolge entdeckte der islamische Prophet Mohammed zuerst den Kaffee, nachdem ihm der Engel Gabriel eine Tasse der heißen, dunklen Flüssigkeit dargeboten hatte. In Äthiopien ist Kaffee bereits im 9. Jahrhundert erwähnt worden. Womöglich kam er einige Jahrhunderte später durch den Sklavenhandel nach Arabien, wo er wohl ab dem 15. Jahrhundert geröstet getrunken wurde. Der Kaffee brachte Arabien eine Monopolstellung ein mit dem Handelszentrum Mokka, dem heutigen jemenitischen Al-Mukha.

Affirmation

Ich nehme die Widersprüche in mir selbst liebevoll an und wende mich dem Licht der höheren Sphären und der Dunkelheit der tieferen Zusammenhänge hingebungsvoll zu. In mir erlebe ich die Einheit aller lebendiger Reiche, sobald ich mich der natürlichen Kohärenz von Menschsein und Göttlichem zuwende.

TROPISCHE KAKAOZEREMONIE

Hochwertiger zeremonieller Rohkakao aus biologischem Fair-Trade-Handel enthält viele ursprüngliche Inhalts- und auch Bitterstoffe. Das Theobromin wirkt durch die Erhöhung der Blutfließgeschwindigkeit herzerwärmend und bewusstseinsanregend. Kakao bietet daher die perfekte Brücke in die inneren Welten: Er ist nicht, wie psychedelische Pflanzen, betäubend, sondern öffnet die Sinne, erhöht die Wachheit und wärmt harmonisierend den Körper. Daher kann frei gewählt werden, inwieweit man dem Ruf ins Innere folgen und sich von der Kraft der Cacao zu neuen Erkenntnissen und Visionen führen lassen möchte. In einer Sage heißt es, dass es die Göttin Cacao ist, die in Zeiten des Ungleichgewichtes zwischen Mensch und Natur die Disharmonie wieder zu heilen vermag, indem sie die Herzen der Menschen öffnet und diese zu sich selbst zurückführt. Sie wird sogar aus ihrer Heimat, dem tropischen Regenwald, hinausziehen in die Städte der Welt, um mit ihrer Kraft zu wirken. Bei den Ritualen der Kakaozeremonie sehen wir heute, dass dies bereits geschieht, denn sie werden zunehmend in verschiedensten Ländern angeboten – in einer Zeit, in der sich Mensch und Natur nun wirklich mehr auseinanderbewegt und entfremdet haben als je zuvor! Möge die Göttin uns nun wieder an die Herzenswärme der Verbundenheit, an die zarten Emotionen unserer Seele und die Liebe, die der Kosmos für uns und alle Lebewesen dieses Planeten bereithält, erinnern!

Die Zeremonie wird gern zu Neumond angeboten und verstärkt alle Bewusstseinsmeditationen und Rituale, die auf Selbstfindung und Selbstbestimmung ausgerichtet sind. 3 bis 4 Stunden vor einer solchen Zeremonie sollte man nichts mehr essen. Bei einer herzöffnenden spirituellen Kakaozeremonie wird ein hochqualitativer Rohkakao in Wasser zubereitet und nicht höher als auf 42 Grad Celsius erwärmt. Der warme Kakao wird mit Kokosblütenzucker gesüßt oder bitter getrunken, mit Vanille, Zimt und Cayennepfeffer gewürzt. Die Tasse wird den Teilnehmern dann im Kreis gereicht. Meist wird die Zeremonie von besonderer Musik, von Gesang und Meditation begleitet. Die heilende Kraft lässt unmittelbar ein herzerwärmendes, weitendes Gefühl wahrnehmen. Ein verbindendes Gruppenerlebnis – erdend und lichtvoll inspirativ zugleich!

ÄTHIOPISCHE KAFFEEZEREMONIE

Die äthiopische Kaffeezeremonie ist bis heute die älteste Tradition: Die grünen Kaffeebohnen werden über dem offenen Feuer geröstet und dann in einem großen Mörser zerstoßen. Sie werden in einer Karaffenkanne mit Wasser aufgekocht, und nachdem sich das Kaffeemahlgut abgesetzt hat, wird der Kaffee in kleinen Schalen serviert.
Die immense weltweite Nachfrage nach Kaffee bringt unendlich viele Monokulturen und Plantagenlandschaften hervor. Die Fruchtschalenlösung als Nasswaschung braucht im Gegensatz zur wochenlangen Sonnentrocknung nur Stunden, verbraucht aber viel wertvolles Wasser. Die Kritik an den Massenherstellungsverfahren hat in den letzten Jahren schonendere Projekte mit Fair-Trade-Zertifizierungen auf den Plan gerufen, von denen ich 2 vorstellen möchte.

- Kaffa – Wildkaffee des äthiopischen Regenwaldes: In diesem Geist hat sich eine äthiopische Kaffa-Bewegung von »Original Food« gegründet. Sie stabilisiert die Lebensbedingungen der Bauern vor Ort, die zudem mit der Regenwaldpflege beauftragt werden. Hier werden wild wachsende Bäume beerntet, die Bohnen sonnengetrocknet und mit sanften Methoden geröstet. In Zusammenarbeit mit »Geo schützt den Regenwald« werden auf diese Weise 760 000 Quadratmeter Regenwald geschützt.*
- Kogi – Urwaldkaffee aus Kolumbien: Dieses Wildkaffee-Projekt kommt aus Kolumbien. Die alten Kaffeebäume gelten den Kogi-Indianern der Sierra Nevada als Beschützer ihres Nebelwaldes. Oliver Driver hat mit der Gründung seiner Kogi-Kaffee-Initiative in Köln ein Projekt mit Vertrieb und eigenem Café ins Leben gerufen, bei dem die Familien der Kaffeebauern unterstützt werden und zudem 20 Prozent der Gewinne an die Mamus genannten Kogi-Schamanen gehen, die damit den Rückkauf ihrer heiligen Stätten bewerkstelligen möchten. Diese Weisen sind sehr besorgt über das immense Ungleichgewicht, das die Industriestaaten unserem Planeten zufügen. Zu den wilden Kaffeebäumen legen die Kaffeepfleger 5-mal im Jahr einen Tagesmarsch auf Höhen zwischen 800 und 1700 Metern zurück.**

* www.originalfood.coffee

** www.urwaldkaffee.de

Weihrauch & Myrrhe: Die Weisen des Orients

Weihrauchbaum (Boswellia sacra)

Wundersames Gebet der Sinnesfreude und der Danksagung an das Göttliche

Mein klärender Segensrauch wird dich in Räume schauen lassen, die ansonsten unzugänglich und in der Verdichtung des Alten gar nicht wahrnehmbar waren. Ich bringe Raum in den Raum, erweitere die Sphären und ziehe deinen Geist mit meinen aufwärts tanzenden Kräften auf höhere Ebenen. Mein weises Wesen umhüllt dich, und mein süßherber Duft regt deine Sinne an, sich dem Ruf der Seele zuzuwenden.

WISSENSWERTES

Weihrauch ist das Harz eines strauchartigen Baumes, der zwischen 1,5 und 8 Metern hoch wird und trocken-heißes Klima liebt. Die Äste sind von einer pergamentartigen Haut umzogen, die sie in der Hitze vor zu viel Verdunstung schützt. Ein Baum kann, bei 3 bis 4 Ernten pro Jahr, zwischen 10 und 20 Kilogramm Harz liefern. Nach 3 Jahren braucht er aber eine mehrjährige Ruhepause. Gewonnen wird Weihrauch, indem die Baumrinde etwa handtellergroß eingeritzt wird. Nach 2 Wochen gerinnt der austretende milchige Saft an der Sonne und kann als durchsichtiger, bräunlicher Klumpen abgekratzt und eingesammelt werden. Wie man diesen Baum zum Wachsen bringt, ist bei allen Völkern, die ihn pflanzen, ein gut gehütetes Geheimnis, denn ganz einfach ist dies nicht. Seit dem 5. Jahrtausend vor Christus schwelt der heilige Rauch für Menschen und Götter: im alten Ägypten als Opfer für die Sonne, in Persien, Assyrien und Phönizien zur Vertreibung böser Geister, aber auch als Begleitschutz für Verstorbene und als Zeichen der Macht von Herrschern wie Nero und Alexander dem Großen in Zeremonien der Selbstbeweihräucherung. Der Fernhandel mit Weihrauch florierte dank der Karawanen vom damaligen Oman auf den ältesten Handelsstraßen der Welt. Der Duft des Weihrauchs ist schwer und süßlich. Frauen nutzten ihn zur Fruchtbarkeitsstärkung genauso wie die Myrrhe.

Affirmation

Ich ehre meine Kraft und Klarsicht und durchschreite in meiner vollen Präsenz Schleier und Verhüllungen des Geistes. Alles, was nicht in meinen eigenen Seelenraum gehört, weicht zurück.

Myrrhestrauch (Commiphora)

Spirituelle Hingabe und heilkräftige Segnung der göttlichen Urmutter

Komm, setze dich zu mir in die Sonne, mein Seelenkind. Es ist Zeit, das Ganze zu betrachten im Licht der großen Göttin und Mutter, die ich bin. Meine Präsenz ist uralt, immerwährend, weise. Ich kann dich in deine inneren Räume führen, in die Höhen und Weiten deines Geistes. Ich werde dir bei alldem Erdung schenken und dich immer mit dem Kern der Erde verbunden halten.

WISSENSWERTES

Die sagenumwobene Myrrhe hat kleine, gedrehte Blätter, Stacheln und rispenartige, helle Blütenstände, aus denen sich später Beerenfrüchte entwickeln. Geerntet wird der in der Luft zu rötlich gelbem Harz eingetrocknete Saft, der aufgrund von Verletzungen der Rinde austritt, ähnlich wie beim Weihrauch. Um das begehrte Öl zu gewinnen, wird jedoch die ganze Pflanze destilliert. Als Tinktur ist die Myrrhe auch in die Medizin eingezogen. Sie wirkt desinfizierend, blutstillend und zusammenziehend und fördert die Narbenbildung der Schleimhäute. Sie besitzt zudem die Fähigkeit, im Darm die Bildung freier Radikale zu vermindern. Sie ist antibakteriell, schmerzstillend, entzündungshemmend, abführend und krebsvorbeugend! Heute ist die Myrrhe deshalb ebenso wie Weihrauch oft Bestandteil von Darmsymbiosepräparaten.

Zusammen mit Gold und Weihrauch brachten die Heiligen Drei Könige dem Jesuskind Myrrhe als Gaben für die Segnung seines prophetischen Weges. Die Myrrhe vertritt dabei die weibliche Kraft der Weihe, die mit der Energie der Erde wirkt. Sie ist beruhigend, verlangsamt den Atem und unser Sein im Ganzen und stärkt zugleich die Verankerung in der eigenen Mitte so sehr, dass wir uns zu Höherem hinaufschwingen können. Myrrhe wurde zur Stärkung der Fruchtbarkeit und als Aphrodisiakum eingesetzt. Sie dehnt unser Zeitempfinden und relativiert jede Art von Druck. Gelassenheit und Besinnung auf die eigenen Gaben und die Bestimmung kehren ein.
Es ist eine tiefe mythologische Kraft, mit der Myrrhe den Raum eröffnet, in dem wir geerdet in die Ewigkeit des Seins blicken und uns aus den Abgründen der Verderbnis auf unsere ursprüngliche Bestimmung als Menschen zurückbesinnen.

Affirmation

Wir wandeln im Kleid der großen Göttin durch die Räume der Unendlichkeit.

Alerce & Araukarie: Hüter und Urriesen Patagoniens

Alerce/Patagonische Zypresse (Fitzroya cupressoides)

Urkräftiger Lichterwecker zum Wandel von Trauer und Stagnation

Meine Wurzeln reichen zurück in die Kraft der Jahrtausende, als Wälder und Ozeane diesen Planeten würdevoll in Lebendigkeit erstrahlen ließen. Heute ist vieles davon verloren. Sei eingeladen, Trauer und Schmerz darüber zuzulassen. Doch schenke ich dir den ersten Lichtfunken zur Regeneration. Die Ahnenkraft und die Natur freuen sich über deine Bereitschaft, Geben und Nehmen in Balance zu bringen.

WISSENSWERTES

Die Alerce ist eine Hüterin der Urkräfte Patagoniens. Sie steht in Verbindung mit den Ozeanen und den Urvölkern. Sie wächst in den südlichen Anden und steht als einzige Art der Gattung Fitzroya unter Schutz. Die sehr langsam wachsende, immergrüne Riesenzypresse kann bis zu 50 Meter hoch werden, der älteste Baum soll über 3600 Jahre alt sein. In der Chubet-Provinz Argentiniens kann man die letzten Bestände der Alercen im Nationalpark Los Alerces bestaunen. Der Baum ist seit jeher verbunden mit dem indigenen Volk der Mapuches, die dieses Welterbe in ihrer Sprache Iahuan nennen.

Wie die meisten Zypressen weist die Patagonische Zypresse eine besondere Kraft zur Umkehr aus Stagnation und Schwere auf. In der Essenzwirkung ähnelt sie ihrer nordamerikanischen Schwester Thuja. Beide haben in spirituellen Bezügen einen hohen Stellenwert für Erdrituale und bei der stillen Kommunikation mit den Ahnenkräften.

Ihre Essenz lässt uns Dumpfheit erkennen, die durch ein Trauma entstanden ist, dessen Wunden über Generationen hinweg unsere wunderbare Lebendigkeit verhindern. Sie ermutigt uns, selbst in schwierigen Situationen die Lebenslust zu aktivieren. Es geht um das Vertrauen auf die innere Kraft, das Wesentliche zu bewahren.

Affirmation

Die Erde ruft mich. Ich nehme meine herzensverbundene Aufgabe und meine Größe im Einklang mit den Elementen und Mutter Erde an.

Chilenische Araukarie/Andentanne (Araucaria araucana)

Ursprungshüter der alten Erdenweisheit

Meine Wurzeln reichen in die fernen Urzeiten, und tief in der Erde liegt mein Wissen. Mein Volk hält erschöpft das Feuer der wahren Schöpfung in ihren Herzen. Der Einsatz von vielen und manchmal nur ein Satz zum Zeitpunkt der Besinnung können über das Überleben einer Spezies entscheiden, ein sprachloses Schweigen der Jahrhunderte aufbrechen. Wirst du sagen, was du zu sagen hast, kühn und aufrecht im Angesicht deiner tiefsten Herzenswahrheit?

WISSENSWERTES

Die immergrüne Chilenische Araukarie wird selbst auf den unwirtlichen vulkanischen Andenhängen oftmals bis zu 50 Meter hoch. Sie hat tiefe Wurzeln und eine eiförmige Krone. Im hohen Alter werfen die Bäume ihre unteren Äste ab und stehen dann wie Riesenregenschirme in der Landschaft. Alles an der Araukarie ist stachelig: ihre biegsamen Äste, ihr oft bemooster, wabengemusterter Stamm, ihre runden Zapfen. Aufgrund der außergewöhnlichen Gestalt wurden ihr viele Namen gegeben: Schlangenbaum, Schuppentanne, Affenschwanzbaum …

Fossile Funde belegen Vorgängerarten bereits vor mehr als 90 Millionen Jahren. Die Araukarie wächst, wie die Patagonische Zypresse, sehr langsam und kann bis zu 2000 Jahre alt werden. Sie steht in enger Verbindung mit dem Urvolk der Mapuches, die sogar »Menschen der Araukarie« genannt werden, da sie sich das gesamte Jahr über von den Samen der Araukarienzapfen ernähren. Für die Ureinwohner ist die Araukarie heilig, sie würden niemals einen ganzen Baum fällen.

Aufgrund der Begehrtheit ihres hohen, geradlinigen und starken Stammes ist die Araukarie nach Jahrhunderten der massiven Abholzung von Kahlschlag und Aussterben bedroht. Die kleine Anzahl alter Araukarien steht nun unter Handelsverbot und Naturschutz.

Affirmation

Ich vertraue darauf, mich zum richtigen Zeitpunkt aus der Deckung zu begeben und mich aus meiner tiefsten Herzenswahrheit heraus für das Leben einzusetzen.

Kapitel 7:

Die Würde des Waldes und des Menschseins

Die Würde des Menschen im Spiegel der Bäume

Die Wälder, die Baumkraft im Speziellen und die letzten ursprünglichen Kraftorte dieses Planeten sind von unermesslichem und unbenennbarem Wert für uns Menschen. Sie tragen den Zugang zur Weltenseele und damit zur Verbundenheit unser aller Herzen. Wir sind dieses Leben in dem gemeinsamen Anliegen einer Menschseinserfahrung im Bewusstseinsausdruck angetreten. Wenn wir uns als Teil des gesamten Gewebes der Erde erleben, können wir auch für das Leben sprechen und uns dafür einsetzen, dass jedes Lebewesen gleichwertig Raum für seinen Selbstausdruck und ein Recht auf ein würdevolles Dasein hat. Was sich aktuell in der monetär ausgerichteten Welt zeigt, reflektiert den Willen, über die Natur zu herrschen, sie auszubeuten, um immer noch mehr Profit aus den Ressourcen zu schlagen. Mitten in Afrikas Wüsten und Naturgegenden lassen Chinesen, bewacht von hochbewaffneten Einheimischen, nach immer weiteren Materialien für unsere Smartphones graben als Folge einer wetteifernden Nachfrage nach dem neuesten Stand und Status. Indigene Völker werden durch ausländische Firmen illegal zum Kahlschlag und dem Verrat an ihren größten Wissensschätzen und uralten Baumkräften erpresst – aus Hungerleiden und global provozierten wirtschaftlichen Missständen.* Und so dreht sich der Teufelskreis: Ökologische Ausbeute und Werteverlust bedingen einander, ökologisch schwächelnde Systeme und den sozialen Zusammenhalt verlierende Gesellschaften gehen immer Hand in Hand.

Als ich an der Schwelle zum Schreiben dieses Kapitels stand, fühlte ich Tage, ja,

* Vgl. Marc Dozier, Luc Marescot: Geschwister der Bäume. Ein Häuptling ruft zur Besinnung (Filmdoku über den Huli-Häuptling Mundiya Kepanga aus Neuguinea). arte/Lato Sensu productions 2017.

einige Wochen lang Bedrücktheit in mir aufsteigen. Ich lade mit diesem Buch doch zur Öffnung der Seele und ihrer Gaben ein. Und nun komme ich am Ende zu der Gegenwart unserer Weltlage, die so viel unvorstellbare Zerstörung aufzeigt. Meine Betroffenheit im Angesicht eines nicht mehr zu verdrängenden ökologischen Notstands machte mich einfach nur sprachlos: Die Abholzung der Urwälder, die tobenden Brände in Brasilien und Australien, der Kahlschlag der Alercen in Patagonien und der Küstenmammutwälder in Kalifornien – diese Verluste sind so überwältigend, dass sie nicht wirklich zu ertragen sind. Wenn die Küstenbäume fehlen, wird das Land allmählich austrocknen. Wenn wir all unsere Weltenwälder verlieren, was geschieht mit der Weltenseele? Werden wir noch verhindern können, dass auch unsere Seelen austrocknen, nachdem wir all die Vielfalt und Schönheit der Natur verkauft haben? Verraten für die Illusion von Geld, in der Bäume keine Wesen, sondern Zahlen, virtuelle Werte in Banken sind, die man einfach nachordern kann, wenn man sich verkalkuliert hat. Die Betrachtung aus profitorientierten Augen degradiert Bäume in würdeloser Objektivierung. Diese Wälder sind unsere Lebensgrundlage und sichern die Evolution des Lebendigen auf dieser Erde. Das Licht, das uns wahrhaftig nährt und uraltes Bewusstsein hütet, erlischt – womöglich, bis der Mensch den Planeten verlassen hat. Denn die Ungewissheit, ob wir diesem Ökozid selbst standhalten können, haben wir als Erbe unseren Kindern zugemutet. Jedes »Besser, schneller, billiger« hallt wie ein höhnisches Echo durch die gerodeten Brachflächen und Monokulturen. Entwaldung geht mit unserem Schicksalsfällen und der Entmenschlichung einher. Was bleibt, ist ein stiller Schrei des Urinstinktes, eine maßlose Erschöpfung … Wo liegt unsere Verbindung? Im Miteinander?

Und dann stehen wir von einem Tag auf den nächsten am Beginn der Corona-Pandemie mit den ersten Quarantäne- und Kontaktrestriktions-Auflagen. Ich hatte immer noch nicht beginnen können mit diesem Kapitel, nahm mittlerweile Anlauf über Meditationen an den Wurzeln der großen Sequoia-Bäume des Weinheimer Exotenwaldes und des über Heidelberg gelegenen Arboretums mit seinen magischen Plätzen. Das Unerwartete geschah, und die gesamte Welt kam mit einer Vollbremsung zum Innehalten, wir alle sind auf uns selbst zurückgeworfen worden. Bei allen anderen komplexen Hintergründen und Zusammenhängen der Krise zeigte sich unsere eigene Verletzlichkeit und Sterblichkeit im globalen Spiegel. Nachdem wir die Lungen unserer Erde, unsere Urwälder, abgeholzt und für Monokulturen geopfert hatten, waren nun unsere eigenen Lungen bedroht. Ein unsichtbarer Virus verbannte uns in unsere Wohnungen und Eigenheime, in die Großstadtreservate, in vielen Ländern sogar ohne Option, sich unter freiem Himmel zu bewegen.

Die indigene Bevölkerung dieser Erde wurde seit der Kolonialzeiten mit Zwangsumsiedlungen in Reservate abgeschoben, ihrer Kultstätten beraubt und mit zusätzlichen Naturzerstörungen durch Erdölförderung, Fracking und die Vergiftung der Flüsse dort noch weiter terrorisiert.

Wenn wir mit großen Maschinen Wälder roden, die allein durch ihr Gewicht das wundervolle Wurzelgeflecht unter der Erde für immer zerstören, nur, um effizient und schnell zu sein, weil Fällen, Zerteilen und Häckseln per Knopfdruck in wenigen Minuten erfolgt, nachdem die Bäume über Jahrhunderte gewachsen waren –

– Atempause! Das ist im Fühlen schwer auszuhalten. Ja, hier hat sich unser Handeln sehr weit vom Fühlen entfernt.

Die rauchenden, grauen Herren der Zeitkonten haben bereits unsere Seele und unser soziales Fühlen, unsere Empathie für alles Lebendige erpresst, und unsere Seelenblumen lagern hinter Glas wie eingefrorene Embryonen in bewachten Eisschränken. Mit den beiden Geschichten von »Momo« und »Die unendliche Geschichte« hält Michael Ende uns den Spiegel des Spiegels einer absurden Welt vor, die auf mentale Machtmuster aufgebaut ist – entfremdet dem echten Spiegel, den Natur und Menschen füreinander darstellen.

Wen nähren wir, wenn unser Handeln nicht unsere innere Natur nährt? Warten wir auf die Kinderseelen, die in einem Moment des Zeitanhaltens unsere Seelen erretten?

Tatsächlich ist es schon so: Greta Thunbergs »Fridays for Future« bewegen die Demonstrationen durch die Straßen, und Millionen von Bäumen wurden auf die wundervolle Initiative des damals 11-jährigen Felix Finkbeiner in seinem Projekt »Plant for the Planet« gepflanzt. Es ist bewundernswert, aber auch erschütternd beschämend für unsere Gesellschaft. Als Familientherapeutin mit vieljähriger Aufstellungserfahrung kann ich nur sagen: Bitte, liebe Elterngeneration, lasst uns uns besinnen und die Kinder von dieser Verantwortung, die gar nicht ihre ist, entlasten! Wir können das ganz einfach tun, indem wir sie sich zwar engagieren lassen, aber auch die Initiative ergreifen. Es ist an uns, die Verantwortlichkeit dahin zurückzunehmen, wo sie hingehört: Sie fließt, genauso wie die Genweitergabe, in die Richtung der jüngeren Generationen. Eltern nähren ihre Kinder, nicht andersherum. Kinder sind dem direkten Fühlen näher und haben ein höheres Schwingungsfeld, deshalb bringen sie uns Botschaften für unsere eigene Entwicklung. Doch was bleibt den Kindern, wenn Politiker und Eltern ihre Verantwortung auf morgen schieben und währenddessen die Wälder, die Grundlage eines zukunftsfähigen sozialen Milieus, abgeholzt werden?

Ich bin zutiefst traurig und eigentlich als menschliches fühlendes Wesen gar nicht mehr in der Lage, das auszuhalten. Weder für mich noch für das Wir in Familie und Gemeinschaft, nicht für die Schönheit dieses wundervollen Planeten und die Kraft von Mutter Erde mit all den einzigartigen Pflanzen und Tieren.

Fred Hageneder appelliert im Fazit seines neuesten Buches,* dass wir eine neue Gesetzesgrundlage brauchen, ein internationales Abkommen, das den Ökozid verbietet. So wie Völkermord und Verbrechen gegen die Menschlichkeit vor dem Internationalen Strafgerichtshof in Den Haag verhandelt werden, braucht es die Hinzunahme des Ökozids als Verbrechen gegen den Frieden! Er ist ein Vergehen gegen die Erde und somit gegen die gesamte Natur und bedarf eines neuen Verantwortungsdrucks bei explorativen Projekten und Unternehmensfahrlässigkeiten.**

Doch viele bewusste Menschen und Organisationen werden stärker, und immer mehr Menschen möchten nicht mehr auf Kosten des Ökosystems und des Leidens anderer Wesen auf dieser Erde leben. Vielleicht schenkt es mir Kraft, zu wissen, dass wir viele sind. Vielleicht habe ich auch in meinem Leben eine Extraportion Lebendigkeit und Freude mitbekommen, eine Zähigkeit, die mich bei Rückschlägen dennoch weitergehen lässt. Aber ich schreibe dieses Kapitel unter Tränen, denn ich kann gar nicht anders. Wir können nicht gegen die Auswirkungen unseres eigenen Handelns »kämpfen«, wir können aber uns selbst, der kommenden Generationen und all der lebenden Wesen zuliebe, die weniger Handlungsfähigkeit haben, neue Lebensweisen und Wege wählen. Jetzt. Heute. Denn eigentlich war das schon gestern vonnöten.

Seit einigen Jahren entspringen viele hoffnungsvolle Lebensgemeinschaften mit ganzheitlichem Anliegen – von der Tiefenökologie mit ihrer Permakultur über regenerative Kulturgründungen, Mehrgenerationen-Wohnen und Transition-Towns bis zu Naturregenerations- und Wiederaufforstungsprogrammen.

Im Abschluss dieses Kapitels werde ich statt weiteren Worten einer Auflistung von Unternehmungen, Organisationen und Menschen mit Pioniergeist im Wandel Raum geben, denen ich meinen tiefsten Dank aussprechen möchte. Sie sind in ihrem Handeln für den Erhalt unserer letzten Schätze bereits tatkräftig vorausgegangen. Oft gilt es, zu prüfen, wo es Sinn ergibt, ein neues Netzwerk und einen neuen Wirkungskreis aufzubauen, und wo vielleicht Grundstrukturen bereits geschaffen wurden und gerade auf dich warten, um sich im gemeinsamen Handeln zu erweitern.

Dieses Buch zeigt einen kleinen Ausschnitt der Heilkraft und der Liebe, die wir aus unserer Natur empfangen dürfen. Sozialengagement und Baumpflanzungen können sich gegenseitig potenzieren. Sie schaffen Frieden, und wir heilen dadurch gemeinsam unser Trauma: unser soziales Trauma und unser ökologisches Trauma. Als ich 2012 erstmalig im Rahmen eines Kinderhilfsprojektes im peruanischen Lima unterwegs war, entdeckte ich ein Buch über die Baumpflanzungen in sozial schwachen

* Fred Hageneder: Happy Planet. Neue Erde, Saarbrücken 2019.

** Eine Initiative hierzu findest du auf www.eradicatingecocide.com.

Bezirken der Stadt. Darin wurde berichtet, dass sich gezeigt hatte, dass die Bäume die Kriminalität verminderten.
Zur Würde und zur Aufrichtung im Menschsein braucht es unser Fühlen als Teil des Ganzen. Je näher wir uns selbst sind, desto feiner erklingen unsere Wesenszüge. Die Liebe und die einzigartigen Gaben jeder Seele werden dann sichtbar in den Früchten für das Gemeinwohl. Ich wünsche uns allen ein ausgewogenes, wertschätzendes Geben und Nehmen auf allen Ebenen des Seins und Miteinanders.

Der Wert der Weiblichkeit

In einer schnelllebigen, mental gesteuerten Welt bleibt wenig Raum für Seinsqualität, offene Empfänglichkeit und die Ausreifung von wahrhaftig verbundenem, organisch gewachsenem neuem Leben. Zeitvorgaben ziehen überall am Gras und nutzen Methoden zum beschleunigten Ertrag. Sie belasten genauso unsere Gehirnleistung und verursachen permanenten Stress, der dann wieder kompensativ herunterreguliert werden muss. Gerald Hüther, der wohl bekannteste Hirnforscher Deutschlands, spricht von einer notwendigen Komplexitätsreduktion, die wir aufgrund des Durcheinanders durch Informationsüberflutung und den hohen zerebralen Energieverbrauch permanent suchen und in Ventilen, meist in Form von konsumierenden Ausgleichsberuhigungen, beanspruchen.* Das Einzige, was ansonsten zur Komplexitätsreduktion verhilft, ist eine klare innere Ordnung, die sich aus unserem Verständnis von Menschlichkeit und Würde ableitet. Das Wiederfinden unseres Empfindens von Würde ist vielleicht der größte Motor, den der existenzielle Wandlungsbedarf unserer aktuellen Menschheitskrise braucht! Wenn das Frühjahr beginnt und wir auf den Feldwegen lieblos zerhackte und fürchterlich hergerichtete Holunder- und Schlehenhecken anschauen müssen, bleibt uns keine Luft mehr, ihre zarte Blütenpracht in uns aufzunehmen und ihren Duft zu genießen. Seit einigen Jahren wiederholt sich dieses Szenario stets aufs Neue. Wir dürfen aber nicht weiter zumachen und unsere Herzen verschließen, sondern

* Vgl. Gerald Hüther: Würde. Knaus, München 2018.

müssen uns diesem Schmerz stellen und uns damit an unsere Gemeinden, an Ortsvorsitzende oder direkt an die Umweltschutzverbände wenden. Denn der letzte Funken unser aller Würde ist in Gefahr!

Als ich mich der Verreibung der Platane widmete, durfte ich innerlich den Satz vernehmen: »Ohne meine Klarheit könnte ich mir meine Weichheit gar nicht leisten!« Um in einem dermaßen leistungsorientierten Gesellschaftssystem wie unserem psychisch gesund zu bleiben, braucht es eine enorme innere Investition in seelische Klärungsprozesse, Selbstreflexion und integrale Persönlichkeitsbildung!

Weiblichkeit zeichnet sich aus durch bedingungslose Liebe und eine fühlende, nach innen nehmende Bereitschaft des Lebens. Sie macht die Hälfte unserer Gene aus und ist eine Realität für jede Frau genauso wie für jeden Mann. Sie nach außen zu drängen, sie wegzudrücken, führt zum Verlust der Mitte, der Selbstempfindung im Ich und somit zum Verlust der eigenen Lebensspur. Wenn wir zunächst die Weiblichkeit stärken, können wir das Trauma, das wir ihr zugefügt haben, gemeinsam heilen: die Männer, indem sie ihren weiblichen Anteil wieder integrieren, und die Frauen, indem sie aufhören, gegen Männer zu kämpfen oder wie sie sein zu wollen, sondern sich des selbstverständlichen natürlichen Gleichwertes der Weiblichkeit bewusst werden. Es ist höchste Zeit, glücklich über die Geschlechtlichkeit zu sein und über die beiden Seiten derselben Liebe, die wir sind.

Ein neues Gefährt der Wertschätzung für die kulturellen Schätze

Das Schreiben dieses siebten Kapitels verlangte von mir den Einbezug des Unvorhersehbaren. In der noch aktuellen Situation der Corona-Pandemie wird unsere auferlegte heimische Einkehr nur langsam gelockert. Durch die stark polarisierende Informationsflut von unterschiedlichsten Bewertungssystemen durfte ich erkennen, dass einzig die Rückbesinnung auf unsere ureigene spirituelle Anbindung und die innere Führung, das Horchen auf den ihr entspringenden Ruf, uns konstruktiv dem eigenen Lebensweg folgen lässt. Mehr denn je sind wir aus meiner Sicht aufgefordert, unsere eigenen Werte im System zu etablieren und uns mit Gleichgesinnten zusammenzuschließen. Kreativität folgt der Bewusstseinserweckung unmittelbar! Pausen, insbesondere in den uns noch verbleibenden gesunden Natursystemen, bieten Schutz davor, dass sich uns bodenlose Mentaldynamiken, also Manipulation oder Verschwörung, anhaften oder gar überstülpen. Atemmeditation, stärkende Summits von Pionieren und Alternativdenkern und die liebevolle Fürsorge in sozialen Bindun-

gen haben mich getragen und bewirkt, dass meine Inspiration für dieses Buch sich in diesen Krisen- und Wandlungszeiten stärken konnte. Ich bin sehr dankbar dafür.
Meine manchmal einfache, naturbezogene energetische Betrachtungsweise hat mich die Realitäten und Chancen etwa folgendermaßen sehen lassen: Die Menschen vieler alter Kulturen wie China, Indien und Südamerika folgen unserem leistungs- und marktpreisorientierten Wirtschaftssystem seit Jahrzehnten. Ausgerechnet in China, einem Land der größten Schätze von Energielehren, Weisheitskultur und altem Medizinwissen, liegt der Ursprung der Corona-Pandemie. Wenn es auch noch nicht ganz klar ist, scheint die über Kopf hängende Fledermaus als Überträger der Botschaft von Corona, also der »Krönung«, wahrscheinlich. Mir erscheint es oft so, dass der Kapitalismus keine Aufrichtung, sondern eine Umkehrung der Aufrichtung zeigt, die den Geist statt nach oben nach unten, an die Materie fixiert hält. Zumindest in Teilen sehen wir in digitale Dimensionen von Nullen und Einsen, die Abbildhaftigkeit von Projektionsflächen. Sind fokussiert auf eine Kopiermentalität, die durch Manipulation von Bildern kaum noch Realität von Illusion, Unecht von Echt unterscheiden lässt. Die Bäume und die Pflanzenwelt vermitteln uns ein Spektrum vom Licht, das weit über das künstliche Licht unserer Bildschirme hinausgeht. Wir brauchen dieses pflanzenbeschwingte Licht zum Erkennen der Ganzheit und zum Fühlen unserer Lebendigkeit.
Wäre es nicht ein Akt der Würde, Bodhi- und Pipalbäume in Indien und China zu pflanzen, die die Menschen wieder in die Anbindung an ihr immenses geistiges Gut des Ursprungs und ihre Wissensschätze bringen? Für mich bedeutet es Würde, wenn die Mexikaner, die Mittel- und Südamerikaner nicht ihren besten Kaffee verkaufen und selbst den rückimportierten amerikanischen Instantkaffee trinken, während wir die heilige Pflanze aus ihrer Kraft der Wahrnehmungsstärkung in die Rolle des Dopingmittels maßloser Leistungssteigerung zwingen. Wenn die Chinesen und Inder selbstbewusst auf ihre Wissensschätze schauen und unsere Frequenz des Friedens erhöhen, statt ihre Wälder für wenig und kurzlebiges Geld und Monokulturen zu roden. Ich träume davon, dass jedes Land es schafft, seine Bäume in Kohärenz mit seinen ethischen Werten und seiner kulturellen Einzigartigkeit so ins Land und in die Herzen seiner Bevölkerung zu pflanzen, dass Rückanbindung an den Ursprung und Gemeinwohl im Aufziehen und der Pflege dieser Bäume geschehen können.
In diesem Sinne hoffe ich, wir wählen das Leben und eine neue Inspiration des einen Atems des Miteinanders, deren Beginn wir real und symbolisch mit Baumpflanzungen setzen können. Nun genug der Worte. In den nächsten zwei Kapiteln folgen die versprochenen Listen der bereits fruchtbaren Organisationen. Der innere Ruf geht weiter, und unsere seelische Größe wird ihm folgen!

Respektvolles Geben und Nehmen im wertschätzenden Miteinander

Projekte für Baumpflanzungen

- Treesisters: www.treesisters.org
  Bäume Pflanzen und Weiblichkeit im Menschsein stärken
- Rettet den Regenwald e. V.: www.regenwald.org
  Weltweites Engagement im Regenwaldschutz vor Ort und in der Politik
- WWF: www.wwf.de
  Weltweites Netzwerk zum Schutz von Tieren, Urwäldern und allen Naturressourcen

- Plant for the Planet: www.plant-for-the-planet.org
  Als 11-Jähriger startete Felix Finkbeiner eine weltweite Pflanzaktion, die jährlich wächst und Millionen von Bäumen pflanzt.
- Eden Reforestation Project: www.edenprojects.org
  Steven Fitchs ganzheitliches weltweites Engagement, Menschen in wirtschaftlich schwachen Ländern Arbeitskraft und Perspektive durch Aufforstungen zu schenken
- Galsang Tschinag: www.foerderverein-mongolei.de/projekte/baumpflanzaktion
  Ein weiser Stammesältester pflanzt seit 2011 weit über 1 Million Bäume in der Mongolei.
- Ecosia
  Eine Suchmaschine, die Bäume pflanzt

Weitere Projekte in Deutschland:
- Bergwaldprojekt Deutschland
- PrimaKlima Bergisch-Gladbach
- Naturefund Wiesbaden

Weitere Projekte weltweit:
- Beresford »For the wild«, Kanada
- Weforest, Belgien
- International Tree Foundation seit 1924 in Afrika aktiv, England
- Project GreenHands, Südindien

Im Einklang mit der Natur neue Lebensweisen kreieren

Langjährig bestehende Lebensgemeinschaften mit Perma- und regenerativer Ökokultur, wertschätzender Kommunikation und sozialethischen Grundzügen

- Findhorn Foundation, Schottland
  Stiftung und Organisation einer spirituell orientierten Lebensgemeinschaft mit vielfältigem ganzheitlichem Seminarprogramm und Retreats zu ökologischen und alternativen interkulturellen Lebensweisen
- Tamera Heilungsbiotop, Portugal
  Zentrum für Friedensforschung und globalen Systemwechsel: von Angst zu Vertrauen, von Ausbeutung zu Kooperation
- ZEGG gGmbH, Brandenburg
  gemeinnütziges Bildungszentrum und ökologisches Modellprojekt in Bad Belzig, 80 km südwestlich von Berlin
- Ökodorf Sieben Linden, Sachsen-Anhalt
  Tiefenökologie und Permakultur als ganzheitliches Gemeinschaftsprojekt mit dem Ziel, nachhaltige Lebensstile zu verwirklichen
- Ökosiedlung Tempelhof, Baden-Württemberg
  eine basisdemokratische, nachhaltig und ethisch sinnerfüllte Gemeinschaft in Kreßberg
- Transition Town »Einfach. Jetzt. Machen.«
  ausgehend von Totness in England und mit heute über 1600 Transition-Gemeinden weltweit
- Gemeinwohl-Ökonomie Österreich
  etabliert ein ethisches Wirtschaftsmodell, in dem das Wohl von Mensch und Umwelt zum obersten Ziel wird
- Pioneers of Change, Deutschland
  ein gemeinnütziger Verein mit Schwerpunkt »Bildung für nachhaltige Entwicklung«, der Vision, Potenzial und Aufbau innovativer Projekte, zivilgesellschaftlicher Initiativen und nachhaltiger Unternehmen unterstützt
- Be the change, Deutschland
  Stiftung für kulturellen Wandel und neue Impulse zur Nachhaltigkeit
- »Ein neues Wir«
  Film auf DVD mit Präsentation von Ökodörfern und ökologischen Gemeinschaften
- Sekem, Ägypten
  Initiative zur Wüstentransformation mit Vision der nachhaltigen Entwicklung und dem Gedanken, der Gemeinschaft etwas zurückzugeben
- GEN Villages (Global Ecovillage Network)
  beständig wachsendes Netzwerk internationaler Gemeinschaften und Ökodörfer, das Brücken zwischen Kulturen und Kontinenten baut

Gemeinsamer Bewusstseinsaufstieg

Es braucht immer wieder unser offenes Gewahrsein und den Mut, von einem offensichtlichen oder innerlich deutlich gefühlten »So geht es nicht weiter« auf das frei werdende Feld zu schauen und die Ungewissheit auszuhalten. Es braucht unser Vertrauen und unsere Bereitschaft zu Geduld und gemeinsamer Pilgerschaft, die sich in dem »noch nicht« vor uns zaghaft zeigen wollen. Ich durfte es in meinem Leben immer wieder durch Synchronizität erleben: Durch unsere klare Ausrichtung auf Würde und Liebe und durch unsere vertikale spirituelle Ausrichtung wird die neue Form sich eröffnen und kann dann aus dem Herzen heraus manifestiert werden. Manchmal entsteht etwas von allein beim Einzelnen und in der Gemeinschaft. Manchmal braucht es unser Handeln.

Jeder von uns weiß nur in der Tiefe seiner eigenen Seele, was von beidem gerade ansteht. Meditation und die Gespräche mit dem liebenden Feld der Tierwelt und der Kraft der Bäume vermögen, uns einen Spiegel zum gemeinsamen Bewusstseinsaufstieg zu schenken. Ihnen gehört meine tiefste Liebe und mein Herz.

Mit sich im Einklang zu sein, in Anbindung an seine spirituelle Bewusstheit und die Tiefen der eigenen Gefühle und Liebe, seine Herzenswünsche für sich und im Miteinander zu leben, gewährt uns die größte Immunität im Menschsein.

Der Weg nach innen

Dein Name erzählt vom Erwachen:
Es ist im Sein, nicht im Machen.
Neben der Stupa nimmst du gern deinen Platz ein –
oder war es einst die Stupa, die in deinen Garten kam hinein?
Es ruht die unendliche Stille des Universums über dir,
und mir scheint, Siddhartha Gautama weilt immer noch
zu deinem Fuße hier
und spricht schweigend zu uns von unsichtbarer Schwelle
aus der erleuchteten Verbindung mit göttlicher Quelle.

Jedes deiner Blätter ist wie eine Stupa selbst,
auf der die Weisheit sich verjüngt und eine empfangende Fadenbrücke
zum All-eins-Sein stellt.
Stille klingt und großer Frieden.
Alles, was sich zerströmte in unwesentlichem Reden, Hast und entfernt
von Menschheitsdienen,
kehrt nun wieder ein, direkt ins Hier, direkt ins Jetzt,
im Fluss der Mitte mit neuen Dimensionen vernetzt.

Und auch die viel beschrittenen Wege des Menschenlabyrinths
münden leise –
in der Seelenmeditation sich hingebender Weise –
im Öffnen des inneren weiten Raumes:
Und es erkennt sich mit Staunen das Einssein
unter dem Blütenreigen des leuchtenden Lichts.

Danksagung

Zuallererst geht mein tiefster Herzensdank an die indigenen Völker dieser Erde für ihr Sein und ihr stilles Wirken, ihre Verbundenheit mit der Natur. Und für ihre geerdete Spiritualität, mit der sie die große innere Verwurzelung für uns alle über Jahrhunderte der Unterdrückung und Demütigung durch entfremdete Systeme gehalten und getragen haben. Meine Dankbarkeit für sie liegt jenseits der Sprache.

Ein großer Herzensdank gilt auch allen Baumfreunden und Umweltschützern in allen Ländern dieser Erde sowie den wunderbaren Pionier-Autoren, die mit ihren Werken bereits vor einigen Jahren den Weg zur Rückbesinnung auf die Naturkräfte und Baumweisheiten geebnet haben. Sie haben mit großem Einfühlungsvermögen das Wunderwerk der Bäume in Sprache, Kunst und Dokumentarfilmen dargestellt, sodass es heute möglich ist, uns einem Bewusstsein für diesen unermesslichen Wissensschatz neu zu öffnen. Ich danke Wolf-Dieter Storl und Peter Wohlleben insbesondere dafür, dass es ihnen durch ihre tiefe Verbundenheit mit der Natur gelungen ist, Brücken zwischen unterschiedlichen kulturellen und sozialen Feldern zu schaffen.

Für ihr außergewöhnliches und wissenschaftlich fundiertes Wirken danke ich Diana Beresford-Kroeger, deren Werk »The Global Forest« mir während eines Stromausfalls im heftigsten realen Sturm meines Reiselebens in einem kleinen Holzhüttenbuchladen bei Kerzenschein in die Hand fiel. Das war im Herbst 2016, im wunderschönen Tolino an der kanadischen Nordwestküste British Columbias, und ich bin sicher, dass der Impuls ihres Buches in meinem Leben weiter wirkt und mich stets daran erinnert, dass die Rückbesinnung auf unsere wahren Ressourcen tief in unserem Sein gespeichert ist und so manchem Sturm einen Sinn verleiht.

Im Hinblick auf mein kontinuierliches Eintauchen in immer tiefere Ebenen des Baumwissens danke ich von ganzem Herzen dem vielfachen Buchautor Fred Hageneder. Ihm verdanke ich meinen Einstieg in die Mythologie und Geschichte des Baumwissens durch seine fundiert recherchierten, wunderbaren Werke und sein Eintreten für ein glückliches, die Natur wertschätzendes Leben auf diesem Planeten.

Tiefe Verbundenheit und größter Dank gelten in vielfacher Hinsicht dem Wirkungsfeld der Homöopathie. Ohne sie und meinen unermüdlichen Forschergeist und mein Anliegen eines ganzheitlichen Heilens hätte ich die großen Herausforderungen meines eigenen Lebensweges nicht meistern können. Gerade durch die manuelle und spirituelle Stufenverreibung, die mir die Botschaften der Bäume eröffnet hat, ist sie zur Liebe meines Lebens geworden. In diesem Zusammenhang geht mein

Dank ebenfalls an alle Kolleg*innen, Seminarteilnehmer*innen und Patient*innen, die mit ihrem Vertrauen und ihrem Sich-Einlassen den Raum für Entfaltung und Heilung mitbegründen.

In der Tiefe meines Herzens danke ich meinem wunderbaren Freundeskreis und meiner Familie, von denen alle – jeder auf seine Weise – einen ganz eigenen wertvollen Beitrag geleistet haben, durch den dieses Werk nun durch mich hindurch seinen Weg in die Welt finden kann.

Danke, liebe Heidi, lieber Markus, lieber Bastian Rittinghaus, liebe Simone Fleck vom Schirner Verlag für die einfühlsame, wertschätzende Umsetzung und euer Vertrauen in genau diese Gestalt des Baumkraftbuches!

Über die Autorin

Claudia Köller arbeitet seit 2001 als Heilpraktikerin mit den Schwerpunkten Schwingungsmedizin, Pflanzenheilkunde und Persönlichkeitsentfaltung im Taunus. Seit über zehn Jahren widmet sie sich besonders der ganzheitlichen Kinderheilkunde sowie den Baumheilkräften und hat 94 Baumkraft-Essenzen entwickelt. Ihre hohe Empathie, Sensitivität und Selbstreflexion ermöglichen es ihr, ihre Klienten zu individueller Entfaltung und Gesundheit zu begleiten.

www.baumkraft-und-lebensweg.de

Bildnachweis

Claudia Köller: S. 56, 76 (rund), 79, 82 (eckig), 87 (rund), 91 (rund), 92 (eckig), 94 (eckig), 96 (eckig), 99, 101 (rund), 102, 106 (eckig), 109, 110 (eckig), 114, 117 (rund), 118 (rund), 122 (rund), 125 (eckig), 126 (eckig), 133 (rund), 135, 136, 139 (eckig), 141 (eckig), 143 (eckig), 145 (eckig), 146 (eckig), 149 (rund), 151, 152, 155, 156, 159, 161, 163 (rund), 164 (eckig), 167 (rund), 171 (eckig), 172 (eckig), 174 (rund), 177 (eckig), 179 (rund), 185, 187, 191, 198, 199, 207

Lilly Heuer: S. 24, 131

Birgit Schönharting: S. 72, 88 (eckig)

Kerstin Pfeiffer: S. 74, 87 (eckig), 91 (eckig), 101 (eckig), 113 (eckig), 118 (eckig), 122 (eckig), 133 (eckig), 139 (rund), 143 (rund), 146 (rund), 149 (eckig), 167 (eckig), 174 (eckig), 183, 188

Julian Köller: S. 75, 113 (rund), 163 (eckig), 177 (rund)

Volker Gottwald: S. 76 (eckig), 82 (rund), 85, 92 (rund), 110 (rund), 145 (rund)

Christine Steger-Kellermann: S. 81 (eckig), 106 (rund), 117 (eckig), 164 (rund)

Ingrid Enzmann: S. 125 (rund), 129 (eckig), 141 (rund), 171 (rund), 172 (rund), 179 (eckig)

Peter Latsch: S. 129 (rund)

Bettina und Jörg Hickethier: S. 169

Bilder von der Bilddatenbank www.shutterstock.com

Layoutelemente: Baumpiktogramm an Überschriften: # 149066183 (© Alex Illi), Baumpiktogramm »Wissenswertes«: # 222466516 (© Christos Georghiou), Holzhintergrund auf allen Seiten: # 268395143 (© t.natchai), Pinselstrich und -kreis: # 469010777 (© Olga_C), Tannenwald bei Gedichten: # 584117563 (© Potapov Alexander)

Weitere Bilder: S. 8: # 137366069 (© Dave Allen Photography), S. 11: # 1562099281 (© Max_555), S. 13: # 639949456 (© Avigator Fortuner), S. 16: # 1034729647 (© seamind224), S. 20: # 119727127 (© LorraineHudgins), S. 22: # 162218291 (© sittitap), S. 25: # 366149123 (© KhunYing), S. 27: # 1449811808 (© BorneoRimbawan), S. 29: # 1523817875 (© Mutai), S. 31: # 150711908 (© Maslov Dmitry), S. 33: # 118458667 (© sspopov), S. 36: # 524011267 (© Marina Zezelina), S. 37: # 167693018 (© iravgustin), S. 39: # 144616709 (© Holger Graebner), S. 41: # 1212884572 (© bmphotographer), S. 42: # 1044919231 (© Nikolay 007), S. 44: # 316506962 (© G-Stock Studio), S. 47: # 659015119 (© r.kathesi), S. 48: # 426338323 (© artdock), S. 49: # 563688361 (© davidhoffmann photography), S. 55: # 1089984470 (© kacpt), S. 59: # 1498091684 (© planetzstudio), S. 60: # 538426039 (© Tatiana Bobkova), S. 63: # 489395818 (© sivivolk), S. 67: # 282962471 (© Kichigin), S. 69: # 222139495 (© LianeM), S. 71: # 350542424 (© maxpetrov), S. 81 (rund): # 1259550199 (© Sheryl Watson), S. 88 (rund): # 215792581 (© Kentaro.k), S. 94 (rund): # 1158174082 (© Swetlana Wall), S. 96 (rund): # 1707419392 (© MVolodymyr), S. 105 (eckig): # 1703005486 (© Horst-Koenemund), S. 105 (rund): # 1180152703 (© Przemyslaw Muszynski), S. 121 (eckig): # 448927036 (© ShaTol), S. 121 (eckig): # 1700256043 (© Mahir Mesic), S. 126 (rund): # 1629023827 (© Monika_1), S. 181: # 471155567 (© MelaniWright), S. 193: # 1125307961 (© nunantana), S. 195: # 1169812312 (© w1d), S. 196: # 1426367786 (© Maxal Tamor), S. 197: # 391636075 (© Dendenal), S. 200: # 675070423 (© 21MARCH), S. 201: # 1696539490 (© Alewtincka), S. 202: # 247456798 (© Dionisvera), S. 203: # 149904380 (© Martchan), S. 204: # 794878654 (© DhineshRaj), S. 205: # 687978346 (© NANCY AYUMI KUNIHIRO), S. 206: # 1045354105 (© Juan Vilata), S. 209: # 274511309 welcomia), S. 211: # 567451750 (© kram-9), S. 213: # 89486137 (© AM-STUDiO), S. 216: # 683779633 (© Dmytro Zinkevych), S. 218: # 160949072 (© Lolostock)

Danke für deine REZENSION

– Gemeinsam sind wir mehr –

Liebe Leserin, lieber Leser,

von Herzen danken wir dir, dass du dieses Buch in den Händen hältst und es bis zum Ende gelesen hast. Das bedeutet uns, dem Schirner Verlag und seinen Autoren, sehr viel. Aus voller Überzeugung und mit Hingabe widmen wir uns seit vielen Jahren Themen, die unser aller Lebensqualität und Bewusstwerdung dienlich sind, und hoffen, einen Beitrag für eine lichtvollere Welt leisten zu können. Wenn dir unsere Arbeit gefällt, möchten wir dich bitten, dir einige Minuten Zeit zu nehmen, um dieses Buch zu rezensieren. Warum? Die meisten Menschen lesen Rezensionen, bevor sie ein Buch kaufen, da sie hierdurch einen Eindruck bekommen, ob und wie der Inhalt des Buches den Leser erreicht hat. Eine kurze Rezension ist dabei ebenso hilfreich wie eine lange, sehr ausführliche. Um es auf den Punkt zu bringen:

Eine Rezension ist heutzutage die beste Werbung für ein Autorenwerk!

Wenn du den Schirner Verlag und seine Autoren neben dem Buchkauf auch anderweitig unterstützen willst, dann bitten wir dich: Schreibe für jedes Werk eine Rezension – vielleicht als persönliche Leseempfehlung für die Buchhandlung in deiner Nähe oder online, z. B. beim Schirner Verlag. Das wäre nicht nur eine Wertschätzung für die Autoren, sondern kann dazu beitragen, dass die Verkaufszahlen steigen und der Schirner Verlag auch in herausfordernden Zeiten Bestand hat.

WIE SCHREIBT MAN EINE REZENSION?

Grundsätzlich sollte eine Rezension aus der eigenen, subjektiven Sicht geschrieben werden, da es sich um eine persönliche Meinung handelt. Du kannst in zwei Sätzen deine Gefühle zu dem Buch äußern oder eine längere Rezension verfassen. Falls du nicht weißt, wie du beginnen sollst, hier ein paar Anregungen:

- War das Buch leicht verständlich geschrieben? Wie hat dir die Sprache gefallen? Wie war die Aufteilung zu den verschiedenen Themen?
- War es unterhaltsam? War es deiner Meinung nach mit Herzblut und Liebe geschrieben? Wie hat es auf dich gewirkt?
- Hat es dein Herz berührt? Konntest du dich wiederfinden?
- War es tief greifend genug? Hast du viel Neues gelernt?
- Hat es gehalten, was der Titel und die Buchbeschreibung versprochen haben? Hat es deine Erwartungen erfüllt?
- Was macht das Buch besonders? Warum sticht es heraus im Vergleich zu anderen Büchern, die ein ähnliches Thema behandeln?
- Würdest du das Buch weiterempfehlen oder verschenken?

Dankeschön

lesen, fliegen, landen
Schirner Verlag